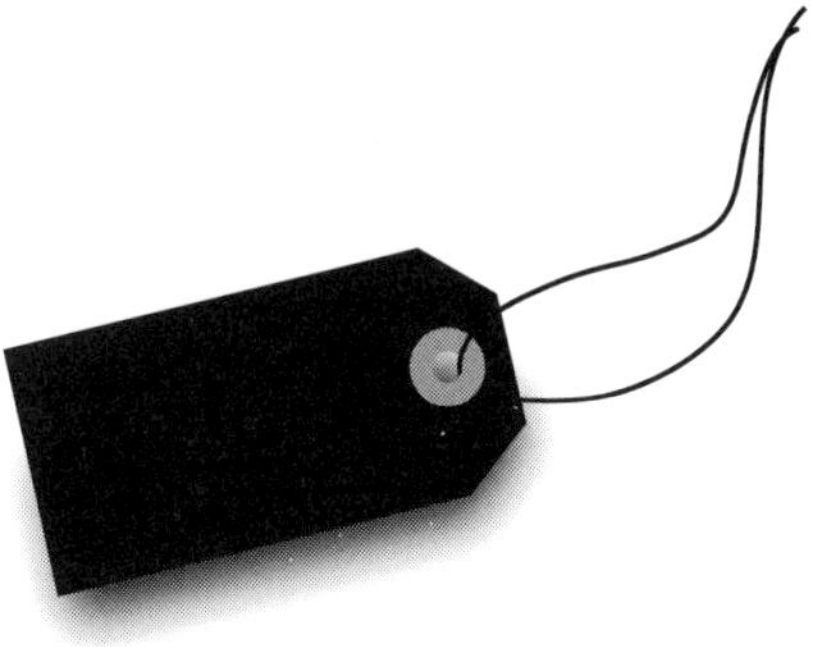

Ultimate Price
The value we Place on life

命に〈価格〉をつけられるのか

ハワード・スティーヴン・フリードマン
Howard Steven Friedman

南沢篤花［訳］

慶應義塾大学出版会

息子へ　これから世の中をよくするのは君たちの番だ

目次

第1章 お金か命か？……1

第2章 2つのタワーが崩れるとき……9
——9・11同時多発テロの場合

第3章 司法に正義はあるか？……43
——法律と裁判における命の価格づけ

第4章 水のなかのわずかなヒ素……73
——規制機関による命の価値評価

第5章 誰の財布で利益を最大化するか？……105
——企業による命の計算と労働市場
第6章 祖父のように死にたい……137
——生命保険で命の値札はどう決まるのか
第7章 若返りたい……157
——健康の価値と医療保険
第8章 子育てをする余裕はあるか？……189
——出産の選択と子どもの命
第9章 壊れた計算機……217
——バイアスがもたらす問題

第10章 次にどうするか？——命の価格のつけ方……245
謝辞 258
訳者あとがき 261
注 7
より知りたい人のための読書案内 5
索引 1

凡例

・訳注は、本文中に〔　〕の中で示した。
・原注の脚注は、記号を★で、長い訳注は☆で、奇数ページの左端に示した。
・読者の便宜を考慮し、原著にはない見出しを追加した箇所がある。

第1章　お金か命か？

ある癌患者が最新の薬物治療を拒否した。月に費用が3万ドル超かかるからだという。患者がノーベル賞受賞者か殺人犯か、あるいは金持ちのＣＥＯか高校中退の落ちこぼれか。この場合それが問題になるのだろうか？

2件の殺人事件。2件の有罪判決。片方の被害者は3人の子どもをもつ裕福な中年の女性で、もう片方の被害者は20歳にもならない貧しい不法移民。2件の判決の刑は同じだろうか？

飲料水に含まれるヒ素の許容限界は、規制をより厳しくした場合に救われる命の値段で変わる。この価値を判断して決めるのは政府の専門家の任務だが、命に値札をつけるのは、何も技術的な専門家だけが行っていることではない。私たちの多くが命に値段をつける決断を行っていて、たとえば生命保険の営業は、「もしあなたが明日お亡くなりになったら、ご家族はお金がいくら必要ですか？」などと言う。

羊水検査を受けている妊婦は、この検査結果によって産むか中絶するかの判断が変わる可能性があることを知っている。あるいは幼い男の子が車の前に飛び出していったと仮定しよう。その子を助けにあなたも道路に飛び出していくか否かの決断は、その子の命とあなた自身の命の価値比較に依存する。

上記いずれの例も、一見シンプルな質問「人の命の価格はいくらですか?」の答えを探るものだ。多くの人が、いくらか答えるなんて不可能だと言うが、それは欺瞞だ。その命が見知らぬ人の命だったら? 友人だったら? 恋人だったら? 子どもだったら? あるいは自分自身の命だったら、いくら払うだろうか?[*1] この質問の答えが見かけほどシンプルでないのは、どうやってその命の値段に辿り着いたかは、それぞれの優先順位に大きく関係しているからだ。この値札は、私たちが何を正しいことと定義しているかの指標であり、経済や倫理観、宗教、人権に対する意識、法律の影響を受けている。社会としての私たちの価値は、こうした値札の決定に用いる方法と価格そのものに織り込まれている。

命の価値評価に使われる方法は、どういう目的で命を金銭換算するのか、その金銭価値は正確に何を意味するのか、そしてどのような視点で金銭に換算するのかによって変わる。ある人が万が一思いがけず亡くなった場合に、その人の収入を補塡する意味で金額推定を行う人は、増大する環境リスクを防ぐために命を金銭換算して数字を割り出そうとする政府とは目的も視点も異なる。さらには、製品や従業員の安全性を向上させるには、いくら支払わなければならないか算出しようとする企業とも、目的や視点が異なる。このように目的や視点が異なれば、使用する計算メソッドも異なり、当然のことながらつけられる値札も異なってくる。

本書では、広範な例を使っていくつか重要な点を説明していく。(1)人命には日常的に値札がつけられていること、(2)こうした値札が私たちの命に予期せぬ重大な結果をもたらすこと、(3)こうした値札の多くは透明でも公平でもないこと、(4)過小評価された命は保護されないまま、高く評価された命よりリスクに晒されやすくなるため、この公平性の欠如が問題であること。

私たちの多くは、常に自分の命に価格がつけられていることに気づかずに暮らしている。私たちの最も重要な決定の多くが、命の価値の計算あるいは評価の影響を受けていることに気づいてもいなければ、理解もしていないことが多い。この命の価値が生活のほぼすべての側面——私たちが吸う空気や食べる食品から稼ぐ収入まで——に影響を及ぼしている。命の価値は、時間やお金をどのように使うかという日常の決断に影響を及ぼす。この命の値札が、戦争に突入するか、平和的解決を模索するかなどの政治判断を促す。これらが刑罰や民事訴訟における賠償裁定額の決定を左右する。生命保険から健康管理支出、教育投資から中絶の決断まで、人の決断にこれらが影響している。新しい命をこの世に生み出すことから、避けられない死を遅らせることまで、命のほぼすべての側面に影響を与える決断を、この命の価値が操縦する。この命の価値は、私たちが母親のお腹に宿されたときから私たちに影響を与え、そして私たちが死んだら、自分の命につけられた値段が、あとに残していく人に影響を及ぼす。

値札や人の命に置く価値で私たちは何を意味しているのだろうか? 値札とは、あるものの値段がいくらかということだ。[*2] 人の命に値札がついているとは通常考えない。だが、本書では人命に日常的に「何ドル」という数字が割り当てられていることを示していく。また、経済の専門家、金融アナリスト、規制当局、統計学者が人の命に値札をつけるのに用いるメソッドを概説し、これらのメソッドの重要な前提条件、限界を詳細に検討していく。

命の価値というのは、単に値札に書かれている金額より広範な意味をもつ。価値というのは金銭換算した値打ちと解釈できるが、同時に「そのものが重要だ、値打ちがある、有用だ」とか「その人が人生で大切だとするもの」といった意味合いもある。[*3] こうした価値の広範な捉え方が、個人として、また社会としての決断に反映されている。本書では、金銭換算した値打ちと、重要度という意味合いでの金銭換算されない値打ちの両面で、価値をいかに表すかという捉え方の違いを織り込んでいく。

命の値つけの仕方を調査するには、調査の範囲を決めなければならない。その最も極端な例が、生まれる命と失われる命に対して置かれる価値だ。これには、様々な命の相対的価値について人が取る行動と社会が行う決定とが含まれる。これよりいくぶん穏当な判断の尺度に、健康、すなわち生活の質の重要な決定要因に対して置かれる価値がある。それよりさらに穏当な判断に、時間の使い方についての個人の決断がある。

失われる命に対して置かれる金銭換算の例には、9・11同時多発テロの犠牲者家族に支払われた補償金や、事故死の民事訴訟における賠償金、生命を救う医薬品にかける支出限度額、規制をより厳しくした場合に救われる命の経済効果などがある。より個人レベルの話では、命につけられる値札には、子どもを産み育てるための費用計算や、いくら生命保険をかけるかの決断などがある。生死に金銭以外の形で価値を付与する行為は、法的判断に見られ、殺人や自動車運転業務上過失致死傷罪に対する刑罰などが例として挙げられる。

私たちは、たとえば、裕福な歌手や有名な政治家が亡くなった場合と、地位もなければ身寄りもないホームレスが亡くなった場合など、ある人と別のある人の死に対して払われる注意や、その死を受けての様々な行動に、社会での命の相対的価値評価を見ることができる。中絶に関する法律的立場は、誰のためなら自分の命を犠牲にしてもいいかという個人の意思決定同様、この命の相対的価値の議論の範疇に入る。

生活の質の価値評価には、命の価値評価よりほんのわずかに気楽に向き合える。生活の質に関する金銭換算例には、9・11同時多発テロの負傷者への補償や、事故や過失が原因で傷や慢性的疾患を負わされた場合の民事判決、冤罪で収監された人への金銭補償、新たな規制により減らせる疾患の経済効果などがある。

最後に、時間の使い方に関して私たちが行う決断がある。個人の決断で命の価値を考慮に入れる例には、雇用関係を結ぶ際の取引条件や、自分のライフスタイルに関して行う選択などがある。

このような値札はいたるところにあるばかりでなく、避けられないことが多い。医学的判断は多くの場合、利益性のアルゴリズムと支払い能力評価に基づいて下される。この治療は保険会社にとって費用対効果の高いものだろうか？　患者には支払い能力があるだろうか？　金銭価値と期待される治療効果を計算に入れずに機能する医療制度はない、という基本真理を理解しておくことが必要不可欠である。

同じ真理が親にも適用される。子どもの養育にかかる費用を考慮に入れなかったら、親は基本的な生活必需品すら家族に与えてやれないかもしれない。費用効果分析など、場合によっては、この値札があからさまな場合もある。逆にこの値札が明示されず、その裏にある仮定を探らなければならないこともある。

考え得るかぎりの安全策を採り入れて事業を継続できる企業などないだろう。企業は多くの場合、費用効果分析に頼って意思決定を行っていく。発癌性のあるフィリップモリスのタバコやゼネラルモーターズのブレーキの欠陥、インドのボーパールにあるユニオンカーバイドの化学薬品貯蔵タンク事故に関連する死に対して、値札がつけられる。*4 公共事業分野では、すべての汚染物質に対してゼロトレランス〔いかに微細な違反も容認しないこと〕を採用するのは、経済的にも技術的にも不可能である。毒性物質それぞれについて、許容レベルというものを設けなければならない。このレベルは、その規制適用にかかる費用、避けられる死者の数、そしてその避けられる死が起こった場合に失われる1人1人の命の金銭的価値によって変動する。環境規制のメリットを考慮しなければ、企業は消費者の支持がほとんど得られず、打撃を受ける可能性がある。

人命には日常的に値札がつけられているのだが、私たちのほとんどが、どうやってこうした値が算出されているのかを知らない。経済学者、規制当局、企業のアナリスト、医療機関や保険会社がこの値の算出に用いる方法は、専門用語や法律用語のヴェールでわかりづらくされていることが多い。方法や値札は、私たちの核となる価値観、私たちが正しいと定義するものを反映して、社会としての優先順位を表すものとなる。本書は、読者にこうした価値評価方法と、その方法が私たちについてどのようなことを言っているかを紹介し、洞察を得られるようにする。

この問題の諸要素を深く掘り下げていくと、これらの値札がときとして不公平であることにすぐに気づく。しかし、この値札が私たちの経済、法律、行動、政策に影響を及ぼしている。この値札には、ジェンダー、人種、国、文化のバイアスがかかっている。この値つけは多くの場合、高齢者より若者の命に、貧乏人より金持ちの命に、黒人より白人の命に、外国人よりアメリカ人の命に、他人より親類縁者の命に高い値をつける。9・11犠牲者補償基金は犠牲者家族に25万ドルを支払った。ただし、700万ドル受け取った家族もいる。ほぼ30倍近い数字だ。[*5] さほど昔のことではないが、米国環境保護庁は、若者の命に比して、年配者の命を何分の一かで見積もる提案をした。[*6] 司法制度は、犠牲者の背景、地位身分が量刑に大きく影響することを何度となく露見させている。

本書では命の価値評価の様々な側面を見ていく。まずは純粋に金銭換算の評価――価格に関する議論から始める。そのあと、金銭的な価値の検討と非金銭的な価値の反映の両方を含む分野に移っていく。そして最後に、命の相対的価値が映し出されたトピックを取り上げて終わる。

本書は哲学書ではないし、神学の本でもなければ、司法理論の本でも、経済的イデオロギーの本でもなく、政策課題の処方箋の本でもない。それよりもむしろ、命の価値評価の様々な方法を紹介し、その価値評価に使われている方法から専門用語を取り除き、容易に理解できるようにすることを目的としている。こうした命の価格が人々の暮らしにいかに重要な意味をもつかを考えれば、さらに重要なのは、こうした話題は小さな専門家会議の枠を離れて議論しなければならないということだ。人はこうした価値評価を理解していなければならないし、そうしなければ、私たちは自分の命を過小評価され、結果的に少ない保護しか得られなくなるリスクを冒すことになる。

命の価値がどのように決められているかに無頓着でいると、自分の健康をリスクに晒し、安全をリスクに晒し、法的権利をリスクに晒し、家族をリスクに晒して、最終的に自分の命そのものもリスクに晒す可能性が高くなる。誰の命も公平に扱われて、十分に守られていると確信できるようにするには、知識を獲得して、用心を怠らないようにするしかない。

第2章 2つのタワーが崩れるとき
——9・11同時多発テロの場合

２００1年9月11日。アメリカ人なら、誰の頭にもこの日の出来事の映像がさっと浮かぶだろう。世界貿易センターのツインタワーから燃え上がる炎。ペンタゴンに突っ込む飛行機。ユナイテッド航空93便の機内に伝搬する、乗客たちの最後の抵抗を試みる「さあやろうぜ」のかけ声。巨大な噴煙を巻き上げて崩壊し、灰と瓦礫の山と化す2棟のタワー。

この日、米国本土で起こったなかで史上最悪のテロ攻撃によって３０００人近くの命が失われた。さらに世界中で何百万人という人が、この攻撃の影響を受けた。世界中のほぼすべての国が、米国と団結する意志を表明した。市民の命が奪われ、非情な破壊が行われた衝撃が、国境を越えて、競争関係にある国家間の橋渡しをした。テロリストがこれほどの破壊行為を行える世の中では、安心して休める社会ができようはずがない。これほどの残虐な犯罪行為を黙って見過ごす政府などない。社会、政党、宗教、人種、民族の違いを超えて、束の間、米国が世界を1つにした。米国の安全を守らなければならない、という考えで皆が一致した。正義は勝つ、という信念で皆が一致した。犠牲者に正義を。テロリストとテロの教唆者に正義を。犠牲者の家族と友人にも正義を。米国に正義を。

9・11同時多発テロの犠牲者は悲惨な亡くなり方をした。何百人という人が衝撃を受けた瞬間に亡くなった。あるいは、ペンタゴンやツインタワーのノースタワー、サウスタワーに閉じ込められて煙で亡くなった人もいれば、崩れてきたタワーの下敷きになって亡くなった人もいる。勇敢な消防士や警官、善意の人たちも閉じ込められた人を助けようとして亡くなっている。犠牲者の家族にとっては、死因などほとんどどうでもよい。

9月11日、突然命を奪われたことが、犠牲者の親、子ども、親類、友人に残した喪失感は、日々の暮らしに貼りついて消えない。夕食のテーブルの空いた席、家族の聞こえない笑い声、祝えない誕生日や記念日は、決して完全には癒えることのない心の傷となって永遠に残るだろう。

だが、損失は精神的なものばかりではなかった。犠牲者は自分や誰かのために未来を築いていた。その人たちがいなくなったことは、すぐに実際的な損失につながった。9・11同時多発テロの犠牲者の扶養家族は、愛する人を失ったばかりでなく、月々の支払いや学費、子どもの養育費、親の介護費用、退職後に備えての貯蓄など、経済的な援助も失ったに違いない。貨幣で動く現実世界では、被扶養家族が被った損失は、精神的なものだけでなく、金銭的なものにまで及んだ。

4人の犠牲者

架空の4人の犠牲者、リック、ジム、アニタ、セバスチャンの生活を見れば、予想もしなかったような影響がより鮮明にわかるだろう★。

30代のイタリア系アメリカ人のリックはスタテンアイランドで育った。リックとその兄は生まれながらのアスリートで、高校時代にはベースボールチームで活躍し、柔道ではともに黒帯を取得していた。リックはベテランの消防士で、緊急招集のかかった2001年9月11日は非番だった。リックは署に駆けつけ、消防車に飛び乗ってロウアー・マンハッタンに急行した。フィアンセのスージーは、12月に予定されているメキシコのカンクンでの結婚式の招待状を発送したばかりだった。リックは兄弟とともに、結婚40周年のプレゼントに、両親の家のバスルームをリフォームしているところだった。

勤勉で、才能に恵まれたジムは、多少の運も手伝って父親の高い期待に沿うキャリアを築いていた。ジムがダートマスカレッジのMBAを取得していて、ゴールドマン・サックスのインターンシップに参加していたことがわかると、「マイノリティ優遇」と陰でささやく者もいた。実際、彼は自分の勤務する投資会社で2人しかいない黒人のマネージング・パートナーの1人だった。ジムは陰口が間違っていることを証明しようと懸命に働いていた。一生懸命仕事をして、2人の娘を最高の私立名門中学にやり、ピアノを習わせ、マルティニーク島のサマーコテージに行ったときにはフラワーアレンジ

★ 本書のストーリーに登場する人物はすべてフィクションであり、状況を鮮明に描くためだけに創作されたものである。生死を問わず、実在の人物と似た点があったとしても、それは単なる偶然にすぎない。

メントまで学ばせていた。48歳でジムはすでに、7桁のボーナスを得て、娘たちの私立中学の学費、家庭教師代、大学進学費用を賄えるだけの蓄えを残していた。ジムの遺言で、マイアミのコンドミニアムは下の娘に、マルティニーク島のコテージは上の娘に、そして妻は家族4人で暮らしてきたブルックリンハイツの住まいを相続することになっている。

アニタは6年前に学生ビザでインドネシアから米国にやってきた。彼女の両親の計画では、アニタがコロンビア大学で学士号を取得し、医者と結婚してニュージャージーに大邸宅を買い、3人の子どもをもうけて、それから自分たちが米国に行って孫を育てるのを手伝うのが夢だった。ところがアニタはお菓子づくりに恋をしてしまい、ウエスト・ビレッジでアメリカ人のルームメイトのアシュレイとぶらぶらしていた。そして、コロンビア大学は2年生の課程まで終えてアニタは退学。ノースタワーのレストランでウェイトレスのアルバイトを始め、ビジネスエグゼクティブからの口説きをかわしながら、週末はソーホーにある料理学校で学んでいた。アニタとアシュレイは、料理学校を卒業したら、アシュレイの故郷ピッツバーグでA&Aスペシャルティ・ケーキという小さな店をオープンする計画を立てていた。

6歳のかわいらしいセバスチャンは、彼の母親アメリアの喜びだった。その日、アメリアとセバスチャンはボストンで飛行機に乗り、ロサンジェルスのベル＝エアー・カントリー・クラブで働くセバスチャンの父親を訪ねるところだった。セバスチャンはサッカーと野球が大好きだった。ときどき、ロナウドがウィニング・ゴールを決めたところを真似してみたり、ピッチャーの速球を受ける構えをするイバン・ロドリゲスを真似たりしていた。セバスチャンは所属するサッカー・リーグでは花形ストライカーで、チームメイトが得点を挙げたときにはいつでも、誰よりも大きな声で「ゴーーーーール！」と叫んでいた。

年齢も性別も、人種も、教育も、国籍も、財力も異なるこの4人の命が、9・11同時多発テロという事件で永遠に結ばれることになった。会ったこともないまったくの見ず知らずの4人が、同じ日にテロ攻撃の犠牲になって亡くなった。リックはもう金輪際結婚することもできないし、両親の家のリフォームを完成させることもできない。ジムはもう退職することもできないし、娘の成長を見守ることもできない。アニタは料理学校を卒業することもできなければ、ケーキショップを開くこともできない。セバスチャンはスポーツの実況アナウンサーになることもできないし、7歳の誕生日を祝うことさえできない。皆、叶えられない夢を残してこの世を去った。皆、金輪際実現することのない将来の希望や計画を残してこの世を去った。皆、自分たちの早すぎる死を嘆く友人や家族をあとに残してこの世を去った。

9・11テロの補償

あの朝の攻撃を受けて、米国は断固たる措置を取る、ときっぱり宣言した。国中が納得のいく説明や慰め、保護、復讐を模索するなか、議会は米国愛国者法を通過させ、それからまもなく米国は戦争に突入した。*1

米軍所属の兵士たちはすぐさまアフガニスタンに向けて出発し、任務に就くよう州兵が招集された。愛する家族が地球の裏側にまで赴いて、自爆テロを避けながら、アフガニスタンやのちにはイラクの混乱の鎮圧を試みているので、兵士たちの家族にも、短期ながら9・11同時多発テロの精神的影響は及んだ。米議会は、対テロ戦争と呼ばれる戦い全般に数兆ドルの支援を約束した。*2

ニューヨーク、ワシントンDC、およびペンシルバニアの破壊された場所の近くに住む人たちには、長期にわたって影響が及んだ。空気は汚染され、地域が封鎖されて、軍隊や調査官、政府関係者、メディア、警察官の姿がそこここに見受けられる日々が続いた。こうした人たちは、常にテロを思い出させるものとともに暮らしていた。

アメリカ人でも、9・11の犠牲者と直接のつながりはなく、テロ攻撃の被害に遭った地域の近くに住んでいるわけでもなく、軍隊と直接接触することもない人たちは何百万といた。そうした人の生活は、短期間でほぼ9・11前の状態に戻った。株式市場も数ヵ月のうちにもち直している。*3 失業率はいくぶん上がったものの、この何百万人ものアメリカ人に、テロ攻撃のことや展開されつつある戦争のことを嫌でも思い出させたのは、一貫性なく全空港に導入された新たなセキュリティ対策だった。*4

しかしテロの犠牲者の家族や友人の場合、永遠に埋まらない心の溝、経済的な溝が残った。愛する人を突然失って、いつまでも悲しみが消えず、心にぽっかりと穴が開く。収入や援助を失って、それが今後二度と提供されることがないために経済的な溝が生じた。犠牲者の多くは給料を稼いで家計に貢献し、支出を支払って、退職後に備えて蓄えをしていた。子どもや高齢の家族、その他被扶養者の世話など、無償の仕事をこなしていた人もいる。また、いずれは有償ないしは無償の仕事をすることになる学齢の子どももいた。

9・11同時多発テロによる前代未聞の破壊行為により、連邦政府は同じく前代未聞の対応を決断した。1995年のオクラホマシティ連邦政府ビル爆破事件や、1998年にケニアとタンザニアで起こった米国大使館爆破事件、1993年の世界貿易センター爆破事件など、それまでのテロ攻撃では国として補償基金を設立したことはなかった。不幸にも失われた命が連邦政府を刺激して、直接の影響が最も大きかった人々に配布する資金を国庫に用意させることはなかった。ここで、本書の目的に照らして重要な点は、9・11以前の悲劇では、連邦政府は失われた命に対して値札をつけなかったということだ。

9・11同時多発テロは扱いがまったく異なっていた。苦闘する航空業界と政府関係者のあいだで調整が行われた結果、航空運輸安全およびシステム安定化法案が作成された。[*5] この法案はあっという間に議会を通過し、2001年9月22日、大統領によって署名された。[*6] この法律によって、収入の落ち込む航空業界の支援に数十億ドル、テロの犠牲者の扶養家族を含め、給付請求のあった人への補償にさらに数十億ドルが割り当てられた。この基金の主な目的は、企業を財務破綻から救うことだった。そのため、補償金を受け取った家族は、航空会社や空港、セキュリティ会社、あるいは世界貿易センターなど、非難の対象となりそうな組織に対する提訴の権利を放棄しなければならなかった。補償金を受け取って提訴を断念するよう遺族を説得するために、米議会は航空業界の金融債務を60億ドルに制限し、賠償金の支払いは不法行為法に用いられる基準に従うことを義務づけた。[*7]

ケネス・ファインバーグがジョン・アシュクロフト司法長官によって9・11テロ犠牲者補償基金の特別管理者に任命された。[*8] 元連邦検事のファインバーグは、エドワード・〝テッド〟・ケネディが委員長を務める上院司法委員会で顧問を務めただけでなく、1980年代の枯葉剤訴訟では彼自身が主要調停者の1人となって和解を成立させている。ファインバーグには値札をつける仕事が与えられた――死亡もしくは負傷によって被った経済的あるいは非経済的損害に対してつけられる値段だ。

彼は、非経済的価値と依存度、経済的価値を組み合わせた公式を考案した。非経済的価値はすべての犠牲者に対して一律25万ドルと定められた。依存度もすべての扶養家族に対して一律と定められた。犠牲者に配偶者がいた場合、ここまでの裁定額に10万ドルが上乗せされ、その他の扶養家族に対してはさらに1人あたり10万ドルが上乗せされた。[*9] 経済的価値は犠牲者の収入を基準に定められたため、上と下とでは大きな差がついた。経済的価値の計算には、犠牲者の予想生涯収入、給付金、その他の補償金を用いて、さらに犠牲者の実効税率による調整を行った。この計算では、犠牲者の年齢、引退までの予想勤務年数、それまでに予想される収入増の情報も考慮された。ファインバーグは、非常に高額な年収の犠牲者の家族への莫大な支払いを避けるため、予想年収23万1000ドルを上限に定めた。

最終的な経済的価値は、上記から、生命保険や年金基金、死亡給付金プログラムなど他の財源からすでに支払われている補償金の額を差し引いて決定した。

非経済的価値、依存度、経済的価値を合算した金額に、医療費あるいは葬儀費用の上乗せを行って上方調整する。すべての数字が算出されたら、遺族に金額の申し出がなされる。遺族はそれを受諾することも、異議を唱えることもできた。ファインバーグ自身が映画『ワース』のなかで詳細に語ったところによると、このプロセスが完了する2004年6月までに、97％の遺族が総額70億ドルの受け取りに同意したという。平均で死者1人につき200万ドルだ。[*10] しかし、裁定額には広大な差があった。補償額は最低が25万ドルだったのに対して、最高は700万ドルを超えていた。ある人の命は、別のある人の命の30倍近い価値が認められたわけだ。

テロ攻撃の時点で年収が2万ドルにも満たなかった、収入が最低レベルの犠牲者の命につけられた値段は25万ドル～220万ドル。平均で100万ドルに届かなかった。年間22万ドル以上稼いでいた、収入が最高レベルの犠牲者の命の裁定額は、平均で400万ドルほどであった。

4人の命の「価格」

リック、ジム、アニタ、セバスチャンの命につけられた値段にも大きな差がついた。

リックの命の価値の計算は複雑な作業だった。消防士や警官は、副業の稼ぎや年金など、他所からも補償金を得ていることが想定される。命に値札をつけるときには、遺族給付金、子どもの社会保障給付金、その他の保険や職業に伴う支払いが差し引かれる。リックの場合、非経済的価値の25万ドルと経済的価値の100万ドルを合計した125万ドルが命の価値として算定された。100万ドルというリックの経済的価値は、生きていたら一生に稼いだであろう収入270万ドルから、消防士の遺族給付金170万ドルを差し引いて算出された。これを受け取るのは？　この補償金はリックの両親と兄弟で分配した。フィアンセのスージーは、リックが死亡した時点で法的にはリックの家族ではなかったため、何も受け取ることができなかった。

ジムの場合、年収が計算式の上限額23万1000ドルをはるかに超えていた。ジムの遺族への支払いは、彼の会社が役員報酬の一部として契約していた充実型生命保険ポリシーのために400万ドルまで引き下げられた。彼の遺族は、この支払い額ではジムが今後稼いだであろう収入のごく一部にしかならないという主張を容易に展開することができた。つまり、ジムの年収計算を23万1000ドルに抑える公式は、彼が投資会社で稼ぐ金額と何の関係もないということだ。

アニタはレストランで働きながら料理学校に通ってかつかつの生活をしており、年収はわずか1万9000ドルだった。アニタもローンを組んでいたけれど、部屋の賃料や授業料の一部は、彼女の友人のアシュレイが支払っていた。扶養家族もなく、収入も乏しいアニタの命につけられた価格は75万ドル。4人のなかで最低の価値だった。ルームシェアはしていたけれど、アニタとアシュレイに法的な関係はなく、したがってアシュレイは何も受け取れなかった。補償金はインドネシアにいるアニタの家族のもとへ直接送られた。

小学1年生のセバスチャンは、他の18歳未満の犠牲者とひとまとめにして扱われた。収入なし、扶養家族なし。そうした犠牲者には一律約80万3000ドルの値札がつけられた。この数字は、アメリカ人の賃金所得者の平均収入をもとに、いくぶんかの論理的マジックを加えて、これらの未成年者は2001年9月11日の時点で21歳であったと仮定して計算が行われている。こうした年少者につけられた値札は、補償金の平均より何万ドルも低かった。バックグラウンドや教育レベル、社会的ステータス、人種、性別、その他のファクターにかかわらず、子どもの犠牲者の命の価値は一律に扱われた。*11この未成年者への支払いの一律性は、そうでない犠牲者に適用された補償額のきわめて大きな格差とは驚くほど異なっている。

この4人は全員人生を短縮された。誰にも将来の計画はあっただろう。この4人の命はまったく異なる価値に評価され、その命に実に様々な値札がつけられた。未成年者につけられる値札はどれも同じ金額だったが、成人の場合、値札の金額は25万ドルから700万ドル超と大きな隔たりがあった。このような隔たりができたのは、ケネス・ファインバーグが大半のケースで、各犠牲者の非経済的価値ではなく経済的価値——すなわち、その人が稼いだであろう金額をベースに価値を割り当てたためだ。

値札への批判

この値札には疑問の声が上がっていたし、今も上がっている。自由至上主義派《リバタリアン》からリベラル派まで、政治的立場を超えて大きな批判の声が上がっていた。航空会社の債務補償に乗り出す政府に抗議する者もいた。航空会社は、遺族への賠償金は保険でカバーできるじゃないか、というのがその主張だ。もし訴えられても、航空会社はせいぜいハイジャック犯を検知できず、彼らを飛行機に乗せて、ハイジャックさせてしまった過失責任が認められるだけだろう。実際、9・11同時多発テロで従業員658人を失った金融サービス会社のキャンター・フィッツジェラルドは、アメリカン航空と1億3500万ドルで和解している。[*12] 一方、昔ながらの支援の形、チャリティー活動ではテロの被害に遭った人を助けるため、27億ドルを超える金額があっという間に集まった。[*13]

そもそも政府が9・11同時多発テロの犠牲者に補償金を支払ったこと自体不公平だとする意見もあった。これは米国で初めて起こったテロ事件でもなければ、アメリカ人が殺された初のテロ事件でもないという。それにほぼ間違いなくこれが最後でもないだろう。連邦政府はそれまでの爆破事件や銃撃による大量殺人、放火事件その他のテロ行為に対して、補償金を用意してこなかったのに、9・11テロの犠牲者の家族にだけ支払うのは不公平だと多くの人が感じていた。今後、テロが起こったときは、基本的に、犠牲者に対する補償基金が設立されることを示唆するものもなかった。たとえば、連邦政府は2013年に起こったボストンマラソンの爆弾テロでも、8人が犠牲になった2017年のニューヨーク市でのトラック突入テロでも、死傷者にいっさい補償金を支払っていない。そんななか、アメリカ人が今後もテロの標的になるのはほぼ確実であるのに、9・11同時多発テロだけが、ほかとは違う特別な出来事として扱われた。

実際、この基金は補償金を受け取れる人と受け取れない人の線引きをする必要があった。さもないと、何百万という人が補償金支給の対象になってしまう。そんななか、「近隣」という括りにいた人だけが補償金の対象になった、という抗議の声もあった。たとえば、世界貿易センターからハドソン川を隔てただけで、崩壊するタワーの有害な粉塵や煙を大量に浴びたはずのニュージャージー州の住民は取り残された。この人たちの呼吸器官への影響は補償されないということだ。また、4日以上経ってから医者に行った人も補償金の対象外とされた。4日以上経ってから医者に行った人の負傷は、テロ攻撃とは関係ないだろう、という論理だ。[*14]

補償金は金額の引き上げを要求した家族に有利に働くという側面もあった。平均すると、補償基金の最初の金額提示を受け入れた遺族は、最初の金額提示を拒否して上乗せを要求した遺族より、受け取り額が少ない。[*15]

値札の金額を決める公式自体が不公平との意見もあった。設定年収に上限が定められていたために、年収が最高レベルの犠牲者の遺族には、うまくごまかされたとの感があった。要するに、計算式で23万1000ドルを最高年収に用いる決断にまったく論理的根拠がなかったということだ。一方で、この国家的悲劇のときに、裕福な人間はどこまで欲深いんだ、と非難する人もいた。この値札の金額はほぼ収入のみに依存し、非経済的価値や依存度があまり考慮されていなかったために、人種、ジェンダーの不平等がすべて収入に反映され、9・11同時多発テロの補償金のパッケージに組み込まれた。

この章で取り上げた4人はすべて、養育や介護を行う専業主婦あるいは主夫ではなかった。しかし、国全体で見れば、成人人口の多くが子育てや高齢の親を始めとする家族の世話に日々の大半の時間を割いている。養育や家族の介護が主な仕事になっている人は、給料を稼いでいないため、そうした犠牲者は補償金の計算で収入ゼロとして扱われる。専業主婦あるいは主夫は、自分が世話をすることでデイケアセンターやベビーシッターの費用を相殺している。しかし、それは命の価格の計算で考慮されなかった。

2016年、母親の3分の1近くが家にいて子どもの世話をしており、専業主婦あるいは主夫の約80%が母親だった。[*16] また高齢者の介護者でもジェンダー間の差はあり、高齢者の介護者のほぼ3分の2を女性が占めている。[*17] 子どもや高齢者の世話をするなかで、女性は男性より収入を犠牲にする傾向がある。その結果、女性の犠牲者は経済的価値が低く計算されてしまい、その命に低い金額の値札がつけられる結果となった。9・11同時多発テロの犠牲者補償金プログラムが完了したとき、女性犠牲者への支払いは平均で男性犠牲者への支払い額平均の63%にしか届かなかった。[*18]

9・11の補償金の計算式では、収入を得ることより家族のためにより多くの時間を割いてきた人たちの命に、はるかに低い価値がつけられたのは明らかだ。また、この計算式では、報酬よりも社会的意義を重視して職業を選んだ人が不当に扱われている。

こうした問題のほかにも、この計算式による価格決定には、賃金収入をベースにしたために消えない問題がある。経験、教育レベルともに等しい2人の人間がいても、たいていの場合、その2人の賃金は同じにならない。たとえば、高卒で比較するにせよ、大卒あるいは修士課程修了で比較するにせよ、黒人は白人より賃金が25〜30％程度少ない。[*19] ジェンダー間でも賃金に差はある。女性は男性より賃金が低く、これは経験年数、教育レベル、年間の勤務時間数、業界、職種、人種、未婚か既婚かを問わず変わらない。[*20] ジェンダー、人種、あるいは国籍による賃金格差は、労働市場の不公平さを示すものだ。現在の収入を用いて人の命の経済的価値を推定するために、この溝は、その人に残されていたはずの残余勤務年数が長くなるほど拡大していく。

収入ベースの計算方法では、引退した人や無職の人の社会貢献度が過小評価されてしまう。そのことがあまりにあからさまだったため、9・11同時多発テロ犠牲者補償基金はその公式FAQ文書で、そうした人に対しては「関連する研究や同様のアプローチで示されている基準値を用いて、代替サービスの経済的価値」をベースに補償金の計算をしている、というなんとも意味不明な苦しいステートメントを出した。[*21]「代替サービス」というのは、たとえば、主婦の仕事をプロのハウスキーパーやプロの料理人が行ったと仮定して、ということらしい。それでも結果的に、60歳を超えた犠牲者の補償金は平均で60歳以下の犠牲者の補償金平均の半分にも満たなかった。[*22]

負傷した生還者のなかに、800万ドルを超える補償金を手にした人がいることが納得できない人もいた。失われた命に対して遺族が受け取った、どの補償金よりも高額だ。[*23] 死者より負傷者に手厚い補償金プログラムは、いかなるものでも批判の的になって当然だ。

等しい命の価値

これまで見てきたとおり、9・11同時多発テロの犠牲者の命の価値を決めるのに使われた公式については、幾多のもっともな批判がある。ほかのアプローチを試してみることはなかったのだろうか？　この複雑なアルゴリズムについては、シンプルな代替策があったし、今後もそれは同じだろう。それは、どの命も価値は同じ、ということだ。

もし、補償額を決めるために、失われた命に値札をつけなければならないのであれば、どうして全員に同じ値札をつけなかったのだろう？　その裏にあるロジックは簡単。殺人罪は、被害者が若かろうが年配者だろうが、金持ちだろうが貧乏だろうが、男だろうが女だろうが、アメリカ人だろうが外国人だろうが同じ犯罪だ。書類上は、被害者が誰であろうと殺人は殺人だ。しかし米国では、殺人に対する実際の刑罰は、被害者の人種や社会的地位に左右されることが多い。しかし法制度におけるこの歪みを、テロの犠牲者への補償にも同様に適用してはならない。

人権はすべての人に平等とされている。人は皆「平等に創られ」ているので、生命と自由を確保し、幸福を追求する権利は、すべての人に拡大して約束されている。この原則はアメリカ独立宣言にとどまらず、世界人権宣言にも「すべての人間は、生れながらにして自由であり、かつ、尊厳と権利とについて平等である」と明記されている。犠牲者への補償金が人権への配慮だとすれば、なぜそれを経済的損失で測らなければならないのだろうか？

２００４年にはファインバーグ自身、同じ結論に至り、「もしまた同じようなことが起こり、もしまたテロの犠牲者への補償金が米議会で検討されるようなことがあったら、対象となる受給者はすべて、どのような呼び方をされるにせよ、同額の給付金が非課税で支給されるべきだ、という強い主張が可能である。このような一律支給のアプローチのほうが、管理側にとっても容易なばかりでなく、支給対象者間の格差も最小限に抑えられ、消防士などの救助者の命の犠牲が、株のブローカーや銀行家の命の犠牲より軽く見積もられた、との抗議ができなくなるだろう」[*24]と書いている。その1年後、ファインバーグはさらに主張を強固にし、あの式は「欠陥品」で、「各個人の貧富や遺された親族の状況が、給付金の計算で何かの役割を果たしてはならない」[*25]と述べている。たしかに米国には、兵士の死に対する補償の取り扱いでこの方法を用いた前例がある。

連邦政府は9・11同時多発テロを戦争と捉えていたので、兵士の死への補償を考えてもよかったはずだ。戦闘中であれ、訓練中であれ、あるいは病気などの軍務とは無関係なことであれ、職務規定違反をしていないかぎり、現役兵士の死はすべて殉職として扱われる。[*26]その場合、補償金は当面の収入補助、移転補助、そして今後の収入補填で構成される。当面の収入補助は階級にかかわらず10万ドルの小切手で、したがって一兵卒であれ将官であれ、遺族には同額が支払われる。歯科を含む医療保障やカウンセリング・サービス、転居費用などの移転補助もまた、階級に左右されない。収入補填には様々なプログラムがあり、そのなかで最も大きなものが軍人団体生命保険（ＳＧＬＩ）と遺族補償金（ＤＩＣ）である。ＳＧＬＩは最大40万ドルを政府援助の形で支給し、ほぼすべての現役兵に対して最高額が支給されているのに対して、DICは月々の支給となる。いずれのプログラムも亡くなった兵士の階級に関係なく、金額は固定されている。

別の前例もある。10年以上前、1988年の市民自由法により、第二次世界大戦中に抑留されていたすべての日系アメリカ人に一律2万ドルが支払われた。支給額は、キャンプ抑留中の各人の収入損失分をベースにしていないため、格差がない。この場合、機会と自由を奪われたことに対する補償であり、命が奪われたことに対する補償ではない。

9・11同時多発テロの場合も、すべての犠牲者の命の価格を等しくすればシンプルで、より議論も抑えられ、連邦政府や国際機関が通常行っている費用便益分析の計算方法にも沿った形になっただろう。米環境保護庁（EPA）や米運輸保安庁（TSA）などの連邦機関は通常、誰に対しても金額一律の値札をつけて費用便益分析を行っている。これらの機関がつける価格は、対象者の貧富、肌の色、老若によって変動しない。

これらの機関は、たとえば、産業活動によって生成される既知の発癌性物質を減らすためのプログラムや規制にかかる費用を見積り計算し、それから予想される便益と比較する。この便益計算は救われる命の予測数をベースにしており、言い換えると、統計的生命価値（Value of Statistical Life：以下、VSLと略記）の思想をベースにしている。[*27] VSLは回避できるリスクをベースに計算される。これは、金額がいくらなら死亡リスクの増大を受け入れるか、あるいは死亡リスクを減らすためにいくらなら支払う意思があるかを測るものだ。VSLの採用を提唱する人には、リスクの増大に注目する計算方法が費用便益の計算に役立つとの考えがある。ただしこれは、提唱者たちによると、生命の危機を回避するために人が支払うことになる金額（計算できるものではないことはほぼ確実）や、ある人を救うために集団が支払うことになる金額（偏りが出ることが確実な金額）を一定額に定めようとするものではないという。

統計的生命価値（VSL）の計算

実際、命の価値というのはリスク計算以外でもたびたび使用されている。分析評価をする際には、命そのものの価値に代わる推定値を評価計算の中心に据え、規制強化や安全策向上などへの投資を通じて、人の命を救う経済的便益（リスクを軽減するのではない）を計算している。

1995年、気候変動に関する政府間パネル（IPCC）は、低所得国、中所得国、高所得国と分けて、人命に3通りの価値を与えた。その上下の格差は巨大で、高所得国の国民には貧困国の国民の15倍もの命の価値が与えられた。これに対しては「人の尊厳の侵害である」とすぐに非難の声が上がり、IPCCの専門家はすぐさまこれを撤回した。2001年になる頃には、IPCCは温室効果ガス削減の費用便益計算で、国際的に1人あたり100万ドルを命の価格として用いるようになっていた。[*28] この値は国の貧富に関係なく、すべての人に一律となっている。ただ、この100万ドルという値は、米国民の平均収入が国際平均と比較してはるかに高いことを反映して、米環境保護庁（EPA）が使用するものと比べるとはるかに低くなっている。[*29] 今なお、これという一定の方法はない。国際的な専門家のなかでも、国の貧富に照らして命の価値を決める人と、すべての命を等価に扱う人が分かれている。たとえば、医学雑誌の『ランセット』には、75の中低所得国では、医療ならびに教育に投資するとハイリターンが得られることを示す研究論文が複数掲載されたことがある。それらの論文では、国民1人あたりGDPに関係なく、人の命の非経済的価値を表すのに、一律の命の価格が用いられていた。[*30]

ジョージ・W・ブッシュ大統領の時代、クリア・スカイ・イニシアティブの便益分析でEPAは人命に2種類の値札を導入した。70歳以下に370万ドル、71歳以上の人に230万ドルの命の価格をつけたのだ。すぐに激しい批判が起こった。高齢者に「高齢死亡割引」の札をつけるような措置に、国民は激しい怒りを表した。[*31] 高齢者の命に低い価格をつける行為は、はなはだ不公平であるとともに、VSLで科学的に正当化できるものではないと見なされた。VSLは必ずしも年齢とともに下がるものではないからだ。[*32] EPAはすぐにこれを撤回し、こちらの人の命に、あちらの人より高い価値を置くやり方を、すべての命に同じ価格をつけるやり方に変えた。

2010年にEPAは、新規制に関連する費用便益分析で、1人あたりの命の価格を910万ドルとして計算を行っている。また、米食品医薬品局は、2010年には1人あたり一律790万ドル、2011年には830万ドルという値を採用したが、米運輸保安庁は最近、1人あたり940万ドルという値を採用した。[*33] いずれの値も、これらの機関がそれ以前に命の価格の計算に用いていた、将来的に予想される収入の平均を大きく上回っている。[*34]

これらの機関がすべて異なる値を採用しているのは、論理性を欠くように思えるかもしれないが、空中浮遊毒素に関するものであれ、食物に起因する病気、あるいはエアバッグに関するものであれ、どの機関も規制導入によって救われるすべての命に単一の値札をつけているのも確かな事実だ。これらの機関は、子どもの有無や収入の多寡、あるいは年齢によって命に異なる値段をつけていない。このように命の価値を一律にするやり方は、機関によって採用する値が異なるとか、ＶＳＬの裏にある科学的根拠に対する疑問はあっても、規制導入の上でプラスに働く。

では、何を根拠にこれらの値札がつけられたのだろうか？　ここで経済学者が神のような役割を果たし、買えないものに対して「神のごとく」価格をつけようとする。命に自由市場などなく、何人が自分の命と引き換えに金銭を得ようとしているか、経済的に困窮していない何人の人が、自分の寿命を延ばすためにお金を払う意思があるかなど、経済学者にわかるはずがない。

想像してみてほしい。たとえば、ある頭のおかしな男が誰かを殺したいと思ったとする。男は人を殺す権利を買えるわけではない。それと同じく、奴隷制も違法である。なぜなら、人は誰かを法的に購入して所有物にできないからだ。人を所有したり、人の命を奪ったりする権利を買える合法的な市場は、米国にはない。

命を買える市場がないのだとすれば、経済学者はどうやってこのＶＳＬに辿り着いているのだろうか？　1つには、調査で仮想上の質問を行う方法があり、そのほか、その決定に含まれる経済的意義とリスクに注目する方法が2通りある。最初の方法で用いられるタイプの調査は、仮想評価法あるいは「選好意識調査」と呼ばれることも多い。この種の調査では、何かに対して金銭を支払う意思、あるいは何かと引き換えに金銭を受け取る意思の度合いを人々に評価してもらう。他の2つの方法は実際の決定に焦点を合わせる。1つは、よりリスクの高い仕事を引き受けてもらうのに、金銭を支払わなければならなくなる（賃金ベース）人数の増加に注目し、もう1つは人が自分のリスクを減らすために支払ってもいいと考える金額を見る（顕示選好）。このあとすぐ議論していくが、これらの方法は誤った仮定に依拠しており、毎度一貫性のない結論を引き出している。

調査によるVSL決定法

調査による価値決定法は昔ながらのジョークを思い起こさせる。泥棒が老人の頭に銃を突きつけて叫ぶ。「金か命か！」。老人は泥棒をじっと見つめ何も言わない。泥棒がまた叫ぶ。「金か命かって言ってるんだよ！」。老人が返答する。「考えてる。考えてるんだよ」

「殺されないために、あなたはいくらなら払う意思がありますか？」と誰かに単刀直入に尋ねても、有益な情報は期待できない。答えはおそらく、「もってるもの何でも、とにかくすべて差し上げますよ」となる可能性が高い。これはドラマティックな返答だが、実際に数値化できるものではない。あるいは子どもをもつ人に「お子さんが殺されないために、いくらなら払いますか？」と尋ねても、同様の答えが返ってくるだけだろう。実際の世の中では、命は尊く値段のつけられないものだと人は考えている。多くの人が、命に値札をつけるような発想を不快に思い、不道徳で、多くの場合理解できないものと考える。たいていの宗教や哲学が人命に価格をつける発想を完全に拒絶している。しかし、それを行うことが費用便益分析の中心であり、9・11同時多発テロの犠牲者補償基金の主な仕事であった。

では、どうやって経済学者は命の価格を決めているのだろうか？　命に対して、いくらなら払う意思があるか直接聞いても何も得られないから、経済学者はその点を曖昧にする。経済学者は直接命の価格を尋ねるのではなく、周辺のことから探りを入れられるような質問を行う。たとえば、ショッピングモールで人を呼び止めたり、電話をかけたり、オンラインで接触したりして、次のような質問をする。「1万人に1人が死ぬXYZを避けるために、あなたはいくらなら払う意思がありますか？」。もし、その回答の平均が900ドルであったとすると、調査側はそこから、1万人がその金額を払った場合、1人の命を救うために平均で合計900万ドルが支払われることになる、という結論を導き出す。この900万ドルは、1つの命を救うためにリスクを十分に低減させるのに人々が費やしてもいいと考える金額を表し、これがVSLと呼ばれる。この方法の欠陥は誰の目にも明らかだ。

調査に基づく方法は調査対象の偏りの影響も受ける。ショッピングモールや電話インタビュー、あるいはオンラインで時間を割いて調査に回答してくれる人たちが、総人口を代表しているわけではない。原則的に、こうした人たちは多大な時間を割いて、あえて質問に回答しようとしてくれるのに、見返りはごくわずかかゼロだ。

もう1つ、大きな欠陥もある。それは調査の質問があまりにも抽象的なことだ。この調査で何を調べようとしているのかをしっかりと理解できる人はほとんどいない。結果として、抽象的な質問は根拠のない憶測や希望的観測、思いつきのいい加減な回答を生むことが多い。

そのため、調査者は、大胆にも分析に不都合なデータポイントをあっさりと切り捨てるという非科学的なやり方で、調査結果を調整することがよくある。「命に値段なんてつけられません」という回答は、一般的に切り捨てられる。調査側に、どのような回答なら受諾できるか明確な考えがあるという事実は、VSLの支持者W・キップ・ビスクシィの次の言葉を見れば明らかだ。「回答者は、その対策によって実現するリスク軽減の価値が高まれば高まるほど、安全対策に金銭を支払いたいと希望するはずで（中略）十分な財のある人のほうが、十分な資金のない人よりリスク軽減策に多くの金額を支払おうとするに違いない」。[*35] 自分たちの仮説に沿わないデータを切り捨てるのは、科学的手法の基本を逸脱している。さらに、調査側の考えに合わない回答をふるいにかけると、ＶＳＬの計算に偏りを生じさせ、計算結果に、調査側があらかじめ考えていたとおりの性質が備わるようになる。

命につける値札に関して、同じ人に少し違う質問をぶつけてみるといい。すると、回答がまったく異なってくることがある。[*36] したがって、同じ1人の人間でも、焼死なのか癌による死なのかなど、避けようとする具体的なリスクの種類や、そのリスクの高さによって評価額が変動するＶＳＬのセットをもっている可能性があり、この評価額は、より単純に、質問の言い回しが変わったり、朝のニュースでスモッグやブリトーに含まれる大腸菌、あるいは自動車のリコールの話を見ていたかどうかが変わったりするだけでも、変動することがある。

この手法について、もう1つ気になるのが、支払い意思の調査は多くの場合、脈絡なく行われることだ。脈絡なく行われるため、回答者は、ある問題解決のためにその金額を支払うことで、他の問題解決のために利用できる金額がいくら減るのか、わからない可能性がある。

また、支払うということと、支払われるということがまったく違うこととして認識されているという問題もある。[*37] 誰かがＸＹＺで死ぬ1万分の1の確率を避けるために900ドル払う意思があると言ったからといって、ＸＹＺで死ぬ確率が1万分の1増えるなら、900ドル払ってほしい、という意味にはならない。これは仮想評価法に限った問題ではなく、多くの場合、人の支払意思は、代償を支払ってほしい希望とは異なることが幅広い分野で確認されている。[*38] これを逆の立場から考えてみると、10万ドルがもらえれば、ある一定レベルまでリスクに身を晒してもいいということは、同等だけリスクを減らすために10万ドルを支払ってもいいということと同じではない。人の行動が、完璧なリスク計算機のようにはならない状況については、のちの章でより詳しく検討していく。

賃金によるVSL決定法

賃金による価値決定法は、人がよりリスクの高い職業に就いた場合、いくら余計に支払われるかを見る。経済学理論では、職業を選択する際、その仕事にどれだけのリスクがあるか、このリスクを負う決断をした場合に、いくらの賃金が期待できるか、情報を得た上で求職者が決断することになっている。この理論は、どの仕事を引き受けるかに関して求職者に選択肢があることが前提となっている。つまり求職者は、どの仕事にどれだけ死の危険があるかを知っていて、各仕事によるリスクの増減を理解した上で、よりリスクの高い仕事にはより高額の賃金を要求できなければならない。VSLの決定には、リスクの増加と、リスクの増加に伴う支払い賃金の増大分の比が使用されている。

この考えに基づいていくつもの推計がなされてきた。推計が行われた時期は様々で、国も様々なら、行った人たちも多種多様である。そして算出された値も、数万ドルから数千万ドルに広がっている。[*39] 推計値には、分析対象とされた国や、従業員が労働組合に入っているか否か、従業員がホワイトカラーかブルーカラーか、あるいは何業界かなどのファクターがすべて影響を及ぼす。研究によって推計値に大きな幅はあったが、2000年の費用便益分析では、米国での調査研究をもとに、1人あたり

610万ドルが命の価格に設定されている。*40

この計算はいくつもの誤った仮定に基づいている。多くの場合、従業員候補者に仕事の選択肢はなく、どんな仕事でも、自分に割り当ててもらえる仕事を引き受けなければならない。また、従業員候補者には、それぞれの仕事に関するリスクの増減の情報が、ほとんどないか、まったくない場合が多い。たとえ従業員に、重傷や死のリスクに関する正しい方向感覚があったとしても、正確なリスクまではわからないことがほとんどだ。さらに、従業員にそうしたリスク増大の正確な推計値に関する情報は与えられず、従業員候補者はより低いリスクの話から欠落しているデータを推測・分析して、どれくらい報酬の上乗せが必要か判断するしかない。簡単に言うと、彼らには、十分な情報を得た上で、この計算に基づいて決断を下せるだけの情報がなく、職の選択肢も賃金交渉の機会もないことが多い。また、労組加入者のほうが賃金が高く、その結果、労組非構成員よりVSLも高い事実が示すように、従業員候補者は多くの場合、その仕事における給与の幅さえ知らず、有利に交渉を進められる材料もない。*41

人にはそれぞれリスク許容幅というものがある。慎重にリスクを避ける人もいれば、承知の上でより高いリスクを取る人もいる。喫煙者や飲酒者は本質的により高いリスクを取る傾向がある。女性は平均的に男性よりリスクを怖がり、そのためVSLは女性のほうが男性より高くなる。職業の選択肢の少ない人ほど、追加報酬がたっぷりと得られなくても、よりリスクの高い仕事を引き受ける可能性が高い。なぜなら、ほかに選択肢がないからだ。こうした人たちは、仕事の選択肢も少なく、交渉に必要な材料もその仕事に付随するリスクの知識もないというだけの理由で、VSLが低くなる。

設計、データ収集、ＶＳＬの計算に様々な論理的・方法論的欠陥があるにもかかわらず、値はこの方法で取得され、使用されている。こうして得られたＶＳＬは非常に幅が広く、その値がどれぐらい正確に推計されたかによって、ばらつきが激しくなる。そしてこのばらつきは、どの回答者の回答を分析対象として容認するかについて、調査側がどんなに厳しい制約を設けても生じるものである。

まったく同じ職業死亡データセットを利用した６２１件の労働者のＶＳＬから、95パーセンタイル〔データを大きさ順に並べて１００分割し、小さいほうから95番目にあることを示すもの〕の値（３５７０万ドル）と5パーセンタイルの値（１８０万ドル）のあいだには３４００万ドル近い開きがあることがわかった。これについて、別の言い方をすると、この６２１件のデータセットを低いほうから高いほうへと順に並べてみると、５９０番目の値（95パーセンタイル、３５７０万ドル）は、31番目の値（5パーセンタイル、１８０万ドル）の約20倍になる。[42] 米国におけるこの推計値の幅の大きさ、ならびにその他のよく知られた様々な問題から、この方法の科学的有効性について疑問が生じる。幅の広がりや、直観的にはわからない傾向（たとえば、パキスタンのＶＳＬは台湾の15倍以上である、など）は、国際的な値との比較でも見られる。[43]

顕示選好によるＶＳＬ決定法

顕示選好法は、賃金による価値決定法の対極にあるものと考えられる。より高いリスクを引き受ける場合、人はいくら余計に金銭を要求するか（受入意思額）を分析するのではなく、顕示選好法は何人の人がリスクを減らすために支払う意思があるか（支払意思額）を見る。

自転車のヘルメットに関する支出パターンを調べる調査を想像してみよう。経済学者は、脳の損傷や場合によっては死に至る確率を減らすため、防護効果の低い安価なヘルメットではなく、高くても防護効果の高いヘルメットを買おうとする人が、どれくらい増えていくかを見るかもしれない。リスク軽減率の増加に対する、より高価なヘルメットに対して支払われる金額の増分の比がVSLとなる。

ここでもまた、ヘルメットは出資額に対するリスクの軽減率を十分に理解した上で購入されている、と経済学者は仮定している。さらに、この考え方には、購入者が異なれば可処分所得の額も異なるという事実は含まれていない。つまり、安全器具に余分に金を支払うのが容易な人と、そうでない人がいるということだ。実際、消費者が2つのヘルメットのリスクの正確な差を知っていることはまずないと思われ、個人の金銭的余裕と、安全とはまったく関係ないヘルメットのデザインや色などの理由によって購入されることが多い。

経済学者が、家庭用消火器に費やされる金額や、シートベルトをするかしないかの判断に費やされる時間を分析することもあるだろう。いずれのケースも、その行動は金銭換算ができ、軽減される致死率と比較することができる。しかし、この場合も経済学者は、人はどれだけ致死率が軽減されるか十分にわかった上で選択していることを前提にしているが、この前提が正しいことは稀である。

調査か、賃金か、顕示選好か、いずれによる方法でVSLを決定したとしても、得られた値は大きくばらつく可能性があり、計算そのものが論理的に整合性を欠く。

対テロ戦争という観点で9・11同時多発テロに対する反応を見てみると、人は、同様に欠陥のあるロジックを用いて命にはるかに高い値段をつけることがあるのがわかる。9・11同時多発テロへの対抗措置を目的として、国内外の防衛ならびに安全対策に何兆ドルもの金額が費やされてきた。この支出には、約25万人の従業員を擁する米国土安全保障省などの政府機関の設置や、アフガニスタンやイラクで展開された対外戦争の費用が含まれる。[*44] この数兆ドルを、2001年9月11日に失われた3000近い命で割ると、支払意思は、失われた命1つにつき数億ドル規模となる。このような計算方法の問題点として、アメリカ国民はこの支出に対して気の毒なほど影響力をもたないという事実や、今後のテロ事件のリスクに果たすこれらの措置の効力がはなはだ疑問視されるという事実などが挙げられる。

テロリストのリチャード・リードが機内で自分の靴の爆弾を爆発させようとしていたことへの対抗措置として、米国の空港で旅行者が靴の着脱に費やす膨大な時間を用いて分析計算することもできるだろう。経済学者は、このセキュリティ対策に費やされる時間を計算して、それを乗客の年収から金銭換算し、機会費用を算出することができる。総費用の算出の際に、この機会費用が、靴の着脱に関連する他のセキュリティ対策費用の増分に追加されることがある。そして、この総費用を、この措置で救われる予定の命の数と比較する。この手法では、また別の命の価値が生み出されるが、これも同様に方法論的な欠陥を含んでいる。というのも、乗客には靴を脱がない選択肢はなく、靴を脱ぐ安全策によって死のリスクが軽減されるか否かは、はなはだ疑問だからだ。

VSLの限界

要するに、どの方法で人命に価格をつけても、論理的に欠陥があるということだ。VSLの決定については、まさに分析でよく言われる「ガーベッジ・イン、ガーベッジ・アウト（ゴミを入れたら、ゴミが出力される）[*45]」が成立するが、そうした方法が命の値札づけに使用されている。こうしてつけられた値札は欠陥だらけで、非論理的であるにもかかわらず、さまざまな現実世界の思惑を含んで、定常的に採用されている。

限界があることは置いておいて、VSLの採用には非常にポジティブな側面もある。値そのものは、大半のアメリカ人の期待収入よりはるかに高い。したがって、この高い値を使えば、逸失利益をベースにした計算よりも高い保護が提供できる。また、規制機関はすべての命に対して同じ値を用いているので、収入ベースの値を用いた場合の偏りは排除できる。

9・11同時多発テロの補償金は訴訟を極力回避できるよう設計されたので、財政的な損失を考慮しなければならなかった。その結果、個人の予想生涯収入が入力項目の1つとなった。これまで議論してきたとおり、収入は公平でもなければ、人の価値のバロメーターとして適切でもない。収入を用いてヘッジファンドのマネージャーとソーシャルワーカー、学校教師、警官、消防士、兵士の命の価値を比較した場合に導き出される不合理な結論を考えてみるといい。そこに含意される、年間1億ドル以上を稼ぐトップクラスのヘッジファンド・マネージャーは、他の勤勉な市民の1000倍以上の価値を、社会や自分の家族、愛する人たちにもたらしているなどという結論は馬鹿げている。収入をベースにして人命の価格を決定すると、このような非論理的な結果となり、道徳的にも問題のある結果が導き出される。

収入ベースの計算法に平均収入ベースの値を割り当て、各個人の命の価値を計算するのに使用することもできるのだろうか？　もちろんできる。これこそまさにファインバーグが9・11同時多発テロの低所得の犠牲者に対して行ったことなのだ。論理的に欠陥のあるものは、平均を用いてもやはり欠陥品となる。

では、何が正しいのか？

9・11の補償基金は経済的な価値と非経済的な価値の両方を考えなければならなかった。しかし米議会は経済的損失を無理に平均化する必要はないと考えた。それでも結局、他の政府機関プログラムは命に等しい価格をつけている。ファインバーグが、2004年に自身で言っているように、すべての失われた命に単一の価格を用いることができていたなら、今でもその価格を計算していなければならなかっただろうが、値札づけの式としては、そのほうがはるかにシンプルだっただろう。その式なら、誰もがその非経済的価値は等価で、扶養家族の有無や経済的調整、あるいは他の補助金などの調整分がすべてゼロに設定されるのだから。

これが完璧な解決策というわけではないし、強い反論も出るだろう。この方法に反対する人たちは、低所得の犠牲者の遺族を過度に優遇して、高所得の犠牲者の遺族に事実上忍耐を強いるものとなる、と言うことができるだろう。無職か低賃金の仕事をしていた犠牲者の遺族に何百万ドルも支払うのは、彼らの宝くじを当ててやることに等しい、と主張するかもしれない。また、すべての人に一律に支給するなんて、トップクラスの収入を稼いできた人たちが、そこに辿り着くために注いできた勉学やキャリアその他の自助努力のファクターを無視しているとする意見もあるだろう。これは聖人と罪人、奪う人と与える人、ノーベル賞受賞者とホームレスの麻薬中毒者、命を救うワクチンの発明者と大量殺人犯を同等に扱うものだ、という主張も可能である。

どの方法を用いようと不平は出るだろうが、ファインバーグの式の場合と同じく、重要なのは、単一の値を用いた場合に出る不平の大半は、年収最上位の犠牲者の遺族からのものだろう、という点だ。政府の提示金額を拒否した遺族約3％の大部分は、ジムの遺族と同じ状況にあった。ジムの年収は、基金が設定した上限額23万1０００ドルをはるかに上回っていた。年収に上限を設けるのは容認できないと思えば、政府からの支給の申し出を拒否し、自らの権利を断念する代わりに、裁判にもち込むことができた。

では、それぞれの遺族はいくら受け取るのが妥当だろうか？

リック、ジム、アニタ、セバスチャンを始めとする３０００人近い命が9・11同時多発テロで失われた。その後、イラクおよびアフガニスタンでの軍事行動で、何万人という人が命を落とした。その多くはイラクおよびアフガニスタンの民間人だった。どの犠牲者にも愛してくれる人がいた。どの犠牲者にも家族がいた。どの犠牲者にも将来の計画があった。どの人にも、覚えていてもらい、大切に胸に抱き続けてもらう資格がある。

9月11日に亡くなった３０００人近い人の命すべてに価格がつけられた。価格は25万ドルから７００万ドルを超える人までいる。もっと簡単に、この人たち皆に同じ価格をつけることもできたはずだ。実際の数字には議論の余地があるが、３００万ドルとか、６１０万ドルとか、１０００万ドルといった一律の金額のほうが、遺族への補償としては最もシンプルで、フェアだったはずだ。同じ金額を採用すれば、人はただ人であり、生きていて、家族や友人、社会の生活に貢献できるという理由だけで価値があるということを明示できたはずだ。米軍、連邦機関、国際機関は、採用する金額という点では意見の一致は見なかったが、金額がいくらであれ、あの命をこの命より重く見ることなく、すべての命に同じ価格をつける、という点では同じスタンスを取っている。同一の金額を用いたほうが、直感的にアメリカ人に公平な印象を与えられる。アメリカ人の7人中6人が、9・11同時多発テロの補償金はどの遺族にも同額にするべきだったという意見に賛成している。*46

米国では、誰もが生命と自由を確保し、幸福を追求する不可譲の権利を有していると自信をもって宣言できる。9・11同時多発テロのときの犠牲者のように、生命を確保するその不可譲の権利が奪われた場合、貧富の差によって補償金に差がつけられてはならない。法の下の等しい保護は米国の法制度で正式に定められているもので、裕福な家庭に貧しい家庭の10倍、20倍、あるいは30倍の補償金を支払う権利を政府に与えるものではない。

異常だった9・11の補償金

上述の議論は犠牲者の遺族への支給額に焦点を当てたものだが、それ以前の問題として、犠牲者遺族への支払いが税金の使途として公平で適切なものなのかというより広範な問題がある。テロ攻撃は米国はもちろん世界中で今後も起こり続けるだろう。その結果、命を奪われるアメリカ人がいる。より視野を広げてみると、何千人というアメリカ人が1年間に殺人や事故、過失で亡くなっている。2001年には、9・11同時多発テロの犠牲者の5倍以上に上る人が米国では故殺で命を落としている。[47]その人たちの立場からすると、9・11の犠牲者補償基金は、それが存在すること自体不公平だろう。命が奪われたことはいずれも同様に悲劇なのに、この措置は、事故か殺人か、テロか過失かを問わず、ある日の早すぎる死を他の日の早すぎる死より高い位置にもち上げるものだ。納税者の税金を9・11の犠牲者遺族への補償に再分配した政府プログラムには、ほかにどんな早すぎる死だったら、税金を財源とする支払いが行われるのかという疑問が永遠に残る。9・11の犠牲者補償基金には法的な是非の問題が永遠に残った。それは、税金が9・11同時多発テロ犠牲者遺族に分配されたのなら、他の早すぎる死は税金を財源とする補償金の対象にはならないのか、ということだ。

テロ関連の死者という意味でも、9・11の犠牲者補償基金の一環として人命につけられた広範な金額の値札は、異常なものという印象がおそらくいつまでも残るだろう。そのあとの2013年に起こったボストンマラソンの爆弾テロでは、民間の寄付で6000万ドルもの金額が集まったが、政府自体は犠牲者補償基金を設立しなかった。ファインバーグも、民間によるこの犠牲者補償基金の管理者を務めている。このときファインバーグは、犠牲者の遺族には、犠牲者の収入や扶養家族の数に関係なく、一律の金額が支給されるべきとの判断を下している。[48]

連邦政府が犠牲者補償基金の設立に乗り出すべきではない。ただ、それでも政府がそうした基金をまた別に設立する際には、あるきわめてシンプルなルールを適用すれば、9・11のときの過ちの多くを避けられる可能性もある。そのルールとは、命はすべて等しく価値がある、ということだ。

次の章では、民事・刑事両方の裁判を取り上げる。正義を通すための通常の手続きだ。人命が失われたとき、民事裁判では奪われた命に価格をつけなければならないが、刑事裁判では社会に代わって正義の裁きを下すことが課せられる。裁判所はアメリカ合衆国憲法修正第14条で約束されている「法の平等な保護」に従って裁定を下すことが義務づけられている。だが、このあとの章でわかるとおり、実際の司法制度はそうはなっておらず、失われた命によって異なる裁定が下されている。

第3章

司法に正義はあるか？
――法律と裁判における命の価格づけ

いくつかの有名な殺人事件から、米国の司法制度は、犠牲となった市民によって判決がまったく異なることが露呈している。ここでは、マーク・チャップマンによるジョン・レノン射殺事件、O・J・シンプソンの裁判、警察官ダニエル・パンテレオがエリック・ガーナーを窒息死させた事件、ジョージ・ジマーマンがトレイボン・マーティンを射殺した事件を取り上げる。これら4つの事件では民事訴訟を経て、それぞれ犠牲となった人の命の価値に照らして、失われた命に価格がつけられた。一方、4つの事件は、刑事裁判では事件そのものが起こった状況のみならず、失われた命の価値に対する世間一般の見方によって、それぞれまったく異なる判決が下された。これらの事件は、米国の司法制度の観点から、あの命はこの命より価値が高いのかという疑問への扉を開くものだと言えるだろう。

マーク・チャップマンはジョン・レノン殺害により、判決から35年以上経った今なお服役している。O・J・シンプソンはニコール・ブラウン・シンプソンおよびロナルド・ゴールドマン殺害により二度の裁判を経験した。刑事裁判では第一級謀殺（murder）に対して無罪判決が下された。その後の民事裁判では、シンプソンが殺人犯と認められ、原告への3350万ドルの支払いが命じられた。エリック・ガーナーは違法にタバコを販売していたとして警察官ダニエル・パンテレオに首を締め上げられた末、死亡した。この事件では、動画の証拠があり、検死の結果ガーナーの死は殺人によるものであると断定されたにもかかわらず、警察官パンテレオが起訴されることはなく、事件後も5年以上にわたって警察官として雇用されていた。[*1] 事件から約1年後、ニューヨーク市はガーナーの遺族に590万ドルを支払うことで和解し、民事訴訟の長期化を回避した。トレイボン・マーティンは自警団のメンバー、ジョージ・ジマーマンにより殺害された。マーティンの死に関してジマーマンは、全国のメディアで疑惑の目に晒された結果、ようやく起訴されたが、翌年には無罪が確定している。マーティンの住む住宅団地の所有者組合はマーティンの遺族と和解しているが、和解金の金額は明らかにされていない。[*2]

これら4つの事件に関して米国の司法制度は、被害者となった人の社会的地位、貧富、人種によってまったく異なった対応をしている。刑事裁判では有罪と無罪の両判決が出ている。民事裁判で出た判決、ならびに和解金の金額も実に様々だ。これら4件の殺人事件に対する司法制度の一貫しない対応については、いろいろなことが言われてきたし、言うことができる。ここでは、2つに分類される司法制度では、両分類で命の価値の捉え方が異なる事実に焦点を当てていきたい。

刑事裁判は、謀殺であれ故殺であれ、人の命を奪ってしまった人を罰することを目的としている。検察が法廷の片側に座り、市民に代わって正義を求め、被告人が法廷のもう一方の側に座る。「大切かまたは価値がある」とする命の価値に関する広範な見方に照らして言えば、アメリカ合衆国憲法修正第14条で保障されている「平等な保護」には、命の価値は皆等しいという意味が含まれ、したがって過小評価される命は米国の法制度によって十分に保護されていないことになる。平等な保護は平等な結果を約束するものではない。しかし、取り調べから無罪／有罪判決、さらに死刑判決まで、一定のパターンで不平等が起こっていることから、米国の刑事裁判制度は被害者および容疑者によって命に異なる価値をつけていることがわかる。

民事裁判制度には刑罰としての懲役も死刑判決もない。その代わりに被告は、たとえば傷害や殺人に関して賠償を命じられたら、金銭および地位を失う可能性がある。人命が奪われた場合の民事裁判の判決を見ると、人の命につけられる価格とその価格を左右するファクターの実態がよく見えてくる。民事裁判制度ならびに刑事裁判制度は、人が命の価値をどのように捉えているか、どのように命を守ろうとしているか、そしてそれがどこまで公平に行われているかを明らかにするものである。

民事裁判における命の価値の決まり方

民事裁判は金銭で解決するという単純明快なものだ。原告がいくら「金の問題ではない」と言っていたとしても、あるいは「金で愛する者は戻ってこない」と言ったとしても、民事裁判ははっきり言って金銭にかかわる争いである。[*3] 不法死亡〔人の不注意や過失によって生じた死亡事故〕の民事訴訟では、原告が被告に賠償を求め、被告は原告に賠償金を支払うべきか、そして支払わなければならない場合、その賠償額はいくらかが主な争点となる。賠償金の額は原告が被った損失の推定額とも、亡くなった人の命の価値を金銭換算したものとも捉えられる。

人が死ぬのは毎日のことだ。自然死の場合もあれば事故死の場合もあり、意図して殺される場合もある。不法死亡とは、過失や違法行為、あるいは意図的な傷害により人が死亡する、あるいは殺される場合を指す。不法死亡には医療ミス、安全策を怠った危険な環境での職業上の作業、自動車事故、および犯罪行為による死亡が含まれる。不法死亡の民事裁判には必ず、被告――訴えられる側が存在しなければならない。民事裁判には負傷あるいは死亡によって損害を被った具体的な人物というものがいる。これは、不特定多数の統計的生命に対して費用便益分析計算でリスクの増大を考える規制機関と対照的であると言うこともできる。

不法死亡が起こると、多種多様な損害が発生する可能性がある。そのなかには被害者の痛みや苦しみ、葬儀費用、経済的な拠りどころや、被害者が扶養家族に行っていて、これからも行うことができたはずの援助の消失、配偶者を失ったことによる喪失感、生存者が背負うトラウマや死別による罪悪感、被害者の命そのものなどがある。[*4] しかし民事裁判では、最後の2つ、生存者の悲しみと故人の生命は多くの場合無視される。なぜなら、ほとんどの州で、命そのものに金銭的価値をつける民法の規定はないからだ。[*5] 民事裁判は費用に焦点を絞る――被害者の葬儀に関わる費用などの実費と、被害者の想定される生涯収入ならびに家事労働に関わるサービス料などの機会費用だ。そこから、民事裁判では、被害者が亡くなったことにより家計が節約できている状況では、損害賠償の必要なしとの判決が下される可能性がある。ここで、第2章で紹介したリック、ジム、アニタ、セバスチャンの架空のストーリーをもう一度考えてみたい。サッカーが大好きな6歳のセバスチャンの命には、金融アナリストのジムの命とも、消防士のリックの命ともまったく異なる価格がつけられた。9・11同時多発テロの犠牲者補償基金は補償の最低額を25万ドルとしていたため、どの命にもとりあえずゼロではない値札がつけられたが、民事裁判では金銭価値ゼロの裁定もあり得る。

不法死亡訴訟では、生存者への損害賠償を、不法行為法で一般的に使用されている3つのカテゴリーの1つに属するものとして考えると、いちばんわかりやすいだろう。それは経済的損害、非経済的損害、そして懲罰的損害賠償の3つだ。[*6] 経済的損害は、被害者が亡くならなければ生存者に提供していたと思われるすべての金銭的貢献の総額を指す。失われた金銭的貢献には、被害者の期待収入と扶助金（年金プランや医療保険保障など）、死亡によって生じた医療費ならびに葬儀費用、被害者が生きていれば提供したであろうサービスの損失分などが含まれる。民事裁判では通常、9・11同時多発テロの犠牲者補償基金でそうであったように、経済的損害が裁定の中心になる。ジムのような高収入のビジネスパーソンの死が、シェフを夢見るアニタのような低所得の労働者の死よりはるかに高額の給付金で報われるのは、主にそのためだ。

非経済的損害には遺された人間が感じた苦しみ、痛み、苦難や、故人がくれた愛、故人との大切な時間、労わり、保護、導きや助言、教えや養育が失われたことに対する代償が含まれる。

最後に、懲罰的損害賠償は金銭的に被告を罰することだ。これには被告を始めとする人々への警告メッセージの意味合いがあり、それによって同様の違法行為を防ごうという意図がある。[*7] 抑止効果をもたせるために、賠償金の額は、犯罪予備軍の人たちが、同様の違法行為を犯すメリットに照らして、負わされる経済的負担が重いと感じられるぐらいに高額でなければならない。人命に高額の値札がつけられるたびに、個人や企業、組織、政府にはそうした命を守らなければという強い動機が生まれる。どの訴訟でも、最高裁が懲罰的損害賠償に填補的損害賠償と比較して正当な比率を設けているので、懲罰的損害賠償額には上限がある。*8

民事裁判制度の歴史

米国の民事裁判制度を考える際に、聖書に始まる不法死亡審判の起源を振り返ってみるとよいだろう。聖書の律法は過失による不法死亡に対してとりわけ厳格なものとなっている。「出エジプト記」の第21章29節には、その動物が危険であることを知っていたのに、放し飼いにしていてその動物が人を殺した場合、その動物とともに所有者も死刑に処せられる、と記されている。規律はさらに続き、「出エジプト記」第21章30節には、被害者の遺族は失われた命に対して賠償金を受け取れるとある。ほんの数行の文章のなかで、命の価値は、他者の命を奪える権利に相当するものとする原則が値札の話に転換され、命の価値は交渉で決まる値札に映し出される形になっている。聖書の律法では、犠牲者の遺族には、「命には命を」または「命には金を」の、どちらの賠償を受け取るか決める権利が与えられている。このシステムについてほかにどんなことが言えるにせよ、以下の点だけは明らかなように思われる。それは、命を金額換算した価値の決定には、犠牲者の遺族が多大なる影響力をもっているということだ。これに忠実に従って、「出エジプト記」のなかのこの2節を簡潔に言うならば、金を差し出すか、命を差し出すか、ということになる。

米国の不法死亡法が一部参照して引用したイギリス法は、賠償金に関して決定的な差を導入している。ほぼ1500年前、イギリス法は殺人罪に関して、殺人犯は被害者の遺族に、被害者の地位に応じた賠償金を支払わなければならないと定めた。*9 ナイトを殺害したときの賠償金は、農民を殺害したときの賠償金よりはるかに高額になる。それよりやや時代は下って、ベイカー対ボルトンのイングランドの裁判（1808）は民事裁判の判例を固める基礎となった。*10 この裁判のケースでは、原告とその妻は馬車の事故に遭い、原告である夫が負傷し、妻は致命傷を負って痛みに苦しみながら亡くなった。判決を決めるにあたって、陪審員は損害を見極める際、原告が負った傷と原告が妻という伴侶を失ったこと、事故の瞬間から妻が亡くなるまでのあいだに経験した原告の悲しみだけを考慮するよう指示された。そして、亡くなった妻の命の価値は、適切な金額を決める陪審員の審議から外された。

ベイカー対ボルトンの裁判で陪審員に与えられた指示が英国議会に影響を与え、1846年のキャンベル卿法が成立した。これは、失われた命そのものに対しては金銭での賠償はできない、と規定するものだ。*11 アメリカでも、多くの州で同様の法律が可決された。*12 米国では5つの州——コネチカット、ハワイ、ミシシッピ、ニューハンプシャー、ニューメキシコ——だけが、不法死亡裁判で失われた命そのものを損失と認めている。*13 失われた命を損失と認めていない45の州は、損失について限定的な見方をしており、遺された親族が被る損失を過小評価している。

聖書の律法など、法制度のなかには、失われた命の価格を決めるのは、被害者遺族の手に委ねられているものがある。また、イギリスのコモン・ローを始めとして、民事裁判で争う賠償金に失われた命そのものの価値を含まない法制度もある。基本理念として、どの法制度も私たちが通常考える公平さの概念とは反対の方向を指している。

経済的損害の賠償金

経済的損害は不法死亡の賠償金に多大な影響を与える。これは多くの人が、非情だとか、少なくとも不公平であるとの印象を受ける結果につながり、違和感を覚える可能性がある。子育てや教育、その他子どもに与える経済的サポートにかかる費用は、子どもたちが将来家族に対して行う奉仕や金銭的貢献の経済的価値を上回ることが多いため、子どもの命はほぼ間違いなくマイナスの価値になることを考えてみるといい。子どもからの奉仕や金銭的貢献は、多くの場合かなり先にならないと得られないので、その価値は経済計算では低く扱われてしまう。価値割引と呼ばれるこの考え方は、次の章で議論するとして、今のところは、親が子ども1人に今日1000ドル使ったとしたら、20年後に子どもは1000ドルを超える価値を親に返さなければ、等価にならない、とだけ覚えておくのがいちばんシンプルでわかりやすい。

裁判所も、子どもの不法死亡に罰則を設けないやり方の論理的・人道的欠陥に気づいたようで、法律の枠組みのなかにとどまりながら、子どもが死亡した裁判で、懸命に努力して相当額の賠償金を採用することがある。*14 多くの場合、これは非経済的損害を重視していると見ることができる。厳密に不法死亡の賠償金の式を適用すると、非経済的損害（生存者が被った精神的苦痛など）を子どものマイナス価値の経済的損害に加算しても合計金額は驚くほど低い賠償額になりかねない。これはまさに、子どもの家族への将来的な金銭的貢献を正確に見積もるのは困難なためで、その結果、裁判所はときに統計的平均に頼らざるを得なくなる。[*15] 9・11の犠牲者補償基金がまさにそうした統計的平均をセバスチャンのような子どもの命の価格の算出に用いたことは、見かけ上公平さを保つためには、そうしなければならないと鋭く察知していたことを表している。

経済的損害に頼るというのは、成人の命もまたマイナスの値を取ることがあるということだ。[*16] この非情な結果は単に民法の理論的悪弊というわけではない。サーストン対ニューヨーク州の裁判（2013）は、現実社会でこの手法がどのような結果をもたらすかの1つの例を示すものだ。[*17] ローリー・サーストンの女きょうだいシェリルは州立の精神病療養施設に入院していた。シェリルは重度の障害を負っており、入浴の際は1対1での見守りが必要だった。彼女は付き添いなしで入浴していて発作を起こし、意識不明で発見された。彼女は1日と経たずに亡くなった。シェリルは重度の障害者で施設に入所していたので、失う稼ぎはなかった。ニューヨーク州の法律では、犠牲者の苦痛に対して賠償金が認められているが、シェリルが意識を回復することはなかったので、彼女は痛みも苦しみも感じなかったものとされた。この裁判は賠償に値する損害なしとして片づけられた。これほど明白な事例だと、裁判官にも不公平感は明らかだったようで、次のようにコメントしている。「最高にスキャンダラスな皮肉は、シェリルが人でなく動産であったなら、原告は自分の財産の失われた価値を取り戻せただろう、ということだ。裁判所としては、人命にいっさい根本的価値を認めないこの法律を適用しなければならないのは、非常に不愉快である」[*18]

賠償金に関して主に経済的損害に頼りながら、公平な透明性を期待する危険性を私たちは何度となく目にしている。ニューヨーク州の民法は失われたシェリルの命に金銭的価値を付与しないことで、彼女という人間を守らなかった。要するにニューヨーク州は、家族に経済的価値を提供していない人はいっさい守らないということだ。

シェリルの死に対する賠償金を阻んだのと同じロジックで、もう仕事をしておらず、家族から経済的援助を得ている高齢者の過失致死に関しても、賠償金支払いを回避することができる。高齢者と若者の金銭的貢献の差、女性より男性に多く支払われるジェンダー間の給付金額の差、経済社会ではたいていの場合、白人男性がピラミッドの最上位に位置する人種間の不平等を考えると、経済的損害に重点を置けば自ずと不平等な結果になることがわかるはずだ。自分たちの命にはゼロの価格しかついていないことが広く知れ渡れば、世界中のシェリルが、入浴のとき付き添ってもらえなくなる可能性が高い。裁判所が原則、経済的損害しか見ないという事実は、人の命の価値は単純なキャッシュフロー分析でしか測られないものとの印象を多くの人に与える。これはつまり、キャッシュフローがマイナスの犠牲者は、賠償金支払いの価値なしということを意味する。この結論に対しては、多くの人が公平性と人の尊厳の基本原理に反しているとの印象をもつ。

被害者のなかには賠償に値しない人がいるとの結論に直面した人なら、解決策は誰の目にも明らかだろう。命の非経済的価値——遺された者の悲しみや、故人との大切な時間、故人がくれた愛、労わり、導き、養育が失われたことの対価——と、命そのものに本来備わる価値を認めれば、裁判所は不法死亡の場合、被害者の扶養家族に対する純損失を認め、金銭的損失に賠償を命じる可能性が高くなるはずだ。ただ、非経済的価値と命に本来備わる価値をより高くするこの解決策には制約がない。価値決定の方法も決めずに、人の命の非経済的価値ならびに人命に本来備わる価値に重点を置いて判決を下すことを認めれば、正義が意思決定者の思いつきに委ねられることになる。そんなことをすれば、判決のプロセスに偏見や不正が入り込む余地をつくりかねない。すべての命に一律の非経済的価値を適用すれば、一貫性の欠如は避けられるだろうが、これだとやはり、9・11同時多発テロの犠牲者全員に一律の命の価格を割り当てた場合に出るのと同じ批判に再び戻ることになる。それは、ノーベル賞受賞者の命の損失と有罪判決を受けたシリアルキラーの命の損失の区別ができていない、というものだ。

もう1つ、不法死亡の損害査定が非常に限定的になる法律の制約がある。それは、法的に家族と認められている生存者にのみ賠償金を支払う、というものだ。[*19] 被害者に期待所得はあるが、扶養家族も配偶者もいなかった場合、経済的損害は考慮されない。[*20] 子どものいない未婚の成人被害者は、親か兄弟姉妹が訴えて認められないかぎり、受給対象者なしとなる可能性がある。

架空の人物として登場した消防士のリックを考えてみよう。リックは9・11のテロ攻撃の時点で12月に結婚する約束だったが、まだ結婚していなかったので、彼のフィアンセは何の補償も受け取れなかった。同様に、アシュレイとアニタも同性カップルだったために、当時のニューヨーク州の法律では婚姻関係になかった。さらに、アシュレイはアニタの被扶養者でもなければ、アニタから経済援助を受けていたわけでもなかった。その結果、アニタが9・11同時多発テロで殺されたあと、補償金はインドネシアにいるアニタの家族のもとへ送られ、アシュレイは何も受け取ることができなかった。

民事裁判に関する情報は公開されないことが多いが、管轄によって賠償金の額は大きな開きがあり、陪審が被害者の暮らしの些細な面に大きな価値を置くこともあるのはよく知られている。たとえば、アウトドアが大好きだった被害者に、家でテレビを見ているほうが好きだった被害者より高い価値をつけてはいけない法的な制約はない。[*21]

弁護士の影響

命の価格を決めるにあたり、裁判所に公平さを欠く和解案を許してしまう要素はまだある。民事裁判の判決のなかには、法的な代理人の力がものを言うケースがある。裕福な個人や企業はその道のスペシャリストを集めて、陪審員団の選任を左右し、争点を読んで大きな賠償額獲得にもち込むように仕向けさせることができる。2つの同様の訴訟を考えてみよう。1つは原告に潤沢な資金があり、有能な弁護士がついているケース。もう1つは原告が貧しく、経験的に劣る弁護士しか雇えていないケース。一般的に、有能な弁護士のほうが有利な判決を引き出せる可能性が高いと考えるのが当然だろう。たいていの不法行為専門の弁護士は委託で仕事をしているので、訴訟で言いたいことがあれば、原告は法的代理人を見つけなければならないが、この法的代理人が優秀だという保証はない。命の価格を決める作業の相当の割合が、この弁護士に委ねられていて、貧しい人と裕福な人では、雇える法的代理人の質の差は歴然であるのに、法制度が公平と言えるだろうか?

有名企業などの訴訟はマスコミや国民の注目を集める。その結果、被告は民事裁判の法廷と世論という法廷の両方で戦わなければならなくなることがよくある。このように大々的に報道されている訴訟では、もう、和解案がこれまで述べてきた要素を反映するだけでは済まない。その場合被告は和解案を譲歩して、早急に訴訟を終わらせるほうが、訴訟を長引かせて別の訴訟に発展したり、さらに評判を傷つけたりするより得策となることが多い。

2006年のショーン・ベルの死を考えてみよう。ベルはある朝、2人の友人とともに、ニューヨーク市の警官に50発もの銃弾を浴びせられた。彼はその日、自分の子ども2人の母親と結婚式を挙げる予定だった。この事件は裁判に発展することなく、市が325万ドルの金額を提示してベルの遺族と和解した。ベルは結婚式を挙げる前に殺されたので、賠償金は彼の子どもにしか支払われなかった。[22]直接的には、彼のフィアンセにはこの和解に関与する資格がなかった。ベルのケースは私たちが様々な場面で命の価値を決めている一例にすぎず、公平性に疑問が生じる。賠償額は23歳の無職の男性ベルの期待収入を大きく上回っていたので、おそらく市は、もっと低い金額でもそれほどマスコミの注意を引かずに和解を成立させられただろう。刑事的には、30発銃弾を発射した警官も含め、事件に関わった警官は誰も有罪判決を受けなかった。[23]

他の注目度の高いケースも概ね同様のパターンを辿っている。エリック・ガーナーの事件の590万ドルという和解金は、違法タバコの販売で仮釈放中だった43歳の男性ガーナーの期待収入とは無関係なものとなっている。[24]フレディ・グレイは25歳の男性で、警察に拘留中に死亡した時点で、20回を超える刑事裁判の経験があった。[25]彼の死を受けてボルティモアでは抗議の声が上がり、暴動が何日も続いた。640万ドルという和解金の額について議論がもち上がったとき、ボルティモア市長は次のようにコメントしてこれに応じた。「民事訴訟における和解の目的は、グレイの家族、コミュニティ、およびこの市全体に重要な終結の道を与えることで、何年も訴訟が長引くのを避けることだ[26]」。簡単に言うと、この金額はグレイの命の価格を適正評価するための取り組みとは何の関係もなかったということだ。

これらの金額は、O・J・シンプソンの民事裁判でロナルド・ゴールドマンとニコール・ブラウンの遺族に支払われた賠償金3350万ドルと比較すると、かすんで見える。判決の内容は、ゴールドマンの遺族に塡補的損害賠償として850万ドル、ゴールドマンとブラウンの遺族に懲罰的損害賠償として2500万ドルという内訳だった。この不法死亡の判決には、賠償金の計算において被告の支払い能力を考慮してもかまわないというカリフォルニアの法律が影響している。[*27] 判決はシンプソンの財産の額を超えていたため、これはかなり象徴的なものと考えてもよさそうだ。

冤罪事件の場合

不法死亡の裁判は、命の価格がどのように決められるかを明確に示すという点で一種独特なところがある。人が不当に有罪判決を受け、のちに無実が証明される冤罪事件を考えてみるといい。DNA鑑定で無実が証明できるようになったことで、そうした冤罪がますます判明しやすくなっているが、冤罪は市民から自由を奪い、その家族や友人から友だち付き合いや援助を奪い、不当に収監された人のキャリア開発の機会を摘み取るものである。釈放されても、こうした人たちには金も住まいも、保険も希望もないことが多い。このような不当な有罪判決を見逃した州は、賠償金を支払い、食料や移動手段、住宅などの基本的な必需品の支援を提供して、無実の人たちが再び自立できるよう社会福祉のサービスを提供するべきである。これもまた、命の価値の測り方の1つで、この場合私たちが価値をつけるのは生活の質（ＱＯＬ）ということになる。しかし実は、そうした賠償を規定する法律のない州が17ある。[*28]

連邦政府はときどき、金銭的な面での被告の保護責任に制限を設けることがある。９・11の同時多発テロ攻撃を受けて、米議会が航空業界の金融債務を60億ドルに制限したことを思い出すといい。州政府もまた、冤罪事件などのそれぞれのケースで、州の責任範囲に制限を設けることができる。冤罪被害に遭った人に支払う賠償額は、州によって驚くほど異なる。テキサス州の場合、冤罪被害者への賠償金は１年につき８万ドルで、これに同額の年金が加わる。２０１７年、フロリダ州は年間５万ドルとして、最大２００万ドルまでの賠償金を認めた。ルイジアナ州の場合、何十年不当に収監されていようと、賠償額は最大25万ドルだ。[*29]

注目度の高い不法死亡の裁判同様、注目度の高い冤罪事件でも法外な金額の賠償金が支払われる。ニューヨーク市はバリー・ギブスと９９０万ドルで和解した。腐敗警官の罠にはまり、ギブスは20年近く刑務所で過ごした。[*30] カリフォルニア州では２０１９年、39年間冤罪で収監されていた男性の和解金が２１００万ドルに達した。[*31] これらの巨額の賠償金は最高額が75万ドルであったノースカロライナ州の賠償金とは対照的で、同州では冤罪で30年超を刑務所で過ごしたヘンリー・リー・マッコラムとレオン・ブラウンに支払われた賠償金は、同州最高額の75万ドルだった。[*32]

冤罪事件同様、傷害事件の場合も被害者は生きていて、ＱＯＬに関して様々な値札や原則を明らかにする。傷害関連の民事判決のパターンを調べられる総合データベースはないが、これらのケースを見ることで、命の価値に関して興味深いポイントが見えてくる。大半の州で、人身傷害法の目的は、被害者を元どおりにすることだ。これが不法死亡法と異なるところで、不法死亡法の目的は被害者の扶養家族への補償だ。場合によっては、重傷を負い、一生医療措置が必要で二度と働けなくなった人が、殺人被害者の賠償額を上回る賠償額を受け取ることもある。ここでも、9・11テロの犠牲者補償基金が興味深い事実を提示してくれる。というのも、9・11テロで最高額が支払われたのは、重傷を負った生存者だったからだ。[*33] 負傷者への補償金が、死者への補償金を上回ることが可能だというのは理解しにくく、どこか筋が通らないように思うかもしれないが、これが命そのものに価値を置かない法律の結果なのである。

人道的に問題のあるこの結果は、失われたものに全面的に価値を置かない不法死亡法ばかりのせいではない。もう1つ、人命のなかにあまり保護されていない人命があることも原因である。命が過小評価され、あまり保護されなくなった結果、経済学者が冷たく「最適」と呼ぶ以上に不法死亡が起こっている。不法死亡に最適な数があるというのは、冷酷なように聞こえるが、現実は、この種の死は必ず起こるものであり、したがって民事裁判の役割は被害者の遺族に賠償金を提供することと、他者が同様の死を引き起こさないよう抑止することである。裁判で命に低い価格がついたら、企業や政府は安全策への投資を懸命にしようとはしなくなる。

刑事司法

民事裁判は原告対被告の争いとなるが、刑事裁判は政府対被告人の争いとなる。決定的な違いは、刑事裁判では、「合理的な疑いを超えて」[*34] 被告が有罪であると、政府が陪審に証明しなければならないことだ。刑事裁判制度での殺人や自動車運転致死の扱いを調べると、社会が人の命に「大切」という非経済的な意味での価値をどれくらい置いているかが見えてくる。命に価値を置くという観点から非常に気になるのが、司法には本当に正義があるのか、ということだ。殺人が起こったとする。その場合、被害者が誰か、犯人が誰かに関係なく訴追手続きが進むのだろうか？　多数の学者や社会評論家が米国の刑事裁判制度に存在する格差を調査してきた。殺人被疑者の扱いに見られる不平等から、米国での命に対する価格のつけ方、特にどのような命を他の命より高く評価しているかがわかる。

刑事司法制度で殺人犯を裁く場合、いくつか必要になることがある。まずは、証拠を集めて、人が死んだのが事故死や自殺ではなく間違いなく殺されたのだと特定しなければならない。このステップを通過したら、捜査で容疑者を見つけなければならない。それから容疑者を起訴して裁判を行い、有罪を確定して裁判所が刑罰を与える。殺人が起こって最終的に刑が確定するまでのあいだには、様々なことが事件解決を遅らせたり、量刑に影響を及ぼしたりすることがある。それらの要素には、容疑者を特定するための捜査能力や容疑者を起訴する決断、有罪を立証する能力、有罪と決定してから刑を決めるにあたって与えられている刑罰の幅などがある。こうした不特定要素がすべて、犯罪者に対する法の裁きに影響する。そしてここでも刑事司法制度が命に価格をつけるやり方がわかる。

米国は、殺人事件の発生率が他の裕福な国を大きく上回っている。経済協力開発機構（ＯＥＣＤ）加盟の36ヵ国中、殺人の発生率で米国を上回っているのはメキシコしかない。[*35] カナダ、フランス、英国はすべて殺人の発生率が米国の3分の1から5分の1だ。米国では他のどこよりもはるかに容易に銃器が手に入り、銃器を所有している人もはるかに多く、国内で発生する殺人事件の約3分の2に銃器が使用されている。[*36] 銃の所有率が米国の半分にようやく到達するOECD加盟国は1つしかない。そこから1つ推測できるのは、米国では、年間に銃で失われる命につけられる累積価値より、銃を所有する権利に高い価値が置かれているということだ。

米国では、あなたが誰で、どんな知り合いがいて、どこに住んでいるかが殺される確率に影響を与える。殺人の発生率は多くの人口統計的要素が絡んで変動する。米国では、殺人の被害者になる確率は18歳から24歳が他の年齢層の2倍超に達しており、男性が女性の3倍超となる。[*37] 若年層と男性で殺人の被害者となる確率が高くなるこの傾向は、他の国でも広く一般に見られる。[*38] 2010年から2012年の統計で、アフリカ系アメリカ人の殺害率（10万人あたり19・4人）は、ヒスパニック系アメリカ人の殺害率（10万人あたり5・3人）の3倍超で、白人の殺害率（10万人あたり2・5人）の8倍近くにも達した。[*39] こうした人種の要素に性別の要素が加わり、黒人男性は白人女性より20倍近く殺害されやすくなっている。[*40] 米国では殺人事件の15％近くは家族によるもので、30％近くが友人や知人による犯行である。[*41]

米国は全体でも特定のコミュニティでも異常に殺人発生率が高くなっているという事実から、いくつもの疑問が浮かび上がり、これが多くの作家や調査ジャーナリスト、刑事司法の改革論者を刺激してきた。しかしここで私が気になるのは、もっぱら次の疑問だ。殺人犯と被害者の命の価値を決める際の原則の並べ方という点で、刑事裁判制度から見えてくるものは何だろうか？

刑事裁判にみる殺人罪の重さ

米国の刑法と聖書の律法は、殺人の罪の重さはすべて同じではないという見方で一致している。聖書では「出エジプト記」第21章20節と21節に奴隷の命の価値に関する記述がある。そこには「人が自分の男奴隷あるいは女奴隷を棒で打ち、その場で死なせた場合は、必ず罰せられる。ただし、一両日でも生きていた場合は、罰せられない。それは自分の財産だからである」（『聖書　和英対照　新共同訳』日本聖書協会発行）と記されている。方針は単純明快。もし、奴隷の所有者が自分の奴隷を打擲《ちょうちゃく》し、その結果奴隷がすぐに死んだ場合は、奴隷所有者は殺される。だが、奴隷が1日か2日後に死んだ場合は、所有者は殺されず、補償金を支払う必要もない。即死と数日後に死亡する場合が区別されているのは、おそらく聖書は故意の殺害（被害者が即死する場合）と故意によらない殺害（被害者が数日後に死亡する場合）を区別しようとしたためだろう。[*42] この解釈が正しければ、この発想は現代の法律にも反映されていて、計画的な殺人は故殺（manslaughter）より刑が重くなる。[☆]

同様に、米国の法律でも、殺人（murder）の罪の重さはすべて同じではない。第一級謀殺はあらかじめ計画した故意の殺人を指す。第二級謀殺は計画的でない殺人で、危険な行為または加害者の明らかな人命軽視により死亡した場合がこれに当たる。[*43] 故殺は謀殺より犯罪性が低く、2つのカテゴリー

☆　日本法と異なって、英米法等では、殺人はあらかじめ人を謀って殺す「謀殺（murder）」と、謀ることなく人を殺す「故殺（manslaughter）」に分けられる。人を殺すこと一般は「homicide」が使われるが、この語自体は必ずしも殺人という犯罪を意味せず、「過失致死（negligent homicide）」のように用いられる。

に分類される。1つは非故意故殺（involuntary manslaughter）（過失により殺人に至らしめたもの）で、もう1つは故意故殺（voluntary manslaughter）（激怒状態や相手の過度の挑発に乗ってしまったりして殺人に至った場合）だ。[*44] 州法も様々で、州によって殺人罪の種類に異なる定義がされている。ただ被害者にとってはそうした差はあまり問題ではなく、そうした差が大いに問題になるのは殺人者の側だ。刑罰も故殺の場合と第一級謀殺の場合では異なる。1つ1つ疑問を明らかにしていくことで、殺人の種類を区別して、それに相当する刑罰が決められるようになる。

まず、故意（intent）の問題がある。殺人者に殺人の故意（intent）はあったのか？ それともそれは偶発的なものか？ 偶発的であった場合、それは加害者が不注意であったためか？ 咄嗟に怒りが爆発したための殺害か？ それともその殺人は計画されていたものか？

次に、殺人犯に理性的な判断能力があったかどうかの問題がある。殺人犯に精神疾患や精神障害はなかったか？ 殺人犯に殺人をするという認識能力はあったか？ 犯人は殺人の意味を理解できる年齢に達していたか？

それが正当防衛であったかどうかの問題もある。加害者は自分もしくは誰かを守ろうとしたのではないか？

被害者の政治的立場も問題として関わってくる。被害者は外国の外交官や高官など、国際的な要人ではなかったか？ もしそうであれば、その殺人事件は州の問題から国の問題に格上げされる可能性がある。というのも、そうした人物は政府にとってより重要なので、命があればより厳重にガードされるし、その人物が殺害されれば、より厳しい処分が下される。[*45]

殺人罪の評価

最後に、法的な地位と手続きの問題を解決しなければならない。殺人は、有罪判決を受けた殺人犯の6％には死刑判決が下されるネバダ州で行われたものか？　それとも死刑が認められていない21州のうちのいずれかで起こったものか？[*46]　法律的な立場から、すべての殺人犯、すべての殺人が同一に見られないのは明らかだ。そのほか、訴追と量刑決定に影響を及ぼす要素には、何人殺害したかや、どこで殺人を犯したか、犯人のバックグラウンドはどんなものかなどがある。この殺人罪の序列にはある程度納得できる点もあるが、それでもそこには必ず法律の不平等な適用がある。犯罪捜査から最後の仮釈放の聴聞会あるいは死刑執行まで、どの段階でも個人的な意見が入り込んできて、被告が誰か、被害者が誰かによって無意識のうちに差別が行われる可能性がある。人種や性別、ライフスタイル、社会経済的階級、被害者および被告人の家族の地位に関係なく公平性を保つのは困難で、一定のバイアスが一方の命を他方より重く扱い、結果的にどちらかをより手厚く保護することになる。

ホームレスの麻薬中毒者が殺された場合と、政治のトップや裕福なビジネスパーソン、有名なアーティストなど世の中の重要人物が殺された場合とでは、扱いは同じではない。弱い立場にある人や犯罪者と関係のある人、あるいは自らが犯罪者である人は、被害者になる可能性が高い。[*47]　また、警察がそうした被害者にはあまり注意を払わないこともある。[*48]　人々からいちばん同情を買い、警察にも全力で捜査してもらえる被害者は、弱かったり、犯罪被害に遭った当時、立派な活動をしていたり、そのとき治安のよい安全な場所にいたり、通り魔的に襲撃されたり、悪人と思われる人物に襲われたり、コミュニティの犠牲者と考えられていたりする人たちだ。[*49]　被害者のなかに、警察の関心を引く人とそうでない人がいることは、殺人捜査官から聞いた話で裏づけられている。話を聞いた捜査官は、「真の被害者」はたまたま悪いときに悪いところにいた人だと考えていると話していた。これは、危険な場所で犯罪に巻き込まれて殺された人と対照的だ。[*50] この種の裏づけに乏しい証拠は割り引いて受け取らなければならないが、被害者がギャングの一員であったり、麻薬の売人であったり、違法な活動に関与していたり、前科があったりする場合には、検挙率が著しく下がる事実を裏づける統計的な証拠がある。[*51] このように検挙率が下がる原因には、そうした人々の命は社会的に価値が低いとの認識も一部あるかもしれない。

より視野を広げてみると、マスコミの役割を控えめに考えることは難しく、特定の人物の死やそれに対する警察の対応への関心を引き寄せる役割をマスコミが果たし、その結果、一般の目に最も見えやすい形で、事件解決に向けて割り当てられる捜査員の数が決まることがある。魅力的な若い白人女性カリーナ・ヴェトラーノの事件を考えてみるといい。彼女は自宅近くをジョギング中にレイプされて殺された。この事件は、その年ニューヨーク市で起こった他の３３４件の殺人のいずれより、マスコミで大きく取り上げられた。犯人に有罪判決の出た裁判での証言によると、ニューヨーク市警察は、この関心の高さに応えるべく約１００人の刑事で捜査班を結成したという。[*52] これは、警察捜査の関心を引きやすい事件の様々な性質を見事に表している。同じ年に起こった何百という他の殺人事件は、ヴェトラーノ殺害事件のほんの何分の一、何十分の一の捜査しか行ってもらえていない。[*53]

検挙率のデータをまとめると、女性や子どもが被害者の場合が最も検挙率が高くなっているが、検挙率の差は殺人が起こった状況によることもある。人種によって検挙率に差は出るのかについて、いくぶん不確かな証拠はあるが、危ない生活をしている人や、前科や麻薬使用歴のある人が犠牲者の場合、捜査員が事件解決に辿り着く確率は著しく低くなるようだ。

警察が容疑者を逮捕すると、政府は起訴するかどうかを決定し、起訴する場合、罪状をどうするか決めなければならない。殺人が自己防衛であるとか、誰かを守るためなど、正当なものであったと判断された場合、起訴は行われない。正当防衛の殺人は、人が自分に致死的な脅威をもたらす人物の命より自分の命を大切にするのは当然であり、法的に許容できるものとして正式に認められている。

フロリダ州にはスタンド・ユア・グラウンド法（正当防衛法）というものがあり、人が「死もしくは重篤な負傷を防ぐ」にはその武器を使用しなければならないと考えるに足る理由があれば、殺傷能力のある武器を使用してよく、逃走する必要はないとされている。この法律が最初に適用されたのは、トレイボン・マーティン殺害事件でジョージ・ジマーマンを罪に問わないとしたフロリダ州の判断だ。ジマーマンが警察の通信指令官の指示を無視したという証拠に対して市民のあいだには、マーティンは本当に「ジマーマンの土地に立っていた」のか、それとも人種的な決めつけでマーティンの事件を引き起こしたのか、様々な疑惑が湧き起こった。本当のところは到底わからないが、スタンド・ユア・グラウンド法がない州で事件が起こっていたなら、事情はまったく違ってきただろうと考えられる。

正当防衛ではない殺人は非故意故殺から第一級謀殺までの罪に問われる可能性がある。自動車運転致死は、運転手以外の人が、刑事的な過失もしくは危険運転の結果として死亡した場合の犯罪である。自動車運転致死の場合、被害者は加害者の車の同乗者の場合もあれば、そうでない人（歩行者、自転車、他の車の運転手もしくは同乗者など）の場合もある。ということは、いくぶんランダムに誰でも殺人の被害者になる可能性があり、たまたま悪いときに悪いところにいた「真の被害者」と考えられるケースが多い。

自動車運転致死の被害者になるという点で見れば、より無作為性が高いが、それでも不平等は存在する。被害者が黒人や男性であった場合には、運転手に短めの刑が言い渡される。[*54] また、被害者が無職であった場合にも刑は軽くなる。この最後の傾向は民事判決の場合の傾向とも一致し、無職の人間が事故死した場合は、逸失利益が命の価格を決める中心要因になっているため、有給職に就いている人より判決が軽くなる傾向にある。自動車運転致死の場合、黒人の命と無職の人の命は価値が低く、保護もあまりされなくなる。

死刑制度

米国では、死刑には大いに賛成する人も数多くいれば、反対派も数多くいて議論になっている。国際的に見た場合、死刑は標準ではなく、大半の国がいかなる犯罪に対しても死刑は認めていないか、少なくとも実際には執行していない。[*55] ２０１７年、死刑執行の記録があったのは世界中で23ヵ国であった。米国はそのなかで8番目に死刑執行が多く、中国、イラン、サウジアラビア、イラクが最上位を占めていた。[*56] 米州機構（35ヵ国が加盟）のなかでは、死刑を執行したのは米国のみで、欧州安全保障協力機構（57ヵ国が加盟）のなかでも、米国のほかには1ヵ国しかなかった。明らかに、米国はこと死刑に対する姿勢という点では、他の高所得国から外れている。

米国では、31の州で死刑が合法になっている。これらの州では司法制度に命の価値を測る権限があり、受刑者の命を終わらせる利点に照らして、生かし続ける選択も可能になっている。受刑者の命を終わらせたほうが社会にとってメリットが大きいと州が判断すれば、死刑が宣告される。これは何も、終身刑より死刑を選択することで州が費用を節約している、という意味ではない。実際、州にとっては、同等のケースで死刑を行わなかった場合より、死刑を行うほうが費用がはるかに高くなることを、多数の研究が示している。死刑にかかる費用の増分は、訴追、弁護、控訴に余計に費用がかかることによるものだ。[*57]

麻薬密売や性的暴行、誘拐、飛行機のハイジャック、児童のレイプに法律で死刑を認めている州もいくつかあるが、死刑は通常誅殺罪が適用される。[*58] 州に死刑の制度がなくても、連邦犯罪に死刑が適用されることもある。これが、ボストンマラソンの爆破犯の1人、ジョハル・ツァルナエフの裁判で行われたことだ。犯罪はマサチューセッツ州で行われたが、同州に死刑制度はなく、ツァルナエフはボストンの連邦裁判所で死刑を宣告された。

殺人の被害者が白人で、殺人犯が黒人であった場合に死刑が適用される可能性がはるかに高いことを、多くの研究が示している。[*59] 全国的に見て、死刑率が最も高いのは、被告人が黒人で被害者が白人であった場合で、次に高いのが被告人、被害者ともに白人の場合だ。死刑率が最も低いのは、被告人、被害者ともに黒人の場合である。[*60]

死刑率が高くなるのは、以下に挙げる要素のいずれか、またはすべてに存在する差のせいかもしれない。それは、起訴を決める大陪審の判断、死刑に値する殺人罪の被告に科す刑を決める検察官の判断、死刑を求刑する地区検事の判断、そして死刑を確定する陪審の判断だ。[*61] テキサス州は2011年から2014年の米国における死刑判決の約3分の1を占めているので、上記4つのステップを分析するには、同州が最も適切だろう。[*62] ハリス郡（ヒューストン）はテキサスでも最も死刑判決が多く、1976年から2015年のあいだに116件の死刑判決が下されている。[*63] ハリス郡では、被害者が白人である場合、被害者がヒスパニック系や黒人である場合より、地区検事は死刑を求刑する確率が高くなっている。[*64] 黒人は他の人より複数殺人の被害者になる確率が高いにもかかわらず、死刑求刑ではこの人種間格差が起こっている。これはさらに、死刑求刑の閾値は、白人被害者の場合より黒人被害者の場合に高くなる事実とも一致する。

オハイオ州では、殺人犯が黒人男性で被害者が白人女性である場合、15%が死刑になっている。[*65] 一方、殺人犯が白人女性で被害者が黒人男性であった場合の20件の事件は、いずれも死刑になっておらず、先の15%という数字と対照的だ。より一般的に言うと、被害者が女性または白人、あるいは子ども（12歳以下）であった場合に死刑になる確率が高いことが統計的に示されている。殺人が通り魔的に行われた場合も、死刑になる確率は高くなる。

ノースカロライナ州の殺人事件の分析も同様の結果を示す。[*66] 被害者に白人が含まれる殺人事件は死刑になる確率が高い。また、被害者が犯罪に関係していた場合、被告人が死刑になることはめったにない。いずれの考察も検挙率のデータと一致している。

刑の不平等

量刑手続きにおける人種間の不平等に関するこれらの考察は、黒人が冤罪被害に遭う割合が大きいという事実によって裏づけられる。有罪判決の出た殺人事件において、米冤罪事件データベースは「無実の黒人が殺人で有罪判決を受ける確率は、無実の白人の約7倍に上る」と報告しており、殺人罪での受刑者のうち、黒人受刑者は他の受刑者より無実である確率が50％高いという。[*67]

このような人種間の不平等を見ると、奴隷制は150年以上前に終わり、公民権運動があって、歴史的な法改正もあり、今では「すべてのアメリカ国民に平等な正義を」と当たり前のように宣言されていても、黒人の命は今なお白人の命ほど刑事裁判制度で守られていないのは明らかだ。

これらは数多くの調査結果を統計的に分析したものだが、明らかな例外は常にある。O・J・シンプソンは黒人男性で、白人女性と白人男性を殺害したとされていたが、第一級謀殺で無罪になっている。彼が雇った高額の弁護団は、公選弁護人に頼っていた原告には真似することもできないほど手の込んだ弁論を展開した。

州があからさまに、ある命は他の命より重く、したがってより大きな保護を与える価値があるという姿勢を示すことがよくあるのも事実だ。警察官、消防士、選挙で選ばれた公職者には特別な権利と特権が与えられていることを考えてみるといい。カリフォルニア州では、警官殺しの罪は一般人が殺された場合より重く、コネチカット州では、職務中の法執行官、保安官、矯正施設部門の職員、消防士の命は特別規定で守られている。[*68] より大きな保護がこうした職業の人に与えられるのは、そのような職業にはより大きなリスクが伴うという発想か、彼らの命には社会がより大きな価値を認めているという発想を反映したものかもしれない。そうした人々が殺害されれば、より重い刑が科されるのは、学校教師やソーシャルワーカー、医師、看護師など他の分野の教育を受けた専門家の死と比べて、そうした人の死は社会にとって損失が大きいと見なされていることを示すものである。州の役人や代表の命がより手厚く保護されるのは、これらの人たちが社会で欠かせない役割を果たしているためかもしれないし、ほかに何か理由があるのかもしれない。理由は何にせよ、事実としては、社会が法的保護に差をつけていて、その結果、職業によって命の価値に差がつけられているということだ。ある種の職業従事者の命に、特別の保護が与えられることが法的に定められ、一方でそこまで厚く保護する価値なしと考え、より重要性が低いと考えられる命があるのであれば、司法は正義がある、という考えを疑わざるを得なくなる。

こうした州の役人や代表の命は他の命より尊重されているだけではない。彼らが行使する暴力は、咎められることがはるかに少ない。2018年には、米国で998人が警官によって射殺されたとの報告があり、2015年、2016年、2017年も数字はほぼ同様となっている。[*69] 警官による殺人が起訴されることは稀だ。1977年から1995年のあいだに、ニューヨーク市の警官が職務中の殺人で有罪判決を受けたケースはない。[*70] 2015年に発生した100件を超える警官による非武装の黒人殺しで、収監された警官は1人だけだ。[*71] 多くの場合、これは、その殺害が正当防衛と見なされているためである。警官が殺傷能力のある武器を使用して法的に正当と認められる状況は、一般市民の場合よりはるかに多い。

職務中の警官が一般市民を殺害して有罪となるケースがこれほど少ないもう1つの理由は、地区検事が警官を起訴すると、利害の衝突があるからだ。[*72] 結局、地区検事は警察と密接に連携して仕事をしなければならず、したがって警官を起訴すれば、今後仕事がやりにくくなる可能性がある。米国では、ある種の命――主に貧しい人と白人以外の人――が一般に軽んじられていることを考えると、検死官のレポートには、エリック・ガーナーの死は殺人によるものとあったにもかかわらず、警官のパンテレオがガーナーを死に至らせたことで起訴されなかったことや、ショーン・ベルの死に関わった警官が誰も有罪にならなかったことは、驚きでも何でもない。[*73] パンテレオが、貧しい黒人男性ではなく、有名な金持ちのロックスターなど、社会がもっと重要だと考える人物を窒息死させていたのであれば、パンテレオに対する法の裁きはおそらくまったく違っていただろう。

司法は正しく命を価値づけられるか？

司法制度はどちらの面でも――民事の面でも刑事の面でも――すべての命に同じ価値を認めておらず、その結果、すべての命を等しく保護していないのは明らかだ。

民事裁判では、ある命に他の命より高い価値がつけられ、なかにはマイナスの値をつけられる命もある。注目度の高い裁判の原告はより高額の賠償金を手にでき、賠償金の額は州によって異なる。高所得者の家族も低所得者の家族より多く受け取れる。米国の白人家庭には平均して、黒人家庭の約13倍の純資産があると推定され、白人家庭には平均して、黒人家庭より60％以上多い収入がある。[*74] 収入および財産に関する人種間不平等を考えると、民事裁判では、黒人の死に対する賠償金が、平均して白人の死に対する賠償金より大幅に少なくなると想像がつく。言い換えると、白人は黒人より多く稼いでいるから、他の可変要素がすべて等しければ、民事裁判では黒人の命より白人の命に高い値札をつける傾向にある、ということだ。

刑事的には、法律はあからさまに警察官その他の公僕の命に味方する。そればかりではない。法律は被害者のジェンダー、人種、社会的地位、犯罪歴に左右されないようなことが書かれているが、現実には左右される。適正手続き上は平等な保護が謳われているかもしれないが、データは明らかに、犯罪を起訴するか否かと、犯罪にどのような刑罰を科すかについての検察官の判断は、被害者は誰なのかと、ときには殺人を犯したのが誰であるかに左右されることを示している。警察、検察、裁判官、陪審員を含めて法制度に関わるアクターは皆、この不平等に加担しており、その結果、ある命が他の命より高い価値をつけられて、手厚く保護される現象が起こっている。

民事および刑事判決は、司法制度による命の金銭的および非金銭的価値の評価を反映している。ということはつまり、実際、制度の統治原理はどれくらい公平で平等かという程度を反映していることになる。同様に、米環境保護庁や連邦航空局などの規制機関は費用便益分析法を開発していて、その主要入力項目において、人命につける価格、ならびにすべての国民の命を等価に扱う程度の両方について、国の規制制度の評価を反映させている。次の章で見ていくが、司法制度や規制制度を見れば、政府機関の仕事にいかに人命につける価格が入り込んでいるかと、いずれの制度も、低い価値がつけられて、低レベルの保護しか得られない命の存在をいかに放置しているかがわかる。

第4章

水のなかのわずかなヒ素

——規制機関による命の価値評価

ＡＣＭＥはミシガン州にある架空の火力発電所である。ミシガン州は今なお、電気の約半分を石炭に頼っている。★ＡＣＭＥは１９７０年代の初めに建設された中規模の発電所で、ワイオミング州から鉄道で運んできた石炭を使用している。この発電所の従業員は、フルタイムのスタッフが45人。利ざやは減ってきているが、オーナーである第4世代のミシガン州民は地元の女子アイスホッケー・チームのサポートを継続している。ＡＣＭＥの業績見通しは、天然ガス分野の競合との価格競争と、のし

★ このエピソードに登場する人物および企業はすべてフィクションであり、状況を鮮明に描くためだけに創作されたものである。生死を問わず、実在の人物や、実在の企業と似た点があったとしても、それは単なる偶然にすぎない。

かかってくる米環境保護庁（ＥＰＡ）の新規制により不透明だ。ＥＰＡの新規制は、ＡＣＭＥ近郊住民全員の健康と、ＡＣＭＥのオーナー、従業員、およびその家族の生活を大きく左右する。かなりの追加費用を要する新規制はＡＣＭＥの利益性を損なうものであり、場合によっては同発電所を閉鎖して、よそへ発電所を移転させるか、従業員をリストラしなければならなくなる。このＥＰＡ規制は、ＡＣＭＥから排出される汚染物質の影響を受ける人たちの健康を維持し、寿命を延ばすなどのメリットを意図したものだ。

費用便益分析（cost-benefit analysis）

ＥＰＡを始めとする規制機関は、費用便益分析を行って、規制をより厳しくした場合に得られるメリットが費用を上回るかどうかを見極めている。命に十分な価値が認められていないことにより、命が十分に保護されなくなるリスクが連邦規制ほど見えにくくなるところはどこにもない。火力発電所の排出物の話であろうと、飲料水に含まれるヒ素の許容限界の話であろうと、命の価格は米国の規制制度の日常業務に直接組み込まれている。企業の短期的利益と公衆の安全のバランスに関する議論から、業界規制派と業界支持派が対立することがよくある。それ以外に、想定される規制によって得をする業界と、損をする業界間や、既存の業界リーダーと規範を打ち破る新規参入者のあいだで衝突が起こることもごく一般的に見受けられる。こうした議論に人々が気づくと、ある規制が費用便益的にメリットがあるのか否かを計算して、多くの場合、その計算が小難しい科学として表現されるようになる。実際のところ、費用便益分析は、なんとなく選択しても、熟考した上で選択しても、容易に変動させられる。こうした選択が、規制の価値を過大評価したり、過小評価したりする結果につながることがある。これらを偏った推定量と呼ぶ。意図的に推定量を偏らせようとするゲーミングでも、なにげない選択でも、分析結果を左右することができる。現実社会でこのような意図的な選択や、何げない選択が行われると、多くの場合命が不必要なリスクに晒される結果を招く。

統計的生命価値（VSL）に使用される金額と、現在の命と将来の命の相対的価値に関する仮定が、こうした規制の計算の多くで二大検討事項になっている。命が適切に守られ、企業利益の最大化の犠牲になって危険に晒されないようにするために、市民擁護団体や消費者監視団体を始めとする市民は、議論の展開と、規制当局や業界支持派が提示する証拠に用心深く目を光らせなければならない。本章は、そのための武器として、これを正しく行うために必要な基本的な洞察を提供する。

規制対象とする業界にかかわらず、連邦規制は一般に同様の科学的標準を根拠にし、非匿名性の個々の命よりも、影響を受ける人口に照らして費用便益分析を行う。その結果、規制を正当化するために用いる投資対効果検討書はすべて、それが米食品医薬品局発行のものであろうと、連邦航空局あるいは労働安全衛生局や、米環境保護庁発行のものであろうと、すべて類似の分析手法に従う傾向がある。[*1] 規制案や政府全体での政策の実施については、多くの場合、アメリカ合衆国行政管理予算局の行政機関の1つである情報・規制問題局（OIRA）の監督を受ける。OIRAの機能の一部に、「便益と費用のなかには定量化が困難なものを認め」つつ、「便益と費用を量的な面と質的な面の両方で考慮」することがある。[*2] この機能（レーガン政権時代に出された大統領令12291）は、その後クリントン大統領発布の大統領令12866と、オバマ政権時代に出された大統領令13563によって修正が重ねられてきた。[3]

便益と費用を考慮するというＯＩＲＡのこの公式ガイダンスは完全に筋が通っていて公平なように思える。しかし問題は細部に潜んでおり、そこでは特定利益団体がしばしば過度に影響力をもつ。費用便益分析は簡単に操作することが可能で、政治家や官僚、業界のエキスパート、特定の利益擁護者の影響を受けて結果が歪められることがある。簡単に言うと、人が違えば、それぞれの優先順位や利益を反映して仮定も異なってくるということだ。その結果、費用便益分析に組み込む仮定と入力内容が、機関や研究者、既得権者によって大きく異なる可能性が生じる。たとえば、ＡＣＭＥのオーナーにしてみれば、費用のかかる環境規制の導入を阻止したいし、ＡＣＭＥ発電所の風下に住む人たちにしてみれば、この種の規制はどんどん導入してほしい。なぜなら、健康に害を及ぼさない空気を吸いたいからだ。

分析の手順

費用便益分析では、エクイティ上の権利や生活の質（ＱＯＬ）など数値化の難しいファクターを考慮に入れてかまわない。しかし、そうしたファクターはまさに数値化が難しいためにほとんど考慮されないことが多く、場合によっては完全に無視される。その代わりに、防げる死者数やＶＳＬなどの数量化が可能な値が、規制の費用便益分析の計算では往々にして便益の主なプラス要素となる。

費用便益分析にいかに特定利益団体が影響を及ぼし得るかをより詳しく知るには、この分析がいかに複雑かの理解が欠かせない。１９３０年代から米国の規制ツールボックスの一部として、費用便益分析は、決定やプロジェクト、政策の費用と便益を計算して比較するための体系的プロセスになっている。[*4]費用便益分析は標準的な方法が確立されていて、明確に定められた手順に従うことになっている。[*5]

1. 考慮すべき規制を特定する（規制しない／何もしないを含む）
2. 誰に当事者適格があるかを決定する（誰の費用と便益を考慮する必要があるか）
3. 測定指標を選択し、費用と便益の目録を作成する
4. 長期的な費用と便益を数値的に予測する
5. すべての費用と便益に金銭的価値を割り当てて、すべての影響を金銭換算する
6. 時間的経過を考慮して費用と便益を割り引き、各費用と便益の現在の価値を取得する
7. ステップ6の項目を合計することで、考え得るそれぞれの規制の純粋な現在の価値を計算する
8. 感度解析を行う
9. 推奨を行う

これらのステップをレビューするなかで、値札が果たす役割や公平性に関する検討事項、分析のどの側面が特定利益団体の影響を受ける可能性があるかを含めて、標準的な方法に関する懸念を明らかにしていく。費用便益分析に関する最重要事項のいくつかは、最初の数ステップで決まる。規制案を考える際には、オプションの幅を決定する。たとえば、飲料水に含まれる有毒物質の許容限界を決め

る規制の場合、シナリオに含まれる複数の規制案はそれぞれ異なる許容限界と結びつけられる。もし、検討しようとしている規制の幅が、5ppm未満、10ppm未満、あるいは20ppm未満からであれば、それより厳しい0・1ppmなどという規制は検討対象範囲に入らない。そして規制案を現状、すなわち現在の規制と比較する。

あなたは米環境保護庁で働いているとする。そして、石炭・ガス火力発電所から排出される二酸化炭素、二酸化硫黄、酸化窒素の許容限界を定める費用便益分析を開発する仕事を任されたとする。その場合あなたは、そのレベルに到達するまでのタイムラインも含めて、排出量の許容レベルを決め、費用便益分析で検証してみなければならない。そして、この想定される新規制を現状の許容レベルと比較する。この分析は、他といっさい関係なく行われるわけではない。発電所は、この分析で自分たちの業界に味方して影響力を発揮しようとしてくれるロビイストや研究者に資金を提供している。発電所のほかにも、発電所近くで暮らす喘息《ぜんそく》を抱えた子どもや、家族を養うためにワイオミング州の炭鉱で働いている人々、競合するガス火力発電所の従業員など、規制の影響を受ける人たちがいる。

発電所業界が目指すのが、費用のかかる規制を最小限に抑えてもらうことだとすると、業界の支持者たちは、規制を強化すればとてつもなく費用がかかり、利点はほとんどないと主張するだろう。これらの業界支持派が、様々なやり方で費用便益分析を自分たちの都合のいいほうに傾けさせようとすることもある。たとえば、当事者適格のある人（火力発電所の有害排出物が減って利益を得そうな人）の数を減らして、規制で要求されるような、より高性能の集塵装置や二酸化炭素回収システムを導入した場合にかかる費用を水増ししてEPAに報告するかもしれない。また、空気がきれいになった場合の健康面のメリットを訴える科学に異議を唱えて、VSLを低く見積もり、費用（短期的な費用も含めて）が便益（今後得られる利益）より重いウェイトを占めるよう大幅に比率を操作する可能性もある。

複数の考え得る規制が特定できたら、規制立案者は誰の費用および便益を分析に組み込むかを決めなければならない。分析は地方、州、地域、国、国際のいずれのレベルでも行われることがある。誰に当事者適格があるかの選択は重要で、この範囲が狭すぎると、害を受ける人や利益を得られる人のなかに分析対象から外れてしまう人が出る可能性がある。

影響を受けるのに無視される人たちが出てしまう問題は、行為の負の結果――たとえば、排出されて風で運ばれる二酸化炭素――が国境を越えると間違いなく生じる。国境を越えて環境にインパクトを与える国の規制は、必ず議論の的になる。工場が隣国の国民に健康被害を与える汚染物質を排出している場合、隣国国民に当事者適格が与えられていなければ、そのインパクトは考慮されない。分析でその人たちに当事者適格を与えなければ、彼らの健康への負の影響と高まる致死リスクは完全に無視される。

ＡＣＭＥの工場はカナダとの国境に近い。費用便益分析の計算でカナダ人に当事者適格が与えられると、規制強化によって救われるカナダ人とアメリカ人両方の命が計算式の便益側に現れる。その結果、便益の推計値が上がり、より規制を厳しくした場合の費用増加がより強力に正当化される。しかし、費用便益分析の計算でカナダ人に当事者適格を与えなければ、規制強化の便益は小さくなり、規制強化にかかる費用の増分の正当化が困難になる。

運用の実際

ＡＣＭＥの話はフィクションである。だから、今度は実際の例を考えてみよう。今日、多くの人が気候変動の負の影響を受けているが、その人たちのことは費用便益分析で考慮されていない。なぜなら、その人たちは温室効果ガス最多排出国の外に住む人たちであり、したがって国の費用便益分析では当事者適格がないからだ。当事者適格はプログラムや規制によって誰が影響を受けるかに基づいて決めるべきであり、したがって、規制は地方、州、国、国際レベルで分析しなければならないことがある。

誰を当事者適格者にするかを決定したら、当事者適格があると決まった人へのインパクトだけを分析に含めて、すべての入力項目とアウトプットを特定する。ここが費用便益分析の最も重要なポイントで、というのも、リストに挙がっていない入力項目とアウトプットは直接分析には入れられないからだ。入力項目およびアウトプットには、収入や品物およびサービスの消費などの金融項目だけでなく、環境や健康、犯罪、ＱＯＬといったより広範な項目に規制が与えるインパクトを含めなければならない。

規制案と誰に当事者適格があるか、そして入力項目およびアウトプットが決まったら、次はそれぞれの規制について長期的なインパクトを数値化しなければならない。汚染物質レベルを5ｐｐｍに規制するのか、10ｐｐｍに規制するのか、20ｐｐｍに規制するのかを考えるなかで、必要な入力項目と結果のアウトプットをそれぞれの規制レベルと、現行の法規のレベルで推計する。

規制実施に関連するステップは多くの場合、潜在的インパクトより明確になっているので、通常、新規制に合うステップ実施の費用を見積もるのは、新たな規制が与えるインパクトを予測するより容易だ。たとえば、ＡＣＭＥのような発電所からの排出物の許容限界を引き下げることが目的の規制なら、二酸化炭素回収装置およびスイーパーの導入にかかる費用、ならびにその運転費用を見積もらなければならない。しかし、提案されている規制がまったく新しいものであるとか、関連する前例がなく仮説を引き出せないとかの場合は、費用予測はより困難になり、正確さが劣ることも少なくない。費用予測は、既得権者がそのものさしによく圧力をかけるステップの1つだ。規制を導入してほしくない人たちは、その規制を導入した場合の経済的困難を大げさに語るなどして、規制案作成で費用見積りが最大化され、便益見積りが最小化されるよう主張する傾向がある。逆に、規制に賛成の人たちは、規制による費用見積りを最小化し、便益見積りを最大化しがちになる。

　規制実施にかかる時間、費用の大半は多めに見積もられる。[*6] これは、分析を行う人間がテクノロジーの進歩を見通せていないためかもしれない。しかし、この過大評価には、大気汚染物質削減にかかる費用を過大評価することから大きな利益を得る、先のＡＣＭＥの例で挙げたような業界ロビイストの影響がある可能性もある。業界ロビイストがどのようにしてこのプロセスへの不当な影響力を獲得するかは、簡単にわかる。何だかんだ言って、米国の超大規模企業の多くは、連邦政府に税金を払うよりたくさんの金をロビイストに払っているのだ。[*7] 企業はロビー活動を、政策や意思決定に影響を及ぼすための事業投資で、ハイリターンを生むことの多い投資と見なしている。[*8]

　便益という面で見ると、インパクトは一般に透明性に欠け、通常は明確な数値化が難しい。[*9] 便益予測には、金銭的利益だけでなく、健康増進やＱＯＬ向上、死亡リスクの低減、生物多様性の保護、より広範な環境への影響に関する非金銭的利益も含めなければならない。規制は複雑になったり、独創的になったりすればするほど、結果を正確に予測するのが困難になる。一般論として、遠い将来まで予測しようとすればするほど、因果関係や効果の規模の正確さは明らかでなくなり、その結果便益と規制を正しい因果関係で結びつけるのが困難になる。自転車専用レーンや二酸化炭素排出量に関する新しい規制が、20年後、30年後に市民の健康に与える影響をまずまずの正確さで推測しようとすれば、それがいかに困難かを考えてみるといい。

規制が与える将来的なインパクトをすべて予測し、数値化したのちに、それぞれのインパクトを金額に換算しなければならない。経済成長など、一部のインパクトなどは、すでに金額で算出されている。予測には不確実なところもあるが、それらを貨幣単位に変換する必要はない。石炭・ガス火力発電所の規制のケースでは、汚染物質除去装置などの排出量制御テクノロジーにかかる費用はすでに金額で算出されている。

それに対して規制が人の健康や暮らしに与えるインパクトは、金額に換算しなければならない。これらのインパクトは値札を必要とする。ここで再びVSLが登場するのだが、このあと見ていくように、それは経済学者がよく表現するようなやり方によってではない。VSLは、人々が死亡リスクを減らすために喜んで払うだろう金額を表すものであったことを思い出してほしい。この値札は、それが910万ドルであれ、その他の値であれ、リスクというコンセプトを用いて推計される。この数字を推計する際に、経済学者はわざわざ人に命（あるいは死）の価値を評価してくれと頼んだりはしない。しかし費用便益分析ではきまって死亡リスクと死そのものの区別を無視する。[*10]

この問題に対処すべき方法は合衆国行政管理予算局の指示書で明らかにされている。政府機関は、死亡リスクが低下する瞬間からではなく、予想される死が避けられる瞬間から便益を適用するよう指示されている。予想される死が避けられたところとなると、死亡リスクが低下するところよりはるかに遠い未来になる。[*11] ＶＳＬの定義の仕方と、それを実際に適用するやり方とのこのすり替えは、計算式の裏側に、かなりの含みのある技術的な問題が潜んでいる好例だ。ＶＳＬを予想される死が避けられた時点にしか適用しないことで、大きなすり替えを行っているのだ。リスクの低下（ＶＳＬの基準）はすぐに始まる。だが、予想される死が避けられるのは多くの場合何十年も先だ。便益の起算時点を何十年も遅らせることで、今日の１０００ドルの価値を将来の１０００ドルの価値より重くする割引の適用により、当該規制の総便益が大幅に少なく見積もられる。

アメリカ人の「価格」

先に述べたとおり、米国では政府機関によってまちまちの価格を採用しているが、その多くは１人につき８００万ドルから１０００万ドルのレンジにある。[*12] このように価格に差が出るのは、この値の推計に多くの理論的・現実的限界があるせいばかりではなく、この推計値が、性別や収入、人種、職業、労働組合員か否か、リスクに対する個人的な許容幅、そしてその推計がいつ行われたかによって揺らぐ可能性があるためでもある。[*13] ＶＳＬの推計に伴うこうした揺らぎのもとを１つ１つ考えると、政府はすべての機関で単一の値を採用したほうが論理的で、正当化しやすいのではないだろうか。元ＯＩＲＡ長官のキャス・サンスティーンが支持している意見だ。[*14]

すべての機関が必ず同じ価格を採用すれば、各規制機関が異なる人口統計グループに異なる命の価値を割り当てようとするのも阻止できるだろう。前述の「高齢死亡割引」はその顕著な例だ。2004年に執筆された書籍『プライスレス』のなかで、フランク・アッカーマンとリサ・ハインザーリングは、EPAが70歳を超える人の命に、それ以下の年齢の人の命より低い価格の値札をつけようとした事例に触れて議論している。これはあまりにも不平等があからさまで、どんな事実──高齢者は若い人より自分の命の価値を高く評価していない──によっても支持されなかった。EPAは人々の猛烈な怒りを買ってこれを取り下げた。同様に、気候変動に関する政府間パネルは各国の貧富によって命の価格に差をつけようとして、最終的には撤回を余儀なくされた。[*15] 人口統計グループによって異なる価格を採用すると、高値のついた命を救ったほうが、低値のついた命を救うより大きな金銭的利益が得られるため、そうした人がより手厚く守られることになる。1人1000万ドルの価値のある命を500人救える規制案と、600人の命が救えるけれども、命の価値が1人あたり1000万ドルなのはその半分で、残りの半分は1人あたり500万ドルの規制案があると仮定しよう。最初の案は救える命が100人少ない。しかし費用便益面ではこちらが推奨案になるはずだ。なぜなら、こちらのほうが命の価格の合計では、2つ目の案を上回っているからだ。命にまちまちの価格をつけると、結果ははなはだ不公平なものになる。すべての人に対して等しい価格を採用すれば、最もシンプルで最も理にかなった選択になるばかりでなく、ある人口統計グループに別の人口統計グループより高い価格をつけることが許されていなければ弁明のできないネガティブな結果を防ぐことができる。この結論は、9・11同時多発テロ犠牲者補償基金のケネス・ファインバーグが到達した結論とも一致しており、ファインバーグは、将来、資金をどのように分配するかを決めるときには、すべての命に等しい価格をつけなければならないと述べている。

基本的に、こうした計算では、VSLとして用いられるまさにその価格が、費用便益分析の結果に対して重要な役割を果たす。規制を歓迎しない人たちは、便益予測が最小になるよう、できるだけ小さな値を用いようとするだろうし、規制に賛成の人たちはもっと高い値を使うことを支持するはずだ。VSLは人の死に対して適用されるものだが、費用便益分析ではほかにも考慮すべき人の生に与えるインパクトがある。それはたとえば、罹患率の減少や負傷率の減少、不安の軽減、QOLの向上などだ。時期尚早の死の防止に加えて、救急搬送や入院、労働損失日数の減少といった健康および生産性関連の便益を金額に換算しなければならない。[*16] また、環境へのインパクトなど、規制がもたらすその他の影響も数値化し、金銭化しなければならない。

さらに視野を広げてみると、人間以外の種——ニシアメリカフクロウやハクトウワシ、クジラのほか、あまり人に好かれていない動物を含む——も環境規制の影響を受ける。こうした影響もすべて金銭換算して費用便益分析に盛り込む必要がある。

費用便益分析の限界

キャス・サンスティーンは、費用便益分析の強みを見出すところから自身の著書『費用便益分析革命』を始めている。そして最後には、費用便益分析にはかなりの限界があるとの結論に到達して同書を終えている。サンスティーンによると、費用便益分析には、非常に多数あるいは少数の救われる命を扱う問題や、失業が及ぼす影響、小さな経済的損失が大きな集団に与えるインパクト、強い感情的反応、利便性や安心感の向上といった便益、中途半端な知識が招く状況、尊厳や公平性、公正さなど数値化の難しい要素、取り返しのつかない害をもたらしかねない行動など、数々の問題や限界があるという。[*17]

経済学者のなかには、自分のリスクを軽減するために何人が金銭を支払う意思があるかでＶＳＬを推計する人がいることを思い出してほしい。この手法には明らかに限界があるのに、動植物保護の価値を金銭換算するのによく使用されている。ある種を保護するのに支払う意思がないことが推計値によって示されたら、その種の保護価値は費用便益分析ではゼロになる。支払意思額は、未来の世代の優先順位や価値観ではなく、今調査対象となった人の優先順位や価値観を反映する。何十年も先の未来にタイムスリップして人々に意見を聞き、現在に戻ってくることはできないので、経済学者は通常、費用便益分析を行うときは今日の価値が将来も同じと仮定して行う。[*18]

今日の優先順位を用いた人目線の視点を採用することの限界について、少し時間を取って振り返ってみるのは価値のあることだ。本書はすべて人の目線で書かれている。ということはつまり、他の形態の命につける適正価格を議論する場合でも、その命の価値は完全に、その種に人間がどれくらいの価値を認めるかによって決まるということだ。それは動物には本来価値がないことを意味する。視点や優先順位、公平性の判断、価値観は時代とともに変化する。数世紀とか数千年となれば言うまでもなく、数十年前に一般に是と認められていた姿勢や行動基準の多くが、今では狭量だとか、受け入れがたいとか、場合によっては野蛮だと考えられている。同様に、動物の命に人目線の視点で価値を置く行為は、未来の世代の目には同じく原始的と映るかもしれない。未来の世代からは、なぜパンダやホッキョクグマ、イヌ、トラなど、一部の動物がその他何百万という動物種よりはるかに大切に考えられていたのか、疑問の声が上がる可能性だってある。

費用便益分析は、必ずしも重要なインパクトをすべて数値化して金銭化できるわけではないという本質的な欠陥を抱えている。これが重大な限界で、重要な項目が無視されるか過小評価されてしまう。インパクト（たとえば、新しい規制で何件のテロ攻撃を阻止できるか、など）が数値化できない場合や、数値（たとえば、アメリカ人の特定の層のQOLを向上させる価値はいくらになるか、など）が金銭換算できない場合、費用便益分析にはほとんどツールが残らなくなる。そうした場合に使えるのが損益分岐点分析だ。これには、その規制を正当化するには利益はいくらでなければならないかの計算が伴う。損益分岐点分析は、正味の現在価値の具体的な金額を推定するというよりは、便益に閾値を設けるものなので、規制を支持するにははるかに弱い裏づけとなる。損益分岐点分析は、インパクトが正確に数値化できて、その数値を金銭化できる分析より、はるかに魅力に欠けることは直感的にわかるだろう。この証拠の裏づけ力の弱さのために、金銭換算ができずに、やむなく損益分岐点分析を用いなければならない重要なインパクトを含む規制は、費用便益分析では支持されにくくなる。

費用便益分析では必ず詳細な感度解析も行わなければならない。感度解析には、割引率やそれに対応する費用便益分析の結果など、様々な主要入力パラメータと仮定の関係を体系的に特定することが含まれる。手順としては、まず入力項目に対して、ありそうな仮定を各種調べて、それから解析結果の範囲を計算する。このように系統だった感度解析を行うことで、分析の確かさを示すことができ、どの入力項目と仮定の組み合わせなら、案が費用便益分析の観点から正当化できて、どれは正当化できないかが具体的に見極められるようになる。

特定して数値化したインパクトをすべて金銭換算したら、ようやく費用と便益の金銭的価値を時間の関数とし推計できる。費用がいつ発生するかと、いつ利益が出るかの正確な見極めは非常に重要である。2通りの投資オプションがあると仮定しよう。いずれも支出は1万ドルで、リターンは1万1000ドルだ。1つ目の投資オプションは、今から10年後に1万1000ドルが返ってくる。もう1つのオプションは来年1万1000ドルが返ってくる。2つ目のオプションのほうがよいのは明らかで、なぜなら10年と待たずわずか1年で、使ったり再投資したりできる金が手許に1万1000ドルできるからだ。算数などしなくても、2つ目のオプションのほうが1つ目のオプションより、1万ドルを元手にはるかにたくさん稼げるのは明らかだろう。直感に頼るのは出発点としてはよいが、割引を利用して、費用ならびにリターン発生のタイミングとの関係で、様々な投資およびキャッシュフローを公正に比較することが重要だ。費用便益分析から企業の財務予測、個人の投資計画まで、割引は幅広い分野で適用されている。[*19] 割引は財務費用と利益が時間的に分散される投資オプションを比較する際の標準的な方法だ。分析結果に対しては、費用便益分析に割引を適用することがきわめて重要となる。

割引率の重要性

割引は預金口座で皆がよく知る複利と逆の考え方だ。1000ドルを預金口座に入金して、年利が複利で3％だとすると、1年後には口座には1030ドルがあることになる。元金1000ドルで30ドルの利子を稼いだわけだ。2年目には、口座残高は1060・90ドルになっているはずだ。1年目から2年目のあいだに、もともとの1000ドルに対してさらに30ドル、1年目に稼いだ利息の30ドルに対して0・90ドルの利子を稼ぐことになる。

この複利の例から、今日受け取る1000ドルは1年後に受け取る1000ドルより価値があるのは明らかだ。なぜなら、今日受け取った1000ドルは投資に回せるからだ。そこで、1年後に受け取る1000ドルは今、正確にいくらの価値になるのかという疑問が浮上する。複利計算に使ったのと同じ計算式を使うと、1年後に受け取る1000ドルは年利3％で割り引いて、今はおよそ970・87ドルの価値になると計算できる。したがって、その970・87ドルが、1年後に受け取る将来のキャッシュフロー1000ドルの現在価値ということになる。

予測される費用と利益を割り引くと、将来的に発生するすべてのキャッシュフローが単一の測定単位、すなわち現在価値になる。割引を行うときは、数学的に将来のキャッシュフローの価値を調整して、貨幣の時間的価値を表すようにする。時間軸が進めば進むほど、割引が現在価値に及ぼす影響は大きくなる。同じ割引率を適用すると、今から10年後に受け取る1000ドルは今日約744ドルの価値になる。年利3％の複利割引率で、1年後に受け取る1000ドルは今日約970ドルの価値にしかならず、20年後に受け取る1000ドルは、わずか554ドルほどの現在価値にしかならない。

一般的に、利益を受け取るのが先になればなるほど、その利益の現在価値は低くなる。割引率を用いると政策面で大きな影響がある。たとえば、割引率を用いると、「災害が起こるのが十分に遠い未

表1　将来受け取る1000ドルの現在価値比較（ドル）

割引率	10年後	50年後	100年後
1%	905.29	608.04	369.71
4%	675.56	140.71	19.80
7%	508.35	33.95	1.15
10%	385.54	8.52	0.07

来であるならば、今は社会にただの1セントも支払われないので、経済を破壊しかねない環境災害を避けるために注ぎ込める金が社会にはないことを意味する」ことになる。[*20]

割引率を変更するときわめて大きな影響が出る。3％の割引率を適用すると、1年後に受け取る1000ドルは現在価値970・87ドルになることを思い出してみよう。その割引率を5％に上げると、現在価値は約952ドルに下がる。反対に割引率を1％に下げると、現在価値はざっと990ドルになる。現在価値は割引率に対して非常に敏感に反応し、割引率が上がれば現在価値は下がる。また、時間的には先へ行けば行くほど、割引率がより大きな影響を及ぼすようになる。同様に、将来的な口座の預金額は、利率と預金期間の長さによって変動する。表1は、10年後、50年後、100年後に受け取る1000ドルの現在価値を、1～10％の割引率で計算してまとめたものだ。

割引は、上述した2通りの投資オプションのうち、どちらがよりよいかという私たちの直感を数学的に裏づける。これは、今利用できるリソースは、将来手に入る同等のリソースより価値があるという概念を反映している。

割引にも不確かさがないわけではない。いちばん基本的な問題の1つが、適切な割引率の選択だ。この計算に利用できる割引率は無数にあり、それぞれに正当とする理由と限界がある。[*21] 適切な割引率の選択には議論の余地があるので、その割引率なら現在価値にどれだけの影響があるかに注意を払っておくことが重要だ。高い割引率を採用すれば、遠い将来に発生する利益の現在価値が下がることを見てきた。ということは、割引率を高くすれば、短期で利益の出る規制が支持されやすくなり、遠い将来にしか利益の見込めない規制は支持されにくくなるということだ。簡単に言うと、割引率が高くなればなるほど、考えは短期的になる。ACMEの業界のロビイストであれば、高い割引率を歓迎するかもしれない。なぜなら、空気がきれいになったことによって何十年も先に生じる健康増進や救われる命の便益は、低い割引率を使用した場合より、インパクトがはるかに小さくなると思われるからだ。とはいえ、これはロビイストの力が強く及ぶ分野ではなさそうで、一般には標準の割引率が用意されている傾向がある。

事業投資を行うなど、財務的な意思決定を行う場合、割引の適用は基本であり、わかりやすく、欠かせないものだ。そうした状況においてアナリストは投資の選択に直面するが、割引を採り入れると、費用と利益発生の時期が異なる投資オプションを現在価値という同じものさしで比較できるようになる。費用と利益発生の時期に関係なく、割引を適用しないで単純に費用と利益を合算すると、貨幣の時間的価値を無視することになる。これは数学的に誤りであり、間違った答えに辿り着く。

未来の人々の価値

事業投資の意思決定プロセスの一部として割引を利用するのは数学的に正しく、モラル面での問題もない。これは、すべての費用と収入を現在価値という同一単位に変換するだけのもので、それ以上でも、それ以下でもない。議論を呼ぶのは、私たちがもう金銭の流れの話をしなくなり、人命の話しかしなくなったときだ。今日の1000ドルが10年後の1000ドルより価値があるのは明らかだが、今日の1000人の命は10年後の1000人の命より価値があるのだろうか？　救われる命という観点で規制の便益を測る際に、インパクトを金銭換算するのにVSLを挿入すると、将来的に救われる命をドルで測った利益に変換することになる。こうして金銭化された命の価値を割り引くと、複数の金融投資を比較するのではなく、ある時点で防げる死の現在価値と、それよりあとに防げる、より多くの死の価値を比較していることになる。現在と未来の貨幣価値は、現在と未来の命の価値に置き換えられるものではない。それなのに、命の価値を表すのに値札を採用し、割引を適用する際に、この置き換えが日常的に行われている。人命の金銭的価値を割り引くことには問題があるにもかかわらず、この数学的マジックが規制の意思決定プロセスの一部として頻繁に採用されており、その結果が、誰は長く健康な人生を送れて、誰は時期尚早の死を遂げる可能性が高いかに影響を及ぼしている。

かかる費用が等しい2つの規制を考えてみよう。1つ目の規制は導入した初年度に800人の命が救えるけれども、それ以降はいっさい命が救えない規制。2つ目の規制は規制導入の10年後に1000人の命が救えるけれども、それ以前とそれ以降は1人の命も救えない規制。あなたならどちらを選択するだろうか？　3％の割引率で費用便益分析を行うと、1つ目の選択肢が有利になる。1％の割引率で費用便益分析を行うと、2つ目の選択肢に分がある。すべての命を等価に扱うためには、命が今年救われるか、来年救われるか、あるいは10年後に救われるかに関係なく、割引率は0％を採用するのが妥当である。その場合、2つ目の規制のほうが創出される利益は明らかに大きい。この0％の割引率は、モデル化の際に仮定として明示されることもあれば、感度調査の一環として登場することもあり、仮定される命の価格が割引率とまったく同じ率で上昇する状況において採用されることもある。[*22]

命を救うことに関係する便益に0以外の割引率を適用すると、未来における人の命は現在の人の命より価値が低いと費用便益分析は明確に仮定したことになる。これは危険な仮定で、未来の世代の利益や幸福を無視する短絡的な決断に直接つながる。割引率を3％とすると、今日の約5000人の死は1世紀後の10万人の死と等価で、別の言い方をすると、割引率が3％なら、今日の人の命は100年後の人の命よりおよそ20倍の価値があるということになる。割引率が上がったり時間軸が延びたりすると、比率はより顕著になる。この計算からは、高い割引率だと将来的な便益がいくら十分でも規制は費用便益分析で正当化することが困難になる、という一般的事実が明らかになる。なぜなら、そうした遠い未来の便益の現在価値は割引によって大幅に引き下げられるからだ。[*23] また、割引率は未来の世代の優先順位を映し出さず、現在の世代の優先順位しか映し出さない。

VSLを便益に挿入するかぎり、割引に完璧な解決策などないが、納得のいくアプローチもいくつかある。[*24] 費用便益分析の結果が割引率にいかに敏感に反応して変わるかを調べる標準的なアプローチは、割引率を変えてみて、結果の変動を見ることだ。もう1つのアプローチが、一定の割引率を使用する代わりに、未来に行くにしたがって割引率を下げていく方法だ。この方法でも、未来の命が現在の命より低い価値をつけられてしまう問題は解決しないが、この問題が及ぼす影響は小さくできる。

現在価値ですべての費用と便益が表現されるように、金銭換算された未来の価値をすべて割り引いたら、これらの価値を合計して正味の現在価値を算出する。正味の現在価値がプラス側に大きく傾けば、その規制は金銭的に実施する価値ありと言われるが、正味の現在価値がマイナス側に大きく傾くと、その規制は支持されにくくなる。この正味の現在価値は、推計値の計算方法の詳しい説明を添えて、きわめて正確な推計値として示されることがよくある。

感度解析は、費用便益分析に組み込まれた重要なパラメータや主な仮定の価値の不確実性が、正味の現在価値にどのように影響するかを体系的に示すものと考えることができる。入力項目や仮定のなかには非常に正確なものもあれば、経験に基づく推測の域を出ないものもあるので、これは非常に重要なステップである。感度解析に用いられる幅広い入力項目や仮定は、不確実性のレベルをベースにしている。不確実性が高くなればなるほど、感度解析の適正範囲は広くなる。

費用便益分析で0%、3%、5%……と割引率を変えたときに正味の現在価値がどう変わるかを見るのが、標準的な感度試験だ。こうして感度を調べることで、費用便益分析の結果に割引率がいかに重要な役割を果たすかが示せるが、これで未来の命より現在の命が重くなる問題が解決されるわけではない。この問題を解決するには、2通りの割引率を使って調べてみる方法が推奨される。一方は費用と便益をすべて金銭換算して、それを割り引くというもの。もう一方は救われる人命しか金銭化せず、便益だけを金銭換算して割り引くという方法だ[*25]。救われる命に結びつけられた利益を割り引く場合の割引率はゼロに固定して、未来の命が現在の命と等価に扱われるようにしなければならない。また、感度解析は、費用と便益をすべて金銭換算したものに適用する割引率に対してしか行うべきではない。この方法であれば、真のキャッシュフローが財政的観点から適切に扱われるようになり、それと同時に未来の命の価値が下げられずに済む。この方法で行う費用便益分析なら、長期的な計画が促進され、遠い将来に多くの命が救える規制に有利に働く。

VSLについての検討

ここまでは割引に関する問題に的を絞って議論してきた。しかし、VSLについて検討してみることも重要だ。この推計値の算出方法、および推計値の広すぎる幅には大きな疑問があることを考えれば、感度解析を行って推定されるVSLと正味の現在価値の関係を探ってみるべきだろう。規制案の正味の現在価値は、VSLの変化の関数として報告できる。たとえば、VSLの初期値を25%、50%……と漸次上げていって、その結果、正味の現在価値がどのように変化するかを示すこともできるだろう。そのあと、VSLの初期値を25%、50%……と漸次下げていって、再び正味の現在価値がどのように変化するかを示してもかまわない。

排出量規制が、たとえば癌による死亡などのリスクにどれくらい影響を及ぼすかの予測には、多くの場合、かなりの不確実性がある。その結果、この新規制で、いつ、どれくらいの命が救われるかも不確実なものとなる。そのため、科学の学術文献を用いて、この効果の予測値の不確実さの度合いを見極め、そのあとこの情報を利用して分析に用いる感度域の目星をつける。

費用便益分析には明らかに、感度解析で試験が可能な膨大な数の入力項目や仮定がある。正味の現在価値計算で最も大きな意味をもつ入力項目と仮定に絞って解析を行うのが、妥当で適切である。しかし、特異なケースの解析を行うのも有益だ。特異なケースの解析では、たとえば、当初価値はマイナスのように思われていた規制の価値がプラスに転じるなど、正味の現在価値の計算を逆転させる可能性のある、理にかなった仮定と入力項目の組み合わせはあるか、などを試験する。[*26]

費用便益分析が目標とするのは、最大の正味の現在価値をもつオプションを見つけることだ。分析では、この規制案で誰が最も得をして、誰が最も損をするかにはほとんど注意を払わない。火力発電所の例で見ると、貧しい人々はＡＣＭＥの発電所の近くか風下に住んでいることが多いことがわかっている。だとすると、貧しい人は裕福な人よりＡＣＭＥの汚染物質に晒されやすく、健康被害にも遭いやすくなる。[*27]

計算に公平性への配慮を意識してもち込まないかぎり、費用便益分析は社会的・経済的不平等に関する問題を無視することになるばかりでなく、場合によってはそれらを拡大してしまう可能性がある。公平性への配慮は、低所得者層を始めとするリスクに晒されやすい人々の費用と便益に別の重みづけを行うことで分析に反映させられる。しかし、人口統計グループによって異なる重みづけを行うというのは、本質的に問題がある。規制が必ず公平性を考慮に入れるようにする、より透明性の高い方法は、高リスク層や低所得者層など、特定の人口集団について費用便益分析の推計値を出す方法だ。この方法なら、分析がその特定の人口集団の視点によるものとなり、その人たちの費用とその人たちの便益だけを反映する。人口集団別の分析を行えば、誰がその規制で本当に利益を得、誰が金銭でも命でも真に代価を支払うのかが明らかになる。

規制する側には非常に困難な作業がある。彼らは自由な資本主義のいくつかの危険性に対抗しながら、公益を守る努力をする。彼らは、公平かつ実現可能で、今の世の中と未来の世の中の両方を守れる規制を開発しなければならない。それと同時に、その規制が企業に必要以上の痛手を与えないことを示さなければならない。その仕事は大きな制約を受けながら行わなければならず、費用便益分析を通じて自分たちの推奨する規制を擁護しなければならないが、これまで見てきたとおり、この費用便益分析には、どんなにバイアスがかかっていなくても、不適切な影響や間違った仮定、大きな不確実性の可能性が満ち満ちている。

業界団体の影響

公益を守ろうとする規制機関の善意から出た目標は、実質的に特定の業界や利益集団を切り捨てることになるため、より一層達成が難しくなる。業界の特定利益団体は顧客の利益を最大限に確保しようとする。彼らはよく、公式・非公式を問わず、規制を最大限に縮小して、一方で自分たちの製品がもたらす損害に関連する費用を無視したり、汚染除去の負債を市民に押しつけたりすることを目標にしている。

たとえば、EPAは2012年に火力発電所から出る水銀、ヒ素、酸性ガスの排出量を制限する命令を発布し、のちに分析を行って排出量の許容基準を決定した。電力会社の代理を務める業界団体と米国の州のざっと半分がEPAを訴えた。[*28] この裁判は最高裁まで行き、そこで見解が真っ二つに分かれた。[*29] EPAは規制発行の前に、費用を考慮に入れて分析を行わなければならない、と裁判所は決定を下した。これを受けてEPAは費用便益分析を行い、規制のおかげで最大1万1000人の時期尚早の死と年間13万人の喘息《ぜんそく》の症例が避けられる、と予測した。EPAはこの便益の価値を370億ドルから900億ドルのあいだとした。しかし、EPAと業界のロビイストが行った計算は、まったく異なっていた。業界団体は影響を受ける命の数をはるかに小さく見積もり、効果はたかだか年間数百万ドルと予測した。EPAと業界ロビイストの2つの団体が同じ規制を分析して、まったく異なる便益の推計値を出した。

特定利益団体の強い影響力がときに規制の虜《とりこ》を生んでしまうことがある。規制機関が公益の立場で行動するのではなく、自分たちが規制対象とする業界の利益集団の関心事に寄り添ってしまう政治腐敗の一形態だ。[*30]

規制機関はまた、自分たちの管理組織の上層部に大きく影響されてしまうことがある。9・11同時多発テロのあと、ホワイトハウスはニューヨーク市民、特にグラウンドゼロ付近で暮らしていたり、働いていたりする人々の健康リスクに関するEPAのステートメントを見直し、変更した。[*31] 安心感を与えるステートメントが追加され、喘息患者や高齢者、すでに呼吸器系の疾患をもつ人々への注意喚起のような警告文が削除された。[*32] このホワイトウォッシング☆の目的は、「ウォールストリートを再開する」ことだった。これは、グラウンドゼロ近くに住む人や、付近で働く人の健康を守ることの重要性が明らかに下げられた一件で、これもまた金銭と命との交換の一例だ。

これらの例は費用便益分析が抱える多くの問題や欠陥を明らかにする。費用便益分析はシステムを自分たちの都合のいいように操作しようとする利害関係者の影響を受ける。分析が、費用を過剰に見積もり、便益を過小評価しようとする業界の専門家や、その反対のことを行う活動家によって政治化されるわけだ。これは婉曲的に**戦略的バイアス**と呼ばれることがある。業界ロビイストが政府に及ぼす影響を考えると、市民擁護団体や消費者監視団体は分析の詳細を用心深く監視しなければならない。業界は、そのビジネスモデルのネガティブな外部性は無視して、短期的利益を最大限に拡大し、規制をできるだけ縮小させようと、費用便益分析に影響力を及ぼす取り組みに広範なリソースを注ぎ込むことがよくある。

費用便益分析の主な問題点を理解する

費用便益分析は欠陥だらけであるにもかかわらず、前進するための最善の方法を決める私情を挟まない手段として、いまだに擁護されている。様々な限界があっても、費用便益分析は今後も標準ツールとして使い続けられるだろう。したがって、その欠陥と、使われ方および誤用のされ方を知ることがきわめて重要になる。最低限、市民擁護団体と消費者監視団体は、業界支持者にも規制機関にも正直でいてもらうよう、本章で見てきた費用便益分析の主な問題と限界を理解しておく必要がある。また、細部まで理解しておけば、市民擁護団体や消費者監視団体は、この方法を利用することで、より公平な結果を生む規制が支持されやすくなるよう働きかけることができる。[*33] 大統領令13563で、機関は「実行可能で適切であるならば、影響を受けやすい人に意見を求めなければならない[*34]」と宣言

☆ 原作では非白人になっている登場人物をハリウッド映画で白人に置き換えるというマイノリティ切り捨て策。EPAはこのステートメント変更で弱者／マイノリティの切り捨てを行った。

されているので、市民が意見を述べる機会は基本的に存在する。

費用便益分析の欠陥の1つが、VSLを基本入力項目にすることが多いことだ。この命の価格にはあまりにもたくさんの理論的・現実的問題があることはすでに見てきたとおりだ。だが、VSLには強みもあって、その推計値はたいていの人の期待収入より大幅に高くなるため、この値を用いた便益は、単純に経済的影響の平均を用いた分析よりはるかに高くなる。

2つ目の欠陥は、通常、いつリスクが増大するかを表すためではなく、いつ死亡するかを表すためにVSLが挿入される点だ。これは、VSLは死そのものではなく死亡リスクの増加を表すものでなければならないという事実を無視している。このすり替えの結果は深刻である。このすり替えが行われると、便益の発生がはるか遠い未来になり、割引が適用されれば、便益が大幅に引き下げられてしまう。

3つ目の欠陥は割引の用いられ方にある。VSLが挿入されると、人の命は金銭化される。その命を今度は、まるで複利式の金融投資のように扱うわけだ。命の価値を割り引くと、その結果は未来の命が現在の命よりはるかに低い価値にされてしまうことになる。

4つ目の欠陥は、費用便益分析では、数値化したり、金銭化したりできない重要な項目が往々にして無視されたり、最小限にしか貢献しなかったりすることだ。

5つ目の欠陥は、費用便益分析には不均衡があって、費用面の要素は通常、比較的完全で一般には誇張されるのに対して、便益面の要素は多くの場合不完全で、控えめに評価されることだ。

6つ目の欠陥は、費用便益分析は公平性に注意を払わず、新規制を実施したら誰がいちばん得をして誰がいちばん損をするかを無視することが多いことだ。

7つ目の欠陥は、分析を行う人たちの利害によって規制にかかる費用と便益の推計が変動する事実が示すように、費用便益分析は駆け引きに左右されやすい点だ。

私は、費用便益分析を無視することを支持しているわけではない。規制の費用と便益を調べて、費用ばかりかかってろくに利益もないような規制が施行されるのを防ぐメカニズムが必要だと言っているのだ。政府は、業界が機能を果たせなくなることなく、市民を守れるよう、正当な規制を導入するよう求められているし、今後も求められ続けなければならない。これは環境や運輸関連の規制に限った話ではなく、主要な政府プログラムおよび財政支出すべてに言えることだ。政府はどの費用便益分析でも最大限の透明性を確保し、仮定や感度分析を民間が容易に見られてチェックでき、できれば公平性への配慮が疑問を残さず調べられるようにする必要がある。それと同時に、規制機関は、業界がその運用にかかる費用を民間に押しつけるのではなく、自分たちで負担するよう、最大限の努力をしなければならない。

軍用費から航空会社のセキュリティまで、政府の決定や投資が環境規制と同レベルの監視の目に晒されると仮定してみよう。業界の利益性に影響を及ぼす政府の規制に関して、熱を帯びた詳細な議論を見てきたが、国家の安全保障に関係する規制は、多くの場合ほぼ分析なしで直ちに実施される。軍や安全保障関連の支出は、何人の命が救われるかや、救う必要があるかをあまり考慮することなく正当化されることが多い。これは、こうした支出の便益は計算が困難なためだと言う人もいるが、他の多くの支出や規制案でも同じことが言える。また、国防関連の投資は国家の存続に絶対に必要なものなので、費用便益分析の対象になどするべきではないと主張する人もいる。さらにシニカルな見方になると、国防支出に対する関心が比較的低いのは、米国の軍産複合体および軍需産業と政府関係者とのきわめて密接な関係によるものだという意見もある。[*35]

どのような説明がされようと、現実は、政府の広範な部門に、費用や救われる命あるいは失われる命の予測数と関係なく振る舞える権限が与えられている。その一方で、米環境保護庁や連邦航空局といった他の政府機関は、多数の技術的・現実的限界を詳細に検討した分析を提示しなければ、いかなる規制も施行できない。

こうした欠点がすべてなければ、費用便益分析はその入力項目と仮定を明確にせざるを得ないというメリットがある。そうするとある程度の透明性と説明責任が保証される。さらに、独立したレビュー委員会が分析を精査できるという利点もある。インパクト予測に影響を与える主な入力項目については必ず感度解析を行わなければならない。様々な割引率に対する分析の感度を調べる場合、救われる命については割引率をゼロに固定しつつ、割引率の変化がキャッシュフローに及ぼす影響を調査するところまで広げるやり方を標準としなければならない。この方法なら、未来の命を現在の命と等価に扱い、キャッシュフローを適切に扱った場合の費用便益分析の結果が明らかになる。

数値化されていなかったり、金銭化されていなかったりするすべての便益を精査して、それらが絶対に無視されないようにする標準手法が必要である。また、公平性への配慮は費用便益分析の中心になければならず、ときどき確認されるだけの脇役に追いやられてはならない。

費用便益分析では、その客観性、妥当性、堅牢性が過大評価されてはならない。費用便益分析は、分析者の好みや傾向が正味の現在価値の判断を左右するのを許してしまう。この種の分析を行ったり、提供したりする者は必ず、透明性と謙虚さをもってこれを行い、メディアや国民にこれはまさに科学であるとの誤った印象を与えないようにしなければならない。

費用便益分析は企業の財務担当によって行われることもあるが、その場合、分析の視点や範囲が異なる。このようなケースは「財務分析」と呼ばれることが多く、次章で企業における人の命への価値のつけ方のまったく異なる2つの側面、費用便益分析と労働市場を議論していく。

第5章

誰の財布で利益を最大化するか？

――企業による命の計算と労働市場

１９６０年代の終わり頃、フォード・モーター・カンパニーは低価格の車ピントの米国市場投入を決めた。納期に間に合わせるために、設計から出荷までの時間は圧迫されていた。この特急での製造がミスを生んだ。フォードの衝突試験でピントは、米運輸省道路交通安全局（ＮＨＴＳＡ）が衝突事故での火災件数を減らすために推奨していた当時の安全基準を満たしていなかった。これらの基準は１９７２年に導入される予定で、その翌年には安全基準がさらに引き上げられることになっていた。ラバー製の袋をガソリンタンク内に追加するとか、ピントの設計に若干の修正を加えれば、いずれ導入されるＮＨＴＳＡの基準を満たす安全な車になることが衝突試験でもわかっていた。

フォードはＮＨＴＳＡに提出するための費用便益分析を準備した。フォード・ピント・メモとして知られるこの悪名高き分析は特に、規制機関に新しい安全基準を通過させないよう説得するために準備されたものだった。分析では、ピントの設計を変更してより安全にするのか、それともそのまま市場投入するのかを、ピントの構造上の欠陥による死傷者数の増加に伴う費用も含めて、金銭換算して比較を行った[*1・2]。

この場合はフォードだが、企業が行う費用便益分析では、人命につける価格を用いて、死亡や負傷につながる可能性のある経営上の意思決定を行う。企業は事業経費と救われる命のバランスを最適化して利益を最大化したい。労働市場は、企業が行う人命の価値の測り方についてまた別の見方をしていて、そこでは従業員の時間と金銭との交換に視点が置かれている。労働市場は奴隷労働に見られる極端な例から随意契約の従業員まで、環境は広範囲に広がっている。いずれの労働環境でも、それぞれの従業員の時間に対して値札がつけられ、その値札にときに不平等が入り込んでくることがある。

費用便益分析を用いた企業の意思決定

規制機関も営利企業もともに費用便益分析を行うが、両者のやり方には大きな違いがある。規制機関が行うのは社会的費用便益分析で、その場合、私的費用と外部コストの両方を含めて社会が担う総費用を計算に入れなければならない。企業が行うのは私的費用便益分析で、これはもっぱら企業の損益に主眼が置かれている。企業の言う費用は、損益計算書に反映される私的費用と呼ばれる費用に限定されるため、企業が行う費用便益分析は完全にその企業の視点から行われる。企業では発生しないが、社会として発生する費用を外部コストという。外部コストは企業が行う費用便益分析では無視される。企業の意思決定プロセスには費用便益分析がつきもので、分析担当者は複数の戦略のなかから利益を最大化できる戦略を選んで企業に貢献することが使命とされている。

あなたが自動車メーカーの重役だと仮定してみよう。あなたのもとには、自社の車のモデルの1つに設計上の欠陥があって、ごく一般的な衝突事故で火災が発生する危険性が高いことを示すデータがある。意思決定者としてあなたは、そのモデルをリコールして欠陥を直すか、放っておけば死傷者が出る可能性もあることを知っていながら、この問題を無視するかを選択しなければならない。リコールすると、短期間マスコミの悪評が立ち、人々があなたの会社の車を購入するのを恐れるようになるかもしれない。そしてあなたの会社の短期的利益に影響を及ぼす可能性もある。しかし設計上の欠陥を無視すれば、罪のない人を死に至らせ、将来訴訟に発展して企業のブランドイメージを傷つける危険性がある。

営利企業は基本的に社会の便益のために存在している、などと考えるのはなんとも世間知らずだ。営利企業は製品やサービスを提供することで利益を求めるものであり、その利益追求が顧客の暮らしをよくすることにつながることも多いが、企業の第一の目的は金儲けである。これは営利企業の悪口ではなく、何が営利企業の優先事項かを思い出してもらうために言っていることだ。この第一の目的を考えれば、企業が利益性を考えずに人命に価値をつけたり、人命を保護したりする意思決定を行うことに期待するのは非現実的だろう。これは何も、企業とはただただ利益を追求するだけの冷酷な組織だと言っているのではない。企業も、単に利益だけでなく、経営幹部のモラルや倫理的な基準に従って経営上の意思決定を行うことがあるが、利益性を考えない意思決定ばかり行う企業は、早晩廃業になる可能性が高い。

自動車メーカーには、ドライバーや同乗者、歩行者にかかるあらゆるリスクを取り除くことに投資してほしいと願う人もいるかもしれないが、この理想論も考え方として甘く、非現実的である。営利企業の優先順位に関する姿勢はある程度明らかであるのに、企業が費用便益分析を進めるのに用いる詳細がわかると、市民や民事裁判の際の陪審員から強い否定的反応が起こることがよくある。

事故や負傷、死亡のリスクが大幅に高まる重大な問題は、この仮想の自動車メーカーにとって企業の存亡に関わる問題だ。しかし、企業はどれくらいリスクが高まれば、リコールなどの行動へと動くのだろうか？　考えられるすべての欠陥や不安要素に対してリコールを行って、事業を継続していける自動車メーカーはない。自動車メーカーが十分な情報に基づいて決断をするための1つの方法が、2つ以上のシナリオで正味の現在価値の比較を行う費用便益分析だ。上記の例の場合は、構造的に欠陥のある車をリコールするか、問題を無視して訴訟で和解し、あとで罰金を支払うかだ。もちろん、自動車メーカーには安全機能に対する顧客の支払意思額に関する情報や、費用便益分析の役に立つ他の市場のリサーチ情報がある。

これら2つの選択肢の比較では、排出量規制の調整でEPAが正味の現在価値を調べるのに使ったのとほぼ同様のステップを辿る。しかし先に述べたとおり、そこには大きな違いがある。それは、自動車メーカーは自社の売上と費用にのみ注目して費用便益分析を行うということだ。これは、自動車メーカーの場合、そのオーナーに金銭的利益を返さなければならないという、より幅の狭い使命を反映している。企業の費用便益分析で重要な二大ステップが、時間の経過との関係でインパクトを数値化することと、そのインパクトを金銭換算することだ。インパクトを数値化するには、問題の車の構造上の欠陥に起因すると考えられる今後の事故、負傷、死亡の件数を予想しなければならない。たとえば、自動車メーカーはこの欠陥によって年間10人が負傷し、5人の死者が出ると予想したとする。このインパクトを数値化したものを、さらに金銭換算するために、今度は負傷1件、死亡1件についてそれぞれ価格をつけなければならない。この価格は、民事裁判でこちらに責任ありと認められてしまった場合に支払わなければならなくなる可能性のある最良推定値となる。また、企業は売上減少や悪評による企業のイメージダウンも推計で考慮に入れなければならない場合もある。

企業はリサーチの専門家を雇って類似のケースをくまなく調べさせれば、自動車メーカーに過失責任がある場合の不法死亡訴訟で、被害者につけられる価格の妥当な推定値を摑める可能性もある。だが、この手の和解条件は機密にされていることが多く、したがって、専門家を雇って調べても類似の訴訟の総件数がわかるだけのこともある。リサーチした場合は、限られた情報からの価格の推定値にはバイアスがかかっている可能性を考えておいたほうがよいだろう。企業はまた、模擬裁判を行っておよその最低額の洞察を得ることもできる。模擬裁判はたいていの場合、法廷に似せた部屋で行われ、原告・被告側双方の弁護士が主張を訴え、統計学者が模擬陪審の判決に影響を及ぼす要素を分析する。*3 模擬裁判は陪審の判断に影響を及ぼす要素を見極めるのに役立つことが多いが、模擬裁判における決定賠償額が実際の裁判での決定額に近似するとは限らない。

人の健康や命が危険に晒される問題を含んでいる費用便益分析を行う場合、企業は命に価格をつけなければならない。損なわれる健康や失われる命に関連する費用に加えて、企業はブランドのアイデンティティに関する要件や、リコールや安全に関する問題を無視したことによる今後の売上への影響、ならびに想定される法定の罰金を測る必要がある。企業は、意思決定を行う前に感度解析を行わなければならない。この感度解析は、規制機関が行うものとほぼ同じで、消費者が負うリスクや命の価格などの主な仮定について、可能性のある広範な値を探り、そこから導き出される正味の現在価値を計算する。命につけられる仮定の価格——この場合は、自動車メーカーが被害者に支払うことになる1人あたりの賠償額予測——が高ければ高いほど、自動車メーカーはすぐにリコールを行って人命を守り、将来的な訴訟費用を回避する可能性が高くなる。命につけられる価値が低ければ低いほど、企業は構造上の欠陥を無視して、訴訟での和解費用と法定の罰金がいくらになりそうか見守る傾向がある。これもまた、命につけられる価値が低くなれば、保護してもらえにくくなる事実の一例だ。

フォード社の経験

この自動車の例は単なる理論上の話ではない。安全装置により多くの投資をしたり、技術的な問題を修正したりするか否かの意思決定は、自動車メーカーが日常的に直面している問題であり、より広範にはいくらかでもリスクのある製品を製造している企業は皆直面している。フォード・モーター・カンパニーがサブコンパクトカーのピントで経験したことは、昔からある企業倫理の問題そのものであり、企業がその意思決定プロセスにどのように命の価格を採り入れているかがよくわかる一例である。*4

ピントを改良して安全性を向上させようと思えば設計製造費用が発生し、製品の市場投入が遅れる。その結果、国外企業に国内の市場シェアを獲得するための時間を与えてしまう。設計変更したピントは導入予定の安全基準を満たし、結果的に人々をリスクに晒す可能性が低くなるだろう。設計変更せずに車を市場投入すれば、短期的には企業は費用を節約できるだろうが、のちのち支払わなければならなくなる費用が増大する危険性がある。構造的に欠陥のある車で損害を被った人――防げたはずの怪我を負った犠牲者や不必要な死を遂げた人の遺族――が企業を訴えるかもしれない。安全性について適切な情報開示を行わず、問題解決を怠った企業に対して、規制機関が罰金を科すこともある。フォードのブランドも悪評によって傷がつくだろう。そしてこれは、他のフォード車の売上にも影響を及ぼす。また、NHTSAの新規制が通過したら、いずれにしろ新しい安全基準を満たすために改良しなければならない。要するに、フォードは経営判断を迫られるわけだ。すぐにリコールして対象車種の修理を行い、今すぐ費用が発生するほうを選択するのか、それともリコールを遅らせて、のちに和解金その他の支出を背負うほうを選択するのか？

フォードが計算式に入力した主な項目には、改良にかかる費用、発売遅れによる売上への影響、事故、負傷、死亡リスクの増大、人命の価格などがある。この最後の項目を入力するために、フォードは模擬裁判とそれ以前の判例以外のガイダンスを用意した。当時、大半の連邦機関は死者1人につき35万ドルの価格を用いていたが、NHTSAは死者1人につき20万ドル、火傷を負った犠牲者1人につき6万7000ドルの価格を用いていた。★ 低いほうの値を採用すれば、フォードは設計上の欠陥改

★ フォード・ピントの例で記載した値はすべて1972年当時の金額であり、現在価値に変換していない点に注意。

良の便益予測を下げられた。フォードは修理にかかる費用を1台あたり11ドルと見積もっていた。他の企業（グッドイヤーなど）はのちに、修理はその価格の約半額でできた可能性があることを示唆している。修理にかかる費用を高く見積もったために、設計上の欠陥修正にかかる費用見積りも高くなってしまった。その結果、修理にかかる総費用は救われる命の経済的利益を大きく上回るため、欠陥修正は行わないほうが財務的に賢明、とフォードが判断したことは驚くにあたらない。[*5]

1974年、センター・フォー・オート・セーフティがNHTSAにフォード・ピントのリコールの嘆願書を提出した。しかし、1977年に『マザージョーンズ』誌がフォード・ピントを酷評する記事を掲載するまでは、何のアクションも起こされなかった。記事はすぐに国民の注意を引き、フォードは1978年、NHTSAから命令が下るのに先んじてリコールを発表した。

多くのアメリカ人にとって、これは、人の命がどのように金銭換算されていて、企業によっては死を「事業運営経費」と見なしているところもあることをはっきりと知る初めての機会となった。一般に、命には日常的に値札がつけられていて、この種の活動例が人の注意を引くと、値札の金額が上下することに、アメリカ人の多くはずっと気づいていない。さらに、めまぐるしく動く米国のメディアのニュースサイクルでは、事業経費として扱われた死の例も、あっという間に人々の意識から消えていく。フォードが人命につけた価格は、人命の経済評価に対する関心が高まるきっかけとなった。人の命がどのように金銭化されていて、その値札がどのように使用されているかについての人々の気づきや不安から、この問題に対する注目や研究が一気に加速した。

フォードは人の命が社会に付加する経済的価値の理論計算には興味がなかった。フォードが特に気にしていたのは、犠牲者1人につきいくら支払わなければならないかということで、フォードは避けられた死1件につき20万ドルと推計した。あとでわかったとおり、民事訴訟のダメージはフォードの予想をはるかに超えていた。グリムショウ対フォード・モーター・カンパニーの裁判で、カリフォルニア州控訴裁判所はフォードに対して250万ドルの塡補的損害賠償と350万ドルの懲罰的損害賠償を言い渡す判決を支持した。[*6]

NHTSAが1972年の発効を提案していた規制はどうだろう？　フォードを始めとする自動車メーカーのロビー活動によりNHTSAの衝突基準の採択は1978年まで遅れた。自動車業界は、政府への集団の影響力を利用して、強化安全基準採用の必要性ありとの判断を先送りさせることで、企業の短期利益を拡大した。より厳しい規制の導入が遅れれば、フォードにとっては財務的なメリットがあるかもしれないが、負傷や死亡のリスクに晒される命が増える結果を招く。

他の多くの業界でもそうだが、自動車業界のロビー活動のおかげで、フォードへの投資は非常に高い利益率を生んでいた可能性がある。1977年の『マザージョーンズ』誌の記事が人々の関心を刺激しなければ、疑問の残るフォードの費用便益分析の仮定のせいで、さらに多くの命が犠牲になった可能性がある。フォードは法的に損害賠償を支払わなければならなくなったばかりでなく、その評判にも傷がつき、フォードの訴訟は企業倫理の授業でテキストとして取り上げられる例となった。『マザージョーンズ』誌の記事が出てから1年後、ヘンリー・フォード2世はフォードの社長リー・アイアコッカをくびにした。[*7]

他の大手自動車メーカーの例

フォード・ピントの例は唯一の特殊な例というわけではない。これよりあとには、トヨタ、フォルクスワーゲン、ゼネラルモーターズなどの大手自動車メーカーについて否定的な報道があり、避けられるリスクや、場合によっては死を招く欠陥部品のリコールを遅らせたことについて司法省の調査が入り、いくつもの訴訟が起こされた。安全と利益と人の命の価値は様々な業界の企業が常に天秤にかけている。なぜならこれらの企業は短期的利益を生むように動機づけられており、ときには人の命を犠牲にしても利益を優先するからだ。費用便益分析で用いられる主な入力項目と仮定の多くは、不確実性の幅が広いため、分析には、分析担当者のモチベーションや刺激要因によって異なる結果を生み出す余地がある。

数十億ドル規模の企業が清廉であることは稀で、大富豪以外では、誰よりも自由に使える巨大な資産と政治的影響力をもっている。企業は通常様々な選択肢を考えて費用と便益を計算し、その情報をもとに決断を下す。フォード・ピントの一件からおよそ40年のときを経ても、自動車メーカーは、自社製品による死傷者に将来いくら払わなければならなくなるかを計算しながら企業の利益を守ろうとし続けている。

ゼネラルモーターズの件では、司法省は2005年にゼネラルモーターズがリコールを遅らせたイグニッションスイッチの欠陥のせいで、100人を超える人が命を落としたと結論づけた。[*8] さらに悪いのが、この欠陥は2003年にゼネラルモーターズのエンジニア自ら発見していたことだ。

トヨタの場合は、自社の車にアクセルの問題があることに気づいていただけでなく、データを隠ぺいしていた。トヨタは最初に問題に気づいてから実際にリコールをするまでのあいだ、知っていて死傷者が出るのを放置していた。トヨタは犯罪行為を認め、12億ドルの損害賠償支払いに同意した。[*9]

フォルクスワーゲンはまた別の経営判断を行い、利益性と環境へのダメージならびに人命を天秤にかけた。同社は何百万台という自社のディーゼル車に、排出量検査をパスするためのソフトウェアをインストールした。このソフトウェアは、ひとたび車が検査場を出ると排出量コントロールがオフになるようプログラムされていた。その結果、同社の車は許容限界の最大40倍もの二酸化炭素を吐き出すことができた。[*10] トータルで約1100万台の車が排出量検査をごまかせるように設計された。[*11] この偽装工作による環境へのダメージと健康被害は計り知れないものと思われる。

いずれの場合も、自動車メーカーは、フォードであれ、トヨタであれ、ゼネラルモーターズあるいはフォルクスワーゲンであれ、自社の利益を拡大したいという私利私欲のために、知っていながら人の健康と命を危険に晒した。このような10億ドル規模企業には、費用便益分析を行って、方向性を経営陣にアドバイスする専門の分析担当者がいる。こうした事実から、規制機関が公共的機能を果たすことが非常に重要であることが浮き彫りになる。これらの規制機関は人の命が十分に守られるようにすることで公平性の天秤を釣り合わせるようにするが、そのためには十分な人材と資金が確保されていて、監視の目も行き届いていなければならない。

企業による費用便益分析の手順

上述した例ではすべて、既知のリスクがあった。企業は問題に気づいていながら、避けられる死を招く経営判断を行った。企業が費用便益分析を行う場合、彼らは考えられる経営判断のオプションを複数用意して、それらの分析を行う。製品に欠陥がある場合、製品をリコールして良品に交換する積極的な取り組みから、限定的な修繕を行うものや、欠陥を無視するもの、あるいはトヨタの場合のように、意図的に安全上の問題に関するデータを隠ぺいする消極的な取り組みまで、様々なオプションがある。

　ここまでのステップを終えたら、企業は当事者適格者を決めなければならない。正確に誰と誰の費用と便益を考慮対象にするか、ということだ。前の章で見たとおり、誰を当事者適格者にするかの判断はきわめて重要だ。当事者適格者の幅が狭すぎると、損害を被る人が分析で無視されてしまう。誰であれ、その経営判断の影響を受ける人たちは当事者適格であるはずなのだが、インパクトには直接的なインパクトや間接的なインパクトなど、様々なインパクトがある。負傷や死亡につながる欠陥車の場合、直接的な被害者は負傷する人や死亡する人で、間接的な被害者はその家族や友人ということになる。トータルのインパクトの推計――直接＋間接――が費用便益分析の計算では欠かせない。欠陥が及ぼすインパクトの総量を低く見積もれば、費用便益分析が、欠陥を無視してあとで訴訟に対応し、罰金を支払うという選択肢に傾きやすくなる。

　負傷や死亡によって影響を受ける人数の予測も含めてシナリオを数値化したら、すべての項目を金銭換算する。フォード・ピントの場合、人命に置いた価値は他の機関が規制の便益分析で使用している値より低かった。当然のことだが、企業が人命につける値札の金額が低ければ低いほど、その企業には人々の命を守ろうという気があまりないことになり、人々の健康や生命に及ぶリスクを無視して短期的利益の追求に走っていると言える。民事裁判の判決が人命に非常に高い価格をつけていたら、その高額の値札は企業の費用便益分析計算にも表れ、その結果、企業は安全への投資をより増やして、既知の安全リスクを無視できなくなる可能性が高い。

理論的にも計算的にも、欠陥も限界もあるにもかかわらず、統計的生命価値（VSL）が規制機関で用いられる価格になっていることが多い。企業が気にするのはむしろ、想定される訴訟で敗けていくらぐらい支払わなければならなくなるかということであり、そのため企業は最善の努力をして想定される民事裁判の判決を予測しようとし、その金額を人命につける価格として使用する。価格の選び方には、社会に与えるすべてのインパクトに注目して規制機関が行う費用便益分析と、自社の収益に影響を及ぼす費用（私的費用）にしか目を向けずに外部コストは無視する企業の費用便益分析との差が映し出される。

今すぐ危険が及ぶことであれば、2つの理由から、企業には安全リスクに真剣に取り組もうという、より大きな動機ができる。それは因果関係と割引だ。因果関係とは、安全上の問題とその結果生じる損害との関連性を指す。一般に、安全上の問題とその結果生じる損害とのあいだの時間が短いほど、それは企業に責任があると証明されやすくなる。あるブランドの車のエンジンが自然発火して、乗っている人が死亡した場合、その車をつくった企業に対して訴訟が起こされるのに、さほど調査の時間はかからないだろう。一方、何十年も経ってから損害が発生したのであれば、因果関係は証明するのがより困難になる。喫煙と肺癌のリスクが高まることとの関連性を考えてみるといい。喫煙と肺癌進行とのあいだには長いタイムラグがあるため、タバコ会社は、喫煙者が肺癌を発症したのは自社製品のせいではなく、ほかに要因があると一部の人に思わせるよう誘導することが可能になる。

危険な製品の市場投入から、その製品による損害発生までの期間は割引にも関係してくる。財務計算で割引を考慮すると、今日得る1億ドルの利益は、貨幣に時間的価値があるために、10年後、20年後に民事訴訟で失う1億ドルの損失を相殺してお釣りが来る。企業側に責任ありと証明されるのに時間がかかればかかるほど、企業には安全上の問題を修正しなくていい動機が生まれる。

危険な製品とその結果生じる損害とのあいだに関連性が認められるのに何十年も時間がかかると思われる場合、企業が行動を起こさない決断に傾く動機はほかにもある。というのも、そもそもそのリスクを無視しようと決めた企業の経営陣が、10年後、20年後、健康被害が明らかになったときにその同じ企業にいることは稀だからだ。当時の経営陣はとっくに引退していて、企業が和解や有罪判決に同意しなければならなくなっても、財務的損失とも法的責任とも無縁になっていることがある。それに対して、今すぐ脅威が及ぶ安全リスクは、企業幹部のボーナスや評判、企業の短期的収益に影響が及ぶ可能性が高い。

利益と安全を天秤にかけるのは多くの業界でやっていることだ。どんな製品であっても、100%リスクを排除することはできない。設計、製造、表示上の問題は、製薬、医療機器、玩具、家庭用品を含めて幅広い業界の幅広い製品で起こり得ることだし、起こっている。欠陥品が人を傷つける可能性や、想定される事故の深刻度の検討を試みずに、製品の潜在的リスクがすべて排除されることを期待すれば、企業の事業経営は停止してしまうだろう。安全への投資は常に修理やリコールにかかる費用予測と天秤にかけられる。企業が潜在的リスクをすべて排除することはできないので、ある種のリスクは絶対に企業によって無視されないようにするために、規制機関が重要な役割を果たす。平たく言うと、生命と健康が公平に保護されるようにすることだ。適切な安全規制がなければ、より安全な製品の開発に注力している企業が、よりリスクは高いけれども安価な製品をつくっている企業によって、市場から追い出されてしまうかもしれない。規制の役割の1つは、最低限の基準を準備して発効し、この種の市場の欠陥を是正することだ。

経営陣の倫理観も企業の意思決定に影響を与えるが、倫理的な判断は個人の内側で行われていることが多く、企業経営を測るには不十分である。企業の経営陣が自社製品の安全性の問題を認識していながら消費者や規制機関を欺いていた状況でも、それらの経営陣が有罪判決を受けることはおろか、犯罪の責任を負わされることも稀である。したがって、意思決定者は事実上訴追を免れることから、命の値札に大きな金額を採用するよう促すとか、影響を受ける人すべてが当事者適格となるようにするなど、費用便益分析で用いられる入力項目に市民擁護団体が影響力を発揮するよう努めることがますます重要になってくる。

利益性と安全および人命との重さの比較は、企業が実際に訴訟のリスクと損失の可能性に気づいている場合に幅広い業界で行われていることだ。インドのボーパールにあるユニオンカーバイドの事故はおよそ4000人の命を奪い、それとほぼ同数の人に、重傷や一生治らない傷を負わせた。[*12] 1989年に4億7000万ドルで和解したが、そのとき命につけられた価格は犠牲者1人あたり6万ドルだった。[*13] 1989年当時、インドで暮らす人の平均収入は米国の20分の1未満だった。[*14] こうした犠牲者の命に比較的低い価格がつけられたのは、犠牲者が高所得者でなかった事実を反映してのことだったかもしれない。事故が、人々の収入もはるかに高く、人命を軽視した場合の金銭的懲罰もはるかに厳しい米国で起こっていたら、支払い額はずっと高くなっていたはずだと考えてまず間違いない。

ファッション業界、タバコ業界

ファッション業界も同様の悲劇を経験している。ファッション企業は中国やインド、バングラデシュ、ベトナムなどの低賃金の国に製品の製造を外注することが多い。2013年にバングラデシュで起こった工業団地のビルの崩落事故では、1100人が死亡し、1500人が負傷した。国際労働機関は同工業団地で製品をつくっていたファッション企業の出資で犠牲者補償基金を設立した。総額で3000万ドルが集められたが、死者1人あたりの補償額は4万ドルに届かなかった。[*15] バングラデシュの労働者は、米国の労働者のほんの数十分の1程度の収入しか得ていない。ユニオンカーバイドの事故の場合とまったく同様に、これらの犠牲者は高所得者でなかったために、その命につけられる価格も低くなってしまった。ここでも、この崩落事故が、米国やヨーロッパなど、労働者の安全もより注意深く守られている裕福な国で起こっていたら、補償金の額ははるかに高額になったことは疑問の余地がない。

道徳規範や倫理感は企業の意思決定に十分な役割を果たさないが、これらは財務および法的な面での抑制に加えて、もっと役割を果たすべきだ。費用便益分析で人命の価値を査定する企業のアプローチは、フィリップモリスの委託を受けてコンサルティング会社のアーサー・D・リトル・インターナショナルが作成した2001年の悪名高き報告書で、人道的に奈落の底まで落ちたように見える。[*16] 同報告書は費用便益分析で、喫煙者が早死にすれば政府にとっては財政面のプラスになるので、チェコ共和国政府は喫煙を奨励すべき、と自社事業擁護の主張を展開していた。喫煙による早死には公共財政にとってよいことだと述べたビジネスケースはこれが初めてではなかったが、フィリップモリスの報告書は最大の関心を集めた。[*17]『ウォール・ストリート・ジャーナル』紙は、「顧客を殺して国庫のために金を稼いでやったと自慢する企業が、どこにあるんだね？」というケネス・ワーナー教授の発言を引用して掲載した。同じ記事のなかでフィリップモリスの広報は、「これは経済的影響の研究で、それ以上でも、それ以下でもない」[*18]と弁明している。市民や政治家からの批判を受けて、フィリップモリスはすぐに同報告書に関する公式の謝罪文を発表した。そのなかでフィリップモリスは、この研究に資金を出して発表したことは「きわめてひどい判断であり、基本的な人の尊厳をまったく顧みない容認しがたいものであった」と述べている。[*19]

アーサー・D・リトルの費用便益分析はチェコ共和国の公共財政に注目したもので、特にチェコの1999年の国家予算と地方財政予算、ならびに健康保険会社の予算に焦点を合わせたものだった。同分析には喫煙の私的費用や、喫煙がもたらす社会的インパクトの私的費用、あるいは喫煙に起因すると思われる早死にの私的費用はいっさい含まれていなかった。同社の会計分析はあくまでも公共財政の視点から行われていた。この分析では、タバコ税、付加価値税、法人所得税、関税によって政府の歳入が増加する直接的なプラスの効果を報告している。一方、喫煙者の増加によるマイナスの効果には、喫煙者本人ならびに受動喫煙者の膨らむ医療費、早逝による逸失所得税、欠勤関連の費用、タバコによる火災に関する費用などがある。これらの項目は比較的罪のないもので、これに眉をひそめる人はほとんどいないはずだ。しかし人々の気を引いたのは、間接的なプラスの効果として、政府の歳出節約が可能になることが挙げられている事実だった。国民が喫煙関連で早死にすれば、国は医療費や年金、社会保障費、高齢者への住宅補助が削減できるという。この研究では6・75％の割引率を採用し、感度解析はいっさい行っていなかった。この割引率だと、タバコの売上からの現在の税収入によるプラスのキャッシュフローが強調され、長期的な費用と便益は限りなく縮小される。

この計算では、命そのものは当事者適格ゼロで、本来価値がないと仮定している。この分析の対象範囲で喫煙者が提供する唯一の価値は、国庫への貢献となっている。この計算方法は、政府としてはフィリップモリスの製品からの歳入が財政的な費用を上回るかぎり、早死にが推奨されるべきと政府に訴えかけることを主な目的として設計されていた。したがって、分析では、早死にに伴う他の金銭的ならびに社会的インパクトはすべて無視するよう分析対象が絞られていた。要するに、人の命は、政府の歳入・歳出を実現するキャッシュマシーンとしての価値しかないということだ。感度解析も行わず、このような高い割引率で、政府のキャッシュフローだけに分析対象を絞った結果、分析はこの調査研究に資金を出したタバコ会社の都合のいいようにバイアスがかかる結果となった。研究に偏りが出たこと以上に問題なのが、人の命の尊さ、本来的な価値が無視されたことだ。人をキャッシュフロー以外の何ものでもないと見て、政府は喫煙を奨励して早死にを最大限増やすべきだなどというのは、人の道にもとる行為で、フィリップモリス自身の言葉を借りれば、「基本的な人の尊厳をまったく顧みない」姿勢を表すものだ。

労働市場における命の価値

労働市場は、個人の暮らしの時間がいかにして金銭と交換されているかの洞察を提供してくれる。収入は民事裁判で人の命につける金銭的価値を決める際の中心的な要素であるし、9・11同時多発テロの犠牲者補償基金でもきわめて重要な役割を果たしたので、値札を議論する上では労働報酬の話が欠かせない。

労働について議論するにはまず、雇用の世界には実に様々な権利、自由意志、選択があることを認識しなければならない。その極端な例の1つが奴隷制度で、その場合奴隷には生き続けたいか否かの選択以外、権利も選択肢もほとんどないか皆無である。他方の極端な例が随意契約の従業員で、その人は複数の仕事のなかから1つを選び、自分の給与や福利厚生を交渉して、経済的にも十分安定しているため、何の法的制約も金銭的制約も受けずに、雇用主を変えることもできる。この両極端のあいだに、選択肢に関して法的制約や実際的な制約の程度が様々な従業員がいて、そこには年季奉公奴隷や日々ぎりぎりで生活をしている従業員も含まれ、後者のほうは法的にではなくても、実際的に雇用主に縛りつけられている。

・奴隷制度

人の命につける価格とそれが労働市場に及ぼす影響は労働の極端な例——奴隷制度および年季奉公制度で最も顕著となる。

誰もが自由に自分の仕事を選択できるわけではない。昔も今も、すべての労働者が、基本的人権が守られ、労働者の自由意志に基づく労働協約を結んできたわけではない。残酷な雇用形態というものは常に存在して、そこでは労働者は暴力的な非人道的環境で過酷な仕事をさせられ、雇用主が利益を最大化して、労働者の健康や幸福は、あってもほんのわずかしか顧みられない。こうした残酷な雇用形態のなかでも傑出しているのが奴隷制度だ。

人が所有され、商品として売買される奴隷制度は歴史を通じて様々な形態で存在し、世界中の多種多様な文化のなかに存在してきた。人が犯罪の刑罰として奴隷にされることもあれば、借金の返済のためや戦争捕虜として奴隷にされることもあり、先祖代々のこととして奴隷にされることもあった。奴隷にされた人は常に生存、安全、健康、尊厳が危険に晒される状態にある。ある点においてきわめて不快な行いが透けて見える。つまり、人の命を売り買いする市場に参加する人たちによって、奴隷の命にどのように価格がつけられているかが、奴隷制度からくっきりと見えてくるということだ。

奴隷と南北戦争以前のその子孫はすべて公開市場で合法的に売買できる財産だった。奴隷の競りが行われ、買い手と売り手がおおっぴらに人命に値札をつけることができた。奴隷の価値は、奴隷が稼いでくれる金額から、食事や衣服、住む場所など奴隷の維持にかかる費用を差し引いた金額を買い手がいくらと予測するかで決まった。[*20] 奴隷は投資であり、奴隷の命につけられる値札は予想されるキャッシュフローを映したものだった。買い手は、投資に対して高いリターンが得られそうな奴隷には高い金額を支払ったし、リターンの少ない者には最低限しか支払わなかった。奴隷の潜在的収益に影響を及ぼす要素には、奴隷の性別、年齢、健康状態、労働能力、売り物になる技術などがある。若い成人男性は、高齢の男性より力もあれば労働能力も優れているため、投資を正当化できる最高額の値札がついた。幼い子どもは、所有しても最初のうちは養育してやらなければならず、その間は費用が予想される稼ぎを上回る可能性もあるため、低い金額の値札がつけられた。出産可能な年齢の女性には、労働力としてだけでなく、子どもを産める能力に対しても価値がつけられた。年老いていたり、非力であったりする奴隷は価値が低い。鍛冶《かじ》や大工など売り物になる技術のある奴隷は、奴隷のつくった製品を売れば、農場での仕事だけの稼ぎより多くの収入が得られる可能性があるため、価値が高かった。

働かせるために人命に値札をつける、道義に反した究極の形が奴隷制度の存在するところに見られる。奴隷制度の現代風の表現には、人身売買、強制労働、借金返済のかた、強制結婚、世襲奴隷などがある。[*21] ほぼすべての国に国内法があって、現代の奴隷制度のいくつかは犯罪として禁じられているが、それでも今なお人が日常的に売買されている。2014年にはISIS（イラクとシリアのイスラム国）が奴隷の捕獲と所有に関するガイドラインをリリースして、現代の奴隷制度の現実が国際的な注目を集めた。[*22] ちょうどその頃、国際連合（国連）が、ISISは捕獲した子ども1人あたり数百ドルから数千ドルという値のついた価格表を保有しているとの確証を得ている。[*23]

・年季奉公奴隷

年季奉公奴隷とは人生の一定期間を金銭と交換する明らかな人身売買で、その期間、奴隷となった人は借金を返済するために働くことに同意しなければならない。

年季奉公奴隷と奴隷の決定的な違いは、年季奉公奴隷のほうは他人に所有されている期間に区切りがあるということだ。その期間をすぎれば年季奉公奴隷は自由の身になり、自由市民としての権利や特権を行使できる。[*24] 一方、奴隷のほうは一生人に所有され、その子孫もすべて一生他人の所有物となる。

年季奉公は米国の歴史で重要な役割を果たしてきたもので、今なお人身売買の形で行われている。人買いはその人間の自国への密輸費用を取り戻すため、一定年数の労働を要求する。世界全体で人身売買産業は数百万人の命にインパクトを与えており、その規模は年間300億ドルを超えると推測される。人身売買された移民の多くは、商業的な性的搾取の罠にはまったことに気づく。[*25] この投資は人身売買の商人に大きな見返りをもたらす。たとえば、2006年の推計では、取引される人間の出発地と目的地にもよるが、人間1人の売買を仲介するだけで人身売買の商人は最高5万ドルを稼いでいたという。[*26] 人身売買に伴うこの費用と利益の広い幅は、人身売買ビジネスでも他のビジネス同様、価格が需要と供給によって決まる事実を映し出している。

・有償労働

奴隷制度や年季奉公はほとんどの人の視界から隠されるが、従業員の時間を雇用主の金銭と交換する有償労働は私たちの日々の営みを支えるものとなっている。有償労働には従業員の時間に対してつける価値が伴い、その価値は市場によって引き出され、この市場も完全に自由ではない。雇用という名の値札は、私たちの日常にあまりにも当たり前に存在するものなので、これもまた別の取引であって、人生のある一定期間に価格がつけられていることに気づかないことが多い。これは、その従業員が第2章に出てきたアニタのような低い時間給で働くレストランの従業員であろうと、ジムのように報酬の大半が利益分配契約と年間ボーナスで決まる高所得のビジネスエグゼクティブであろうと同じである。

雇用主の立場からすると、すべて同じで、かかる費用も同じ似たような2人の従業員のあいだでどちらかを選ぶとなれば、雇用主はより多くの利益を上げるほうを選ぶはずだ。同様に、生み出す利益が同じ似たような2人の従業員のあいだでどちらかを選ぶ場合、費用のかからないほうを選ぶに違いない。この取引のもう一方の側に座っているのが従業員だ。従業員は、金銭的にも非金銭的にも最大限の報酬を獲得したい。これには給与、健康保険、退職金制度、有給休暇、福利厚生、その他の給付金が含まれる。

報酬の決まり方

報酬に影響する要素は数多くある。そのなかには教育やスキル、経験、業界、労働組合加入者か否か、人種、性別、場所、仕事に伴うリスクの大小などがあるが、それだけには限らない。たとえば、教育などいくつかの要素は後天的に何とかできるものなので、人は協力があれば自分の環境を変えられるし、より高収入を得られる可能性もある。しかし、後天的にはどうにもできないのに、人の時間単価に影響を及ぼす要素もある。[*27] 要約すると、報酬は、企業が労働者の働きで稼げると期待する額、その労働者のスキルの需要と供給、その他の要素で決まるということだ。

報酬のものさしの両極端にいる2人の例で、病院勤務の2人の報酬を比較するところから始めてみよう。1人は放射線科医で、マンモグラフィや超音波、MRIその他の検査の画像を読み取って病気を診断する仕事をしている。もう1人は清掃作業員で床のモップがけをしている。放射線科医は清掃作業員の何倍も稼いでいるが、この2人の収入がほぼ同額であるべきだと主張する人はほとんどいないだろう。病院は放射線科医の時間にはるかに高い価格をつけた。なぜなら、この専門性を備えた従業員を置くことで得られる収入があるからだ。病院もビジネスであって、顧客、つまりこの場合は患者に売ることができるスキルに対して報酬を支払う。放射線科医の報酬には、給与、健康保険給付金、年金計画、6週間の休暇に加えて、放射線科医の子どもの教育手当、専門職過失責任保険料の負担などの特典が含まれている。すべて合わせると年間50万ドルに容易に届く。これは通常の勤務時間数で計算して、時給約250ドルになる。[*28] 病院はこの額を喜んで支払う。なぜなら放射線科医の貢献でそれよりはるかに高額を稼げるからだ。放射線科医が病院のために稼いでやれる額は、放射線科医が提供できるサービスの数と病院がそのサービス1件に対して受け取る収入によって変動する。放射線科医のところに、はるかに高い時給を支払うというオファーがあったら、そちらに移ることを希望するかもしれない。

一方、床のモップがけをしている清掃作業員には最低限の賃金しか支払われていない。清掃員は病院を通じて健康保険を受け取っており、2週間の有給休暇をもらっている。清掃員の賃金は時給10ドル未満だ。病院は清掃員の勤務時間を追跡しており、窃盗の懸念があるため、病院内での居場所を監視して、退出のときにはセキュリティ・チェックポイントを通るようにさせている。清掃員には病院と賃金の交渉をする能力はほとんどなく、病院は自分を簡単にくびにできるということを常に思い出させられている。病院は清掃員の提供するサービスを利益創出の源ではなく、病院経営の必要経費としか見ておらず、自動化なども含めて、できればなるべく安い代替策を講じることで、支出を最小限に抑えたい考えだ。モップがけには大して技術も要らず、その仕事を提供してくれる労働者はごまんといるので、床のモップがけの賃金は今後もずっと比較的低いままだろう。これに対して放射線科医の仕事は高い技術を要する仕事で、その仕事ができる労働者も限られている。放射線科医に清掃作業員より高い報酬を支払うべきなのは明らかだ。しかし、放射線科医の時間単価はどれくらい高くするのが妥当なのだろうか？　そしてこの報酬額の差はどうすれば公平に決められるのだろうか？

放射線科医と清掃作業員の給与はともに、市場によって決められていて、それには透明な部分もあれば不透明な部分もあり、公平な部分もあればそうでない部分もある。病院が、同じだけの収入を稼いでくれて、報酬が少なくて済む別の放射線科医を見つければ、年間50万ドルを払い続けようという意欲はあまりなくなるかもしれない。興味深いのが、放射線科医の時間あたりの価値とそれに対応する給与は、放射線科医の供給が少ないことで高騰している点だ。放射線科医の高い給与獲得には、外部団体の米国医師会（ＡＭＡ）が労働市場に影響力を及ぼしている。医療行為の免許をもつ医師の数をコントロールすることで、ＡＭＡは米国の医師の給与レベルを一定以上に維持するのに貢献している。[*29] 同様に、最低賃金法や、清掃作業員の値札を一定レベル以下に下げさせないよう労働市場に働きかける労働組合など、外部からの制約もある。

コラムニストのトーマス・フリードマンは「フラット化する世界」を宣言しており、インターネットのおかげで世界中の競合に、所在地にかかわらず均等な機会が生まれると主張している。[*30] フリードマンのこの言葉は有名ではあるが、世界は今なおフラット化しておらず、場所は多くの業界で今でもきわめて重要だ。人文地理が重要でないのであれば、リモートでできる類似の業務については、国家間の収入格差はほとんどなかったはずだ。場所が重要でないのであれば、コンピュータ・プログラマーや法律文書のレビュアー、有資格の会計士、さらには放射線科医も米国で働こうが、インドで働こうが稼ぎは同じはずだ。だが、世界には広大な収入の開きがある。低賃金の国に簡単に外注できる仕事は、国内でも賃金が低く、安定もしない傾向がある。低スキルの移民労働者の競争が激しい仕事には、通常低い賃金しか支払われない。

放射線科医と清掃作業員の比較により、学歴や資格、認定など、仕事に必要な専門知識や専門技術を含めて、相対報酬に影響を及ぼす様々な要素が理解できる。通常は、高い専門性が必要なポジションに就ける有資格の従業員候補者は供給が少なく、そのため時間とお金を費やしてその専門性を身につけた人は、より高い報酬を得られることが多い。ニューヨーク市では弁護士の初任給は15万ドルを超えているが、米国の医師の初任給は感染病の医師の約13万ドルから脳神経外科医の50万ドル超まで幅が広がっている。[*31]

専門性の高さに価値を置くほかに、企業は通常、関連する経験を重視する。ロジックとしては、経験豊富な従業員のほうが、経験のない従業員より平均して企業の収益にとって付加価値が高いはずだ、となる。

報酬に与える交渉力の影響

報酬に影響を及ぼすもう1つの要素が、従業員の雇用主との交渉力だ。第2章に登場したリックはニューヨーク統一消防士協会会員になっていた恩恵を受けた。消防士およびその家族のためにたっぷりの年金と一生涯の医療保障獲得の交渉を行う強力な組合だ。[*32] 労働組合は団体交渉を通じて労働者の権利と利益を擁護する。組合の交渉が成功すれば報酬が上がり、それに伴って労働者の命の価値評価も上がる。米国は他の大半の裕福な国に比べて労働組合加入率が低い。[*33] このことと、米国の最低賃金が他の裕福な国より低いのとは偶然の一致ではない。米国で最低賃金だと、その労働者は1人あたりGDPの約25%しか稼げない。これは裕福な国のなかで最低レベルの比率だ。[*34] 米国の最低賃金が相対的に低いことには、社会の公平さに対する感覚を反映している。

スキルや教育を同レベルで調整しても、業界そのものもまた報酬決定の主な要因になる。たとえば、ヘッジファンドの仕事をするデータモデラーは、学術、医療、小売りその他のデータ集約業界で働く、同等のスキルで学歴もほぼ等しい人の何倍もの報酬を得ていることがよくある。

個人で報酬額を左右する条件をコントロールできるものも複数ある。たとえば、報酬額は教育レベルとともに増加する。修士号取得者は、学士号どまりの人に比べて約20%報酬が多く、学士号取得者は高卒の人より収入が約65%多い。[*35] この学歴に対する比例傾向は理にかなったもので、なぜなら、教育レベルがより高いということは、特定の仕事に必要な高度なスキルを獲得しているということであり、それが特定の職に就くのに必要な条件もしくは証明書になるからだ。そうした人は、自分の市場価値を高めるために、時間と労力を注ぎ込んできたわけで、これもまた公平さに対する感覚に訴えかけるものとなる。

受けた教育に対する見返りは何を学んだかによって異なる。工学やコンピュータサイエンスの学士号取得者は、芸術や人文科学を専攻した学生より、大学教育の学費回収率がはるかに高い。*36 給与の違いは企業が従業員の貢献から得られる利益と結びついている。

従業員が自分の仕事には大きな健康および生命のリスクが伴うことに気づいていた場合、リスクの増分を明確に理解していて、自分の雇用機会に選択肢があり、賃金交渉の能力があれば、報酬の上乗せを交渉できることもある。これまで見てきたとおり、VSLの推定法の1つに、鉱業、商業漁業などリスクの高い業界での労働に対して賃金プレミアムを計算する方法がある。国際公務員もまた危険と考えられる場所での勤務に対して報酬の上乗せを獲得する。*37 リスクの増分に対して人が受け取るべき金額は、いくらなら公平なのだろう？　リスクの高い仕事とそうでない仕事の報酬パターンを比べることが出発点になるが、それだけではリスクプレミアムを正確に推定するのに十分ではない。いかなるリスクプレミアムに対しても手当が支払われるとして、正確なリスクプレミアムの把握を阻害する可能性のある要素が数多くある。その1つが情報と力の偏りで、たとえば、従業員がその仕事に伴うリスクを把握していないことが多いことや、不法移民や言葉の障壁のある人など、リスクの高い仕事に最終的に行き着くことが多い人には選択肢がないこと、リスクの高い仕事をする人はリスクをあまり恐れないことが多く、仕事の選択肢もほとんどないか皆無で、交渉力も限られていることなどだ。

報酬を左右する要素で、教育や特別な研修ならびに証明書、仕事の経験など、わかりやすく容易に正当化できるものを数多くリストアップしてきた。これらの要素はすべて、その従業員が企業のために稼いでやれる能力を示すものだ。企業により多くの利益をもたらせる従業員は、報酬が高く、彼らの時間に対してつけられる価格も高い。利益性の高い従業員に対してより高額の値札がつけられるという事実は、奴隷の値段が、その奴隷の労働が主人にとってどれだけの価値があるかで決められていたという事実とも通底する。これで有償労働と奴隷制度を一括りにしているわけではなく、いずれの場合でも、大きな利益をもたらしてくれそうな従業員に、雇用主はより高額を支払おうとするという事実を明らかにしているにすぎない。

ジェンダー・人種間の賃金格差

これらの要素を調整しても、まだジェンダーや人種による賃金格差といった要素に関連する不均衡が残る。これらの賃金格差による不平等が根底にあって、それによって人々の暮らしが様々に枝分かれしていく。収入は民事裁判の賠償金を決める際の重要な要素であるし、9・11同時多発テロの犠牲者の補償金決定でも中心的役割を果たした。全体論として、これらの賃金格差は、賃金を入力項目に使用するいかなる人命の価値評価にも組み込まれている不平等である。このような人種およびジェンダーによる賃金格差の結果、女性やいくつかのマイノリティの人々の命が過小評価され、十分に保護されなくなっている。

ジェンダーによる賃金格差とは、報酬に関する要因を調整したあとも残る、男女間の報酬差の平均を指す。よく言われる偽情報「女性は男性が1ドル稼ぐあいだに0・77ドルしか稼げない」は、これは人口平均を表したもので、教育や仕事の経験、業界、職種、および子どものいる女性が仕事を休む時間が考慮されていない、という誤解を招く。[38] かなり小さくはなるが、そうした条件を考慮に入れたあとでも、ジェンダー間の賃金格差は依然として残る。同じ仕事をするのに、同等の資質、経験であれば、女性のほうが男性より約10％報酬は低くなる。[39] ほぼ同じ格差が大学卒業後1年の人にも見られ、職業および経験を等しくすれば、女性は男性より約6％収入が少なかった。[40] 命に価格をつける観点で言うと、労働者の生産性に関連する主な条件を調整したあとでも、雇用主は男性より女性の時間に低い価格をつける傾向がある。このジェンダー間の賃金格差は、人の命の経済的価値を決めるのに収入を用いると、女性のほうが男性より低い価格をつけられる傾向へとつながっていく。

人種間の賃金格差とは、従業員の生産性に関する要因を調整したあとでも、黒人従業員のほうが白人従業員よりも報酬が低い事実を指す。教育レベルを問わず、黒人男性は白人男性より報酬が低く、黒人女性は白人女性より報酬が低い。[41] この人種間の賃金格差はかなりの開きがあり、たとえば、修士で比較しようと、学士で比較しようと、高卒で比較しようと、黒人従業員は白人従業員よりおよそ25〜30％収入が少ない。[42]

拡大する格差

法的に保証される賃金の幅も広大である。賃金のものさしの下限は政府が決めるが、非公式な経済活動部門の多くの職で、支払われる賃金がこの額を下回っている。[43] 米国では、連邦の最低賃金が時給7・25ドルで、医療サービスの保証、年金、有給休暇などの福利厚生はつかない。移民の農場労働者の賃金はこれよりさらに低く、福利厚生もない。こうした非公式な経済活動部門の仕事は賃金が低いばかりでなく、労働者として法的に保護されていない立場で仕事をするので、より危険なことが多い。これより極端に賃金が低いのが刑務所での労働で、受刑者には1時間数ペニーしか支払われないことが多い。[*44]

生活賃金は、理論的に適切な住まい、食料、その他生活に必要なものが買えるとされる賃金レベルである。米国の生活賃金に対する最低賃金の比は1968年から2003年のあいだに94%から57%まで下がった。これは、2003年の最低賃金労働者は、まずまずの水準の生活を送るのに必要な金額の半分を少し上回る程度しか稼げていなかったことを意味する。[*45] 米国では最低賃金が生活賃金のほぼ半分になることがあるという事実は、人に対する賃金支払いと、それに対応して最低賃金の労働者の命につけられる低い価格がきわめて不公平であることを伝えている。

賃金のものさしの反対の端にいるのが高額所得者である。米国では2017年、最大手企業350社のCEOは、それぞれの企業の平均的労働者の300倍を超える収入を得ていた。[*46] これは1978年の比30対1から大きく差が拡大している。CEOと労働者の報酬の比は世界的に1960年代および1970年代と比べて現在のほうが大きくなっているが、米国は飛び抜けていて、オーストラリア、スウェーデン、日本、英国などの他の裕福な国はすべて、この比がはるかに小さい。[*47]

労働報酬を人生の時間と金銭との交換と見ると、米国のこの極端な比は、企業がCEOの時間に平均的労働者の時間の何百倍もの価値を認めていることを示している。CEOは平均的労働者よりたくさん稼ぐものだと人は思っているわけで、そのCEOの報酬が同額だったら、それは不公平だと感じるのだろう。たしかに、企業をうまく導いていくには、CEOは経験も必要だろうし、高度なスキル、知識、教育その他の専門性が必要だ。しかし、CEOと平均的労働者の報酬のこの極端な差は、たとえば民事裁判などで、命につけられる価格に大きな差がつく結果へとつながる。9・11同時多発テロの犠牲者補償基金では、ファインバーグはすべての犠牲者に対して値札の下限を設定し、値札の計算に使用する収入にも上限を設定することで、彼なりに公平性のビジョンを具体的に採り入れた。その結果が補償額の幅であるが、9・11の補償基金の最高額と最低額の比はおよそ30対1で、米国のCEOの給与と平均的労働者の給与の比と比べると1桁小さくなっている。

一般的に、資本主義とその利益追求は力強い経済成長と発展の原動力となり得る。資本主義は健康、教育、財力の向上を促進する。しかし、資本主義には破壊の可能性もある。ビジネス雑誌で謳われているような創造的な破壊ではなく、真の破壊だ。法的な制約や道徳的な制約なしに暴利をむさぼれば、不必要な苦しみや死、環境破壊、極端な短期的視点へとつながりかねない。だからこそ、資本主義のよい側面を生かし、悪い側面を制御するための法律、規制その他の制約が必要なのだ。なりふりかまわぬ利益追求に伴う危険の抑止力として働く法的な制約や規制機関、鋭敏なジャーナリストや消費者擁護団体、市民擁護団体、非政府組織（NGO）、市民活動家がなければ、あとどれほど多くの命が失われるのだろう？

次の章では、生命保険に入るか否かや保険金額――つまり自分の命の価格の自己評価――の決定で、個人の決断もいかに主要な役割を果たしているかを議論していく。

第6章

祖父のように死にたい

――生命保険で命の値札はどう決まるのか

泣いている赤ん坊の写真の下のキャプションには、次のように書かれている。「どうして僕のために計画しておいてくれなかったの？」この生命保険のキャンペーン広告はターゲットが絞られていて、感情に訴える効果的な広告だ。このポスターを見た親は、自分たちも生命保険に加入しなくちゃいけないかな？　と思わずにはいられないだろう。また、すでに保険に入っている親は、今のプランで十分かな？　と思うのではないだろうか。保険未加入の親は、この泣いている赤ん坊を見たあとは、罪悪感を覚えずにはいられないだろう。私たちは皆、赤ん坊の純心さには価値を置くし、その壊れやすさを愛おしいと思うので、この広告は効果的だ。これは見る人との感情的なつながりを創出する広告で、間違いなく多くの人を刺激して、家族に何らかの安心感を提供する生命保険に加入させてきた。広告としての効果はこれよりはるかに低いが、このキャプションを、より正直に読み替えると「たとえば、万が一あなたが明日死んでも私が経済的に安定していられるには、あなたの命の正当な価値はいくらですか?」となる。

生命保険は、人の命の値札を最もあからさまにするものなので、命につけられる価格を議論する際には重要なトピックだ。生命保険は、消費者が価格を決める競争市場で購入されるものである、という点で、これまで議論してきた他の価格の例とは明らかに異なる。また、生命保険は人が購入するかしないかを決められるばかりでなく、保障の範囲(購入金額)も人が決められる。

これまで議論してきた他の種類の命の価格と異なり、生命保険の場合、いくつかの理由で、価格を決めるのに、公平性はそれほど大きな役割を果たさない。まず、値札の金額は経済学者や企業の金融アナリスト、あるいは規制機関などの第三者が決めるのではなく、消費者本人が決める。もし消費者がその費用を払う余裕があって、より広い範囲の保障を購入するべきと考えるのであれば、それは消費者本人の選択になる。

2つ目として、生命保険には競争市場がある。ということは、経済学者は価格を推定する必要がないということだ。価値評価が調査や人々の支払意思額からの推計で推測するしかない統計的生命価値(VSL)と異なり、生命保険はその費用が明らかになっている。

3つ目は、生命保険の費用は死亡リスクをベースにしていることだ。人の死亡リスクを決めるための計算式は、何百年も前からよく知られている単純明快なコンセプト、生命表をベースにしている。

最後に、生命保険を販売している企業は公平性への配慮で動かされることもなければ、自社の製品が公平に分配されていることを証明する義務もない。生命保険会社は基本的に営利企業であり、その目標は他の多くの競合と価格や商品で勝負して利益を最大化することだ。米国では生命保険は数兆ドル規模の業界になっている。[*1] 米国における2017年の個人の生命保険証券の額面価格は合計で12兆ドルにも達している。これは米国のその年の国内総生産（GDP）のおよそ3分の2にも及ぶ数字だ。[*2・3] 2017年、米国における生命保険の保有契約数は約2億8900万件であった。ほぼ全アメリカ人1人につき1件の計算だ。[*4・5] 保険会社は強力なマーケティング・キャンペーンを制作して自社の商品の需要を刺激し、生命保険を探している顧客はオンラインでも、代理店を通じてでも、容易に見積り価格を知ることができる。

だからといって、生命保険に公平性の考慮がないというわけではない。このあと議論していくが、公平性の考慮は、生命保険会社がリスクや死亡率の決定に合法的に用いることのできる条件（で保険会社が用いることにした条件）に関連して生じる。また生命保険の価格は社会とその企業両方の価値観を反映して決められる。これらの制約と選択から、こうした命の価格づけは何が公平で、何が不公平なのだろうかという疑問が湧いてくる。また、ジェンダーや人種といった条件による賃金格差も、人の生命保険購入能力に影響するので、公平性も間接的に役割を果たす。

消費者自身の意思決定

消費者が選択する保障範囲の保険金額――生命保険の目的で計算された命の価値――は他の価格とは大きく異なる。この価値評価は被保険者本人が決める自己評価であり、民事裁判における陪審員や、統計的価値評価などの何らかの計算に基づいて経済学者が推定する第三者による評価ではない。

生命保険を購入するか否か検討するときは、いくつもの質問に答えなければならない。なかでも最も重要なのが「生命保険は必要か？」「定期にするか終身にするか、どのようなタイプの生命保険を購入するべきか？」「受取人は誰にするべきか？」「どれくらいの保障が必要か？」などだ。そして最後の質問が、直接的なあなたの命の価格となる。[*6]

本当に生命保険が必要かどうかは、あなたに子孫がいるかや、その子孫はどれくらい経済的に困窮しているか、それに対してあなたはどれくらい容易に経済援助してやれるかなどの重要な情報によって左右される。

自分の命の価値評価に辿り着くためにしなければならない重要な決断には、受取人（受益者）を誰にするかや、それぞれの受取人が受け取る額をいくらにするかなどがある。多くの場合、受取人は配偶者や経済的に独立していない子どもなど、保険契約者の直系の親族となる。とはいえ、基本的に受取人を誰にするかに制約はなく、愛する母校でもあとに残していくペットでも受取人（受益者）に指定することができる。もちろん、受取人にしたい人が思い浮かばなかったら、生命保険になど加入する必要はない。

最後に、いくらの保険に加入するかという問題がある。この決断は、ニーズや（自分が亡くなったとき）必要になる代替所得の査定額だけでなく、保険料にも関わってくる。たとえば１００万ドルとか「なんとなく聞こえのよい」数字を選ぶこともできるが、この数字はきちんと目標を頭に描いてから決めたほうがいい。自分の生命保険の保障範囲をどれくらいにするかを決めるには、いくつか方法がある。

必要代替所得の計算

もしあなたの目標が、自分が思いがけず早くに死んだ場合も扶養家族の生活が変わらないようにすることであれば、生命保険の保障範囲は、あなたが生きていたら与えてやれた経済的支えの金額以上にするべきだ。これを必要代替所得（replacement income need）という。これは、9・11同時多発テロの犠牲者への補償金の計算で経済的価値を決定した方法に似ている。必要代替所得を推計するためには、自分の給与、諸手当、退職後の蓄えだけでなく、あなたがしていた雑用などの分も考慮に入れなければならない。なぜなら、その分の雑用は、あなたが死んだあと、受取人がお金を払って誰かにやってもらわなければならない可能性があるからだ。あなたが給料を稼ぎながら、子どもを学校に送っていく家事を分担していたとしたら、あなたが死んだあとも、給料を稼ぐ必要と子どもを送っていく必要は続くわけだ。これは保険購入プロセスの残酷な部分ではあるが、価値評価を推計するためには重要な部分で、子どもの世話や家の掃除、調理、車の運転などの家事が考慮対象になると思われる。もちろん、あなたはこの世にいないわけで、あなたが自分のためにお金を使うことはないはずなので、あなたの衣類や娯楽、旅行、飲食などあなたの個人支出は計算から除外する。これは酔いも醒めるような細かな計算だが、あなたの家族が必要とする、あなたのすべての支えに代わる保障を明確にしてくれる。

この計算には主な入力項目として収入が含まれているため、これまでに議論した収入関連の不平等（人種やジェンダー関連の収入の不平等など）がすべて、拡大されて効いてくる。収入を稼いではいないが、子どもの世話だとか、調理や掃除だとか、車の運転などの家事労働を行っている在宅の親にも、必要代替所得はある。この必要代替所得は、在宅の親が提供するサービスに支払わなければならない金額の総額となる。同様に、収入を稼いではいないけれども、高齢の親の世話を一生懸命している人も、親の世話にかかる費用が必要代替所得となるはずだ。

必要代替所得の計算結果はあまりにも明らかだ。稼ぎの多い人の必要代替所得が高くなり、稼ぎの多い人は低所得の人より高額の保障範囲が必要になる。

代替所得の計算が保障額決定の唯一のアプローチではない。逆の視点から、受取人のニーズに適した保障範囲を推計することもできる。あなたの現在のサポート（供給）から始めるのではなく、生存者の視点（需要）から検討することができる。このアプローチは生存者のニーズ計算と呼ばれる。この方法では、生存者がある一定レベルの収入を得て人生を楽しむためには、いくら必要かを計算する。これには生存者が自分で十分生計を立てていけるようになるまでの、住宅ローンや賃貸料の支払い、健康保険、食料、衣類、学費などが含まれる可能性がある。扶養家族が増えるほど、生存者のニーズ計算の結果は高くなるはずだ。期待する生活レベルもこの計算に影響する。子どもが大学に行くことを期待していない親は、生存者のニーズ計算で大学の学費を考慮に入れる必要はない。それに対して、娘にメディカルスクールを卒業させようと思っている親は、その分の費用を計算に入れなければならない。

生存者のニーズ計算を行うと、より高いレベルのライフスタイルを望み、より費用のかかる未来を期待する生存者のいる人は、そこそこで満足する生存者のいる人より、より多くの支援が必要という結果が引き出される。

必要な保険金額が決まったら、この総額とすぐに現金に替えられる資産として定義される流動資産とを比較する。株や債券、現金などの流動資産が必要な保険金額を上回っていたら、生命保険はおそらく必要ないだろう。家や車などの非流動資産は容易に現金化できず、売却したとしても、ほぼ間違いなく代わりのものが必要になる。たとえば自宅は売却するのに時間がかかるかもしれないし、売却したとしても、生存者は住むところが必要だ。ということは、やはり賃貸料を支払うか、別の住宅ローンが必要になるということだ。計算で出た必要額に流動資産が足りないのはよくあることだ。その場合に生命保険加入が意味をもつようになる。

いずれの計算方法――必要代替所得計算および生存者のニーズ計算――も、あなたが生きて（収入を通じて）経済的に支えたり、サービス（子どもを送り届けるなど）で奉仕したりできなくなった場合に、あなたの扶養家族が一定レベルの生活を送るためには、いくら必要かという質問に答えようとするものだ。これはあなたの命の部分的な値札と考えることができ、扶養家族が受け取る直接の利益だけに注目する。それ以外のことや、それ以外のものは考慮に入れられていない。社会に対する貢献や金銭に換算できないその他の交流など、扶養家族以外の人に対する貢献はこのなかに含まれていない。

2016年に新たに購入された生命保険証券の額面価格の平均は15万3000ドルであった。[*7] この額はVSLに用いられた推計値と比較するとかなり小さく、人命の価値を測る方法およびその目的が異なれば、値も大幅に変わってくることが嫌でも思い出される。生命保険の場合、主眼を置くのは、契約者が思いがけず早くに死んでしまった場合に受取人を経済的に援助することであるのに対して、規制機関の場合、主眼は費用対効果に照らして集団リスクをコントロールすることに置かれている。

生命保険の必要性は一般的に裕福になるほど高まるが、極端に貧乏な層ときわめて裕福な層では必要性は低下するかもしれない。収入が10万ドルを超える家庭は、収入が5万ドル未満の家庭と比べて生命保険に加入する傾向がほぼ2倍になるのは、驚くにはあたらない。同様に、65歳以上の人は、25歳未満の人と比べて生命保険の加入傾向が2倍以上となる。その年代の人の財産、家族の状況、平均余命から考えてありそうな結果だ。[*8]

9・11テロの架空犠牲者の場合

9・11同時多発テロの犠牲者のフィクションに戻ってこの問題に対する見方を探るのは価値のあることなので、年齢も社会経済的地位も異なる例の登場人物たちは、こうした生命保険の質問にどのようなアプローチをしそうかを見ていきたいと思う。

リックは消防士で、手堅い中程度の収入があった。彼は消防署を通じて10万ドルの生命保険に加入していたが、扶養家族はいなかったので2人の兄弟を受取人に指定していた。結婚したら保険金額を最大の50万ドルにまで引き上げ、受取人も妻に変更するつもりでいた。50万ドルという数字を選択したのは、単にこの金額が消防署の生命保険補助プログラムを通じて容易に入れる最高額だったからだ。[*9]

企業経営幹部のジムには、彼の収入に頼って生活をしている妻と2人の子どもがいた。ジムは会社の上級管理職向け福利厚生プログラムの一環で数百万ドルが支払われる生命保険に加入しており、すでに娘の私立学校、家庭教師、大学の費用の蓄えもあった。もし家族がこのお金をすべて使い尽くしてしまっても、自分が購入した財産の一部を売れば何とかなるはずだ、とジムは考えていた。ジムの妻に稼ぎはなく、家の掃除も子どもの送り迎えもしていなかったが、彼女は家族全員の食事をつくり、子どもが家にいるときは子どもの面倒を見ていた。だからジムは、彼女が死んだら子どもの世話、家庭教師、調理サービスに支払うことになる費用として、統計から妥当な金額を割り出して妻に50万ドルの保険をかけていた。

アニタは日々ぎりぎりの生活をしており、ガールフレンドのアシュレイの経済的援助がなければ路上生活をしていた可能性もある。アニタもアシュレイも、生命保険に加入するなどという考えは頭に浮かびもしなかった。生命保険はそもそも、アニタたちのようにお金もなく、来月の家賃をどうやって支払おうかということばかり考えているような若者の考えの及ぶことではない。

セバスチャンの両親にはともに収入があった。父親は毎年ベル＝エアー・カントリー・クラブから約3万5000ドルをもらっており、離婚の財産分与の一部として、毎月セバスチャンの母親に約1200ドルを送金していた。母親のほうは近所で雑用を請け負う仕事をしており、所得として申告しない収入を年に1万5000ドル近くと、パートタイムのレジ係の仕事で所得として申告する収入を1万2000ドル得ていた。彼女はまた、料理や掃除、赤ん坊の世話に膨大な時間を費やしていた。セバスチャンの両親はかつて、保険代理店でいくらの保険に加入すべきか相談したことがある。必要代替所得を計算した結果、父親より母親のほうに多額の保険をかけるべきとの結論に達した。これについて議論になり、結局保険は購入されなかった。だがセバスチャンの父親は泣いている赤ん坊の広告を見るたびに、生命保険に加入しなかったのは自分の家族にとって正しい選択だったのだろうかと悩むことになった。

こうして生命保険加入に関する決断の例を見てきたところで、次に保険契約の内容そのものを見ていきたい。１００万ドルの保障で21年の定期生命保険商品があったとする。これは納付額と支給額が明らかになった単純な商取引と見ることができる。需要側は上述したとおりだが、今度は供給側、つまり生命保険を販売している保険会社の視点を探ってみたいと思う。

生命保険会社は、保険の掛け金とその保険の支払い額の差をできるだけ広げて利益を上げている。この業界は競争が激しいため、正確な平均余命のモデルを確立している生命保険会社が最も成功する。具体的に言うと、生命保険会社は、顧客が今から1年、2年、3年、あるいは20年生きる可能性を予測する正確な生存率曲線を確立したいと考えている。この生存の可能性に保険料と支払い額をかけて、あなたのような人の生命保険の典型的なキャッシュフロー予測を導き出す。これは、あなたと類似条件の人が何千人も、まったく同一の保険に加入したと仮定して統計を取った場合の、経時的なキャッシュフロー平均の推定値である。保険会社が望むのは、正味の現在価値がきわめて高い保険商品を販売すること。平たく言えば、できるだけ多く金を稼ぐことだ。保険料の支払いが多くて、あなたの保険に対して保険会社が支払わなければならない金額が少ないほど、保険会社は儲かる。

保険は定期の年数が長くなるほど、保険料は高くなる。なぜなら、長生きするほど、人は年老いていくし、そうなれば死ぬ確率も高くなるからだ。保険数理士は、この先の1年1年の死ぬ確率を年齢の関数として計算する生命表を作成している。この生命表はすべての年齢のすべての人について存在し、人口全体の平均を表すものとなっている。それ以外に男性と女性を区別したものや人種別の生命表も存在する。

保険数理士の仕事は生命保険会社でもカジノでも使える。カジノはどのプレーヤー、どのゲームについても勝敗の確率を把握している。そのオッズがカジノ側に有利なようになっているので、このビジネスモデルが数当て賭博になる。簡単に言うと、カジノで賭ける人が多くなるほど、カジノが勝つ確率が高くなる。何人かは勝つ人もいるだろうが、カジノ側がいくぶん有利なことで安定して利益が生まれる。同様に保険会社も生存確率の推計値をもっていて、平均して保険会社が利益を上げられるよう保険料が設定されている。ときに人が最初の数年で死ぬこともあり、その場合は保険会社がその保険証券に関して損をする。しかし何千人もの人が保険に加入するので、保険会社は割り引いた保険料と割り引いた支払い総額の差で利益を得る。カジノでも生命保険でも、オッズは事業者側に有利になっている。保険会社の場合、めでたく生命表の統計的寿命まで生きる人の支払う保険料が、そこまで生きなかった人の証券に対する支払い額を相殺して平均的にお釣りが来なくてはならない。これはカジノの場合とまったく同じで、全プレーヤーの損失額が平均して勝者への支払いの相殺分を上回っていなければならない。ただ、カジノと生命保険会社には1つ大きな違いがある。定期生命保険に加入した場合、どこかの時点であなたの掛け金は、あなたが死んで受取人が保険金を受け取るという意味で回収される。もちろん、支払われる保険金の額は、免税債など別の何かに投資していたほうがたくさん受け取れたのに、という結果になるかもしれない。

生命保険の死亡予測

保険会社はできるだけ正確な予測モデルの確立を試みる。生存率を予測するファクターをすべて見極め、それをモデルに組み込むことが利益になるからだ。このモデル作成に使用されるファクターのリストから、何は合法的で、何が公平なのだろうかという疑問が湧いてくる。

保険会社は保険の申込者や保険契約者から、ジェンダーや年齢、身長、体重、親族の病歴、職業、喫煙や飲酒、本人の病歴および現在の健康状態（健康診断書から把握）など、幅広い情報のデータを収集する。人種や薬物の使用、運転歴、クレジットカードの支払い履歴、趣味に関する情報を集めることもある。より早死ににつながりそうなファクターはすべて、より高い保険料につながる可能性がある。ただしこれは、保険会社がこのように保険料を変動させることが法的に認められていて、保険会社がそうすることを選択すればの話ではあるが。

翌年に死亡する確率は、新生児における高い死亡率から始まる。米国は裕福な国のなかでは乳幼児の死亡率が最も高い国の1つで、新生児1000人につき約6人が1歳になるまでに死亡している。[*10] 翌年に死亡する確率はそのあと、概ね21歳まで低下し続け、その後徐々に上昇していく。米国では、平均すると翌年に死亡する確率が50歳で0・4%、65歳で1・3%、80歳で5%となっている。[*11] 成人では年齢が高くなるほど翌年に死亡する確率が上がるため、保険給付金を同じにしようと思えば、保険料は年齢とともに上がる。

世界中のほぼどの国でも女性のほうが男性より長生きで、女性のほうが平均して男性より5年長生きしている。[*12] 80歳の女性は翌年に死亡する確率が約4・3%であるのに対して、男性は5・8%だ。したがって、そのほかのことがすべて同じなら、女性のほうが生命保険の保険料は男性より低くなるはずだ。

米国では、保険も含めて暮らしの様々な面で人種が取り扱いの難しいテーマになっている。米国にはたしかに、人種の関数として平均余命の差を示す確かなデータがある。たとえば80歳の黒人男性は翌年に死亡する確率が7％なのに対して、白人男性は5・8％、ヒスパニック系男性は4・7％となっている。*13

親族の病歴、特に祖父母、両親、兄弟姉妹の病歴もまた生存率に影響することがある。両親ともに冠動脈疾患や糖尿病、脳卒中、あるいは癌などの遺伝的な疾患で50代前半に死亡していたら、両親がともに生きていて95歳に達している人より保険料ははるかに高くなる可能性が高い。親族の病歴に関する質問というと古いジョークが思い出されるが、そのジョークで生命保険の申込者は「祖父のように静かに眠るように死にたいですね……祖父の車に乗っていた同乗者のように絶望の叫び声を上げながら死ぬのではなく」と答えている。

親族および自分自身の病歴の提出を要求するほかに、保険会社はあなたの現在の健康状態を知るために健康診断書の提出を求めることがよくある。心疾患の病歴のある人や高血圧の人、喫煙あるいは飲酒習慣のある人、薬物乱用者、肥満の人は保険料が高くなる傾向がある。喫煙者は死亡リスクが高まることから、非喫煙者の2倍かそれを上回る保険料を支払わなければならないこともある。*14

木こりや漁師、鉱山労働者、輸送業や農業、建設業などの比較的危険な職業に就いている人も、保険料が高くなるかもしれない。

生命保険会社にとっては運転歴も重要である。なぜなら、2016年、米国では4000人を超えるドライバーが交通事故で死亡しており、15歳から24歳の若者と75歳を超える高齢者で死亡率が最高になっている。[*15] データを見ると、事故を起こしたことがあるなど、運転歴に傷のある申込者はリスクが高いと見なされ、保険料がより高額になる可能性がある。

申込者のなかには、保険会社が申込者のライフスタイルまで考慮に入れることがよくあると知って驚く人がいるかもしれない。スカイダイビングやハンググライダー、スキューバダイビング、ロッククライミング、サーフィン、極限スポーツ、モータースポーツ、自動車レース、個人での飛行機操縦など、リスクの高い趣味やライフスタイルを楽しむ人もまた、保険料が高額になることがある。

保険会社は可能なかぎり情報を集めてから意思決定したい――最大の利益を上げられるようモデルを最適化したいので、このように広範な項目を組み合わせて検討する。企業はより正確なモデルを構築できたほうが、製品の価格決定をよりうまくできるので、正確さの劣るモデルしか構築できなかった企業より優れたパフォーマンスを発揮できる。ということは、法的に認められている変数はすべて用いる企業に競争上の優位性があるということだ。年齢や人種、親族の病歴、遺伝子マーカーなど、顧客がコントロールできない変数が死亡率の増減につながることもある。珍しい遺伝子疾患など、コントロール不可能な条件で、まもなく死ぬ可能性が非常に高い一連の条件に該当する人をもつ人がいる可能性もある。ほどなく死亡する確率が高ければ、そのリスクを埋め合わせるため、生命保険会社はその人に非常に高い保険料、おそらくは保険としては桁外れに高額の保険料を要求するかもしれない。

ロッククライミングや喫煙、ハンググライダー、飲酒など、死亡リスクの高い生活の選択はコントロールが可能だ。したがって、保険申込者はそうした条件の該当率の率を下げる選択をすることもできる。しかし生命保険は保険を提供するもので、人に生き方を指示するものではない。

「コントロール可能な入力変数およびコントロール不可能な入力変数のどれは公平で、リスク評価で考慮に入れることが妥当なのか？」という質問を投げかけた場合、標準的な自由市場の回答は、競争市場では、法的に認められているもので、競争力を高められるのであれば、保険会社はどんな変数でも使おうとして当然、といったものになるだろう。保険会社がどの情報は使えて、どの情報は使えないかは規制で制限されている[16]。こうした規制を社会の公平さの判断を映し出したものと見ることもできるが、特定利益団体のロビー活動などの要素も法規制に影響を及ぼす。規制の検証を行うとき、市民擁護団体や監視団体は常に、公益のために活動するよう設立された規制機関が、規制の虜に陥って、規制の対象になる業界の利益集団の特別な要望を受け入れてしまわないよう、目を光らせていなければならない[17]。

保険加入条件の制限

米国には、人種、宗教、国籍、あるいはジェンダーを生命保険会社が考慮に入れることを特に禁ずる連邦法はない[18]。生命保険の規制は州に委ねられており、各州にそれぞれこの問題の専門家がいる。しかし、何が合法かについて、州レベルで見ても結局のところ統一された見解はただの1つもない。多くの州が、人種や国籍、あるいは宗教で生命保険会社が区別することを規制してはいないが、明確に制限を設けている州もある。このことから、保険会社が保険料を決める際に考慮に入れる内容に関して、何が合法で、ついでに言えば何が公平なのかという統一見解が米国にはないのがわかる。規制には、どのような人の金銭的負担をより多くするかの明らかな含意がある。リスクの高い層にリスクの低い層と同じ保険料を要求すれば、リスクの低い層は自分のリスクに比して払いすぎていることになり、これをビジネス用語で言えば、低リスク層が高リスク層に助成金を出している、ということになる。

年齢を例に取ってみよう。どの州も生命保険料の計算に年齢を用いることを禁じてはいない。そんなことをすれば、すべての年齢の人が、同じ保険に対しては同じ保険料を支払うことになってしまう。他の条件がすべて同じであれば、若年層はその死亡リスクから計算されるより余計に支払うことになるため、若年層が高齢者層に生命保険の助成金を出している、ということになる。

他のコントロール不可能な変数も重要である。先に述べたとおり、平均して女性のほうが男性より長生きだという概念が確立している。実際、18歳から99歳のすべての年齢で、翌年に死亡する確率は女性より男性のほうが高くなっている。女性の生存率の優位性は年齢とともに上がる。65歳の男性の翌年に死亡する確率が1・6%であるのに対して、女性では1・0%となっており、その差は0・6%。ところがこれが80歳になると、その差が1・5%に拡大する。*[19] 大半の州で生命保険会社がモデルに性別の考慮を組み込むことを認めているが、モンタナ州はこれを認めていない。モンタナ州では性別で保険料率に差をつけるのは違法なので、生命保険会社は男女共通の生命表を使用しなければならない。結果的にモンタナ州の女性は男性に生命保険の助成金を出していることになる。

平均余命のデータは明らかに、人種で生存の可能性がかなり明確にわかることを示している。それを見ると、黒人は生存率が白人やヒスパニック系より低い。半数以上の州が生命保険料の計算に人種の区別を用いることを明確に禁止してはいないが、これを禁止している州もあって、カリフォルニア、ジョージア、ニュージャージー、ニューメキシコ、ノースカロライナ、テキサス、ワシントン、ウィスコンシンがこれに含まれる。対照的にルイジアナ州の法律では生命保険料の計算で生命保険会社が人種の区別を用いることが明確に認められている。[20] 保険料の計算で人種を区別することを明確に禁止していない州があるのは、人種が変数に使われることはない、だから規制は必要ないと仮定してのことかもしれない。そう考えるにはそれなりに筋の通った根拠がある。1800年代から人種別の保険証券が存在したが、1948年にメトロポリタン・ライフ・インシュアランス・カンパニーが人種別の料率を廃止し、1960年代には大半の大手生命保険会社が統一生命表を使用するようになり、その結果自動的に人種による平均余命の差が無視されるようになった。[21]

ヒスパニック系および白人は総じて平均余命が黒人より長い。保険会社が統一生命表を使用する場合、結果的に黒人の生命保険をヒスパニック系と白人が助成していることになる。商品の内部補助の1つの例だ。[22] したがって、2014年に生命保険業界の報告書で、黒人のほうがヒスパニック系や白人より生命保険加入率が高い（69％対52％）ことが示されたのはさほど驚くにはあたらない。[23] だからジムが、統計的にそのほうが得だと冷静に考えて、妻のほうに生命保険をかけたのは賢明だった。これを裏づけるのに、生命保険料を、保険に加入しない、あるいはより高額の保障をつけない主な理由に挙げているのが、ヒスパニック系は66％であるのに対して黒人は55％だったという事実がある。また、黒人は22％が1年以内に生命保険にほぼ間違いなく加入する、あるいはかなり高い確率で加入すると回答したのに対して、ヒスパニック系は14％であった。[24] 生命保険に加入するか否かについては、雇用主も役割を果たすことがある点を覚えておかなくてはならない。生命保険料の補助金を出す意思が雇用主にあれば、保険はより加入しやすくなり、より多くの人が保険に加入するだろう。

あまりに多く逆選択（adverse selection）が生じると――つまり、低リスクの人々が、割高な保険料を嫌って保険に加入しない意思決定をすると――内部補助は失敗する恐れがある。そうしたリスクの低い層に高い層の損失分を相殺してもらわないのであれば、保険料は上げなければならない。同様に、高いリスクの人が自分のリスクレベルについて保険会社より承知していて、保険への加入をより強く望むこともある。たとえば、ある人が一連の遺伝子検査を受けて、自分は乳癌になる可能性が非常に高いことがわかったと仮定してみるといい。このような検査の結果を保険会社は入手できない可能性があり、したがってその人が高額の生命保険に加入したら、彼女は保険会社より上の立場に立って保険に加入することになる。

第三者による生命保険市場

生命保険に関して、ここまでの議論では、人が自分で自分の命に保険をかける状況に的を絞ってきた。しかし、これとは別の状況もあり、たとえば雇用主などの第三者によってかけられる生命保険もある。9・11同時多発テロ攻撃のあと、会社が従業員にかけていた生命保険の保険金を、犠牲者の遺族が受け取る前に受け取った雇用主がいた。[*25] 雇用主が生命保険をかける動機は大切な従業員を失うリスクをいくぶんかでも補塡するためかもしれないし、保険をかけておくのは「いい考え」だと思っているからかもしれない。雇用主の立場からすると、保険金の額は、その従業員を失って企業が被る可能性のある財務的な損失を反映していることがあるが、必ずしもそうではない。特定の従業員に保険をかけることが財務的によい判断かどうかの洞察が得られる情報が企業にあれば、企業は上述した金額よりはるかに高い保険やはるかに低い保険を選択することもできる。

生命保険市場で第三者が関与するもう1つの例が、末期患者の生命保険証券の売買市場（viatical market）だ。生命保険証券の買い取り企業は、保険契約者がすぐに金銭を用立てたいときに生命保険証券を買い取る。たとえば、末期疾患の患者が命を救う薬を買えない場合などだ☆。買い取り企業は保険契約者に死亡給付金より低い金額を支払って、保険契約者が亡くなった場合には保険金の受取人になる権利を獲得することで利益を得る。買い取り企業は、証券を買い取ったあと残りの保険料を支払う。これはれっきとした商取引で、保険契約者がすぐに死亡すれば企業は最大の利益を上げられるが、保険契約者が長生きした場合には企業が損をする可能性もある。

生命保険の場合、命の価値評価は経済的な必要性と支払い能力に関連した命の部分的な値札にすぎない。他の多くの命の値札とは異なり、自分で自分に保険をかける場合、保険契約者は陪審や経済学者など外部の誰かに価格をつけさせるのではなく、自分で自分の命に価格をつけることになる。この

☆　米国では、エイズ患者や末期がん患者など重篤な症状にあって余命期間が短い人々の治療費を確保する必要から生命保険の買い取り事業が普及し（viatical settlement）、その後、長期療養者や高齢者の生命保険など取り扱い対象が拡大している（life settlement）。ただし、保険売却者保護のため、買取要件や事業免許などの様々な規制が設けられている。

値札は通常、自ら生み出すものなので、個人が命の価値評価をコントロールできる分野となる。あなたが殺人を犯した場合、受ける刑罰をあなたが決めることはできない。交通事故で人を轢《ひ》いてしまった場合、自分で好きな金額の小切手を書いて、それで事故責任を終わりにするわけにはいかない。米議会で自分の命にはどれだけの価値があるか証言し、汚染物質や有害廃棄物などの危険から、自分と自分の家族を守るために立法府はもっと効力のある対策をしなければならない理由を訴えるわけにはいかない。しかし、生命保険に加入するかどうか、いくらの保険に加入するか、受取人を誰にするかは自分で決められる。簡単に言うと、生命保険の場合には、自分の命の必要代替金額は自分で決められるが、自分に高い価格をつければ高い保険料を支払わなければならない、ということだ。

生命保険には保険金額、すなわち自分自身を金額に置き換えた場合の値札の自己評価を決める個人の関与が伴う。生命保険が死亡した場合の支給に対象を絞っているのに対して、次章で取り上げる医療保険は、患者が医薬品や治療その他の生活の質を高めてくれる医療が必要になった場合の支給に対象を絞っている。規制機関と医療保険会社は、新薬や新たな治療法などの新しい医療技術にいくら支出するか検討することで、日常的に人命に値札をつけている。

第7章 若返りたい
——健康の価値と医療保険

1990年、テリー・シャイボは心不全を起こし、脳に激しい損傷を負った。[*1] 彼女は持続的植物状態と診断された。治療の甲斐なく何年ものときがすぎ、法定後見人である彼女の夫は1998年、彼女の栄養チューブを外す申し立てを提出した。この決断がテリーの両親との法廷闘争の引き金を引き、何度となく上訴が繰り返されて、ついには州知事、大統領まで動かす事態となった。最終的に裁判所は、2005年に栄養チューブを外す判断を下した。テリーはそれから2週間と経たずに亡くなった。植物状態になってからの15年でかかった費用は、医療費とホスピスの費用で数十万ドルにも達した。[*2] どんな医療保険制度も財源には限りがある。テリーを生かし続けるために使われた費用は、他の人の命を救うために使うよりよかったのか、という疑問をもつことは必要で、当然のことだろう。より一般的には、この問題から、健康関連のことに使える有限の財源をどのように割り当てればいちばんよいか、というきわめて重要な疑問がもち上がってくる。

命の長さと生活の質に置かれる価値は、社会が何を公正と見ているかを最も鮮明に映し出すものの1つだ。延命あるいは健康回復のために費やす金額は将来に向けて投資したい私たちの気持ちを表している。社会の公正さの評価には、人の収入や平均余命、治療費、あるいは治療の成功率など、保健衛生関連の投資の意思決定に影響する検討事項と、これらの検討事項の重みが反映されている。健康につけるこの値札から個人の決断――タバコを吸うか吸わないかなど――と社会の決断――裕福な人間を優遇するのか、利益を追求するのか、あるいは他の問題に注力するのかといった決断が引き出される。

人の健康につける値札は1つではない。値札の金額は「誰が支払うのか?」や「どんなサービスが受けられるのか?」「どこでサービスが受けられるのか?」「誰がサービスを提供しているのか?」など、様々な検討事項によって変動する。さらに言えば、この価格は人が健康をどのように定義するかによって変わる。この議論を進めるために、健康とは病気も負傷もしていない状態、とする狭義の定義を用いることにする。[*3]

健康の価値とは何か?

健康の価値、およびもっと広い意味での命の価値を決める際の最も重要な検討事項の1つに、誰の視点で考えるかという問題がある。どの治療に支払うか、あるいは支払わないかを決める必要がある営利企業の立場で議論するのだろうか? 憲法で最低限の健康サービスは提供しなければならないことが規定されている国の国民医療保険プログラムで、どんなサービスが保証されているかを議論していくのだろうか？　人が自分や自分の子どもの命を救うために、いくら支払うかという話をしていくのだろうか？　これらの問いに対する回答で、健康につける値札は大きく変わってくるし、推奨される行動も変わってくる。

健康の価値は規制機関や営利企業だけの検討事項ではない。個人レベルでも人は日々、健康関連の優先順位を反映して生活している。あなたが自分の健康に関して下す決断は、あなたの時間およびお金の使い方の優先順位や健康リスクの捉え方に反映される。[*4] こうした決断は、人が自分の健康、自分の命にどれくらいの価値を置いているかを示す現実世界でのインジケーターである。あなたはランチをサラダで済ませるだろうか？　それともハンバーガーとフライドポテトを食べるだろうか？　タバコは吸うだろうか？　職場には歩いて行くのか？　自転車で行くのか？　それとも車で行くのか？　あなたは医療費のほとんどをカバーしてくれる総合医療保険に加入しているだろうか？　それとも医療費が控除免責金額を超えて初めて保障が発生する高額医療保険で十分だと思っているだろうか？　それとも大胆にも医療保険にまったく加入しない決断をしているのだろうか？　こうした決断で健康が回復したり、健康を損なったりする可能性があるが、それがいつかという保証は何もない。

健康の根本的な重要性は米国政府の２０１０年グローバルヘルス・イニシアティブ戦略で次のように謳われている。「健康は人類の進歩の中心にある。健康は、親が働いて家族を支えられるかどうか、子どもが学校に行けるかどうか、女性が出産に耐えられるかどうか、乳幼児が育って逞しくなっていけるかどうかを左右する。医療サービスがしっかりしていて利用しやすいところでは家族もコミュニティも繁栄する。医療サービスが利用しにくいとか、貧弱だとか、あるいはそもそも存在しないところでは、家族は苦しみ、大人は早死にし、コミュニティは崩壊していく」[*5]

このステートメントは、健康の維持増進は単なる支出として見るべきではないという主張をさらに強く印象づける。健康は強力な成功要因なので、大きな見返りをもたらしてくれる投資である。[*6] 人が健康であれば、生産性は向上し、経済成長により関与できるようになって、より広い範囲で社会に貢献できる。[*7] 健康は、それがあるときにはあまり感謝されないが、健康でなくなると非常に不自由する。

健康に価格をつけるのは非常に困難な場合があり、命に価格をつけるのと同様に、議論を呼ぶことがある。私の車の運転指導教官は、もし万が一歩行者を轢いてしまったら、「バックして命を終わらせてやれば」金が節約できるかも、などと不謹慎なジョークを言っていた。9・11同時多発テロの犠牲者補償基金の裁定は、一部のケースでは私の運転指導教官が正しかったことを示している。なぜなら負傷者への補償が死者への補償を上回ることもあったからだ。同様に、民事裁判でも負傷者への賠償金が不法死亡の賠償金を上回る判決が出た例がある。この一見直観に反した結果は、高額な医療を受けなければならない時間の長さと、就労能力が制限されることから値札の全額が非常に高額になることがある、という理由で正当化されている。このロジックは簡単に非難できる。このロジックの解釈を変えれば、命そのものには十分な価値は与えられておらず、もし命にずっと高い価値をつけたりしたら、どんな場合でも負傷は死より大きな問題ではなくなってしまう、という議論になる。

規制機関の計測基準

規制機関の仕事は、営利企業の注意が向けられる収益だけを見るのではなく、社会へのインパクトを考えることだ。規制機関によって健康の価値の見方は変わり、そうした見方が、健康の値札がどのように決定されて使用されていくかに影響する。大気、水質その他の環境基準を引き上げることで救われる命の便益や、維持される健康の便益を推計する際に、環境規制機関がどのように統計的生命価値（VSL）を用いるかは前に見たとおりだ。このように環境基準を引き上げれば、病気や負傷の率も低下させられるかもしれない。想定される新規制の費用便益分析では、新規制によって救われる命と防止できる疾病および負傷の便益を考慮に入れなければならない。損なわれた健康には、私たちが苦痛や体力の低下、それまでできていた基本的なことができなくなること、余暇の活動を楽しめなくなることを避けることに置く価値に関連した価格がつけられる。

新しい環境基準がもたらす健康面の便益に価格をつけるには、環境規制機関はまず汚染物質に晒されることと病気にかかるリスクとの関係を把握しなければならない。たとえば水中に含まれるヒ素などの毒物の許容限界を決める場合、どれくらい高濃度のヒ素に晒されたら、人々の健康に悪影響があるかと、癌や心疾患など、どんな病気にかかるかも含めて、どれくらい病気にかかる確率が上がるかを突き止めなければならない。[*8] 同様に、燃料工場から排出される汚染物質を規制する場合、二酸化硫黄などの主な汚染物質と、それが引き起こす気管支収縮や喘息《ぜんそく》の悪化などの健康被害との関係を理解していなければならない。[*9] 汚染物質と疾患との関係を定量化できたら、規制機関は次にどれくらいの人にそれぞれの病気の影響が出るかを予測する。そして最後に、市民の健康への悪影響と失われる命に対して値札を適用する。

医療技術の規制機関は意思決定の際に、環境規制機関とは異なる検討項目と基準を採用する。医療技術の規制機関は、予算内でいかにしてできるだけ多くの命を救うかを決めなければならない。医療技術の規制機関が調査する医療技術には、医薬品や医療器械、ワクチンや抗生物質、ＣＡＴスキャンやＭＲＩなどの医療措置、患者の行動や医薬品の規制順守状況を追跡できるスマートフォン・アプリなどのデジタル医療技術などがある。ヘルスケアへの介入、医薬品、医療措置への投資の決定を審査するとき、医療技術の規制機関は費用と便益のバランスを含めて様々な検討事項を考慮に入れる。健康に対する新技術の便益は支出に見合うものか？　より一般的には、政府であれ医療保険事務所であれ、これらの機関のヘルスケア・プランナーは医療の投資が見返りに見合うものかどうかを見極めなければならない。医療費用の価値の見極めにどんな方法を使おうと、他の多くのコンテクストで見てきたとおり、割引効果が未来の患者の健康よりも現在の患者の健康に有利に働く。また、割引を計算に入れると、今後の大きな健康問題を遅らせることができる可能性のある疾病予防イニシアティブより、治療処置で大きな便益が期待されることが多い。

経済学による基準

健康に価格をつける難しさは、命に価格をつける難しさとほとんど変わらない。製品の商取引が認められているオープンな競争市場であれば、私たちは価格を見ることができる。人が卵やオレンジジュース、ガソリンに支払ってもいいと考える金額は容易に把握できる。しかし健康は、買い手と売り手がいてオープンな競争市場で取引される製品と同じではない。年初に一定額を支払って健康を手に入れ、それからの12ヵ月を過ごすことはできない。健康は日用品のように公開取引されていないため、健康に価格をつけるには、売買できないものに値札をつける賢い方法を経済学者に開発してもらわなければならない。

医療経済学者が健康に価格をつける様々な計測基準を考案している。そのなかに医療費と健康への影響を追跡するものがある。こうした計測基準で意思決定を行うと影響が広範囲に及び、誰がどんなヘルスケア・サービスを受けられるのかが決まってしまうことがある。その結果、その決定で誰は寿命を延ばせて、誰の命は早々に終わるかが左右される。どの医療経済学の計測基準を選択するかで、そのあとの結果は大きく変わるのに、こうした計測基準に関する判断は技術の専門家に任されていることが多い。一般に使用される計測基準と、そこに含まれる意味をしっかりと検証して確認することが、ある計測基準を選んだ場合の結果を市民が理解するためにはきわめて重要であるのに、ほとんどの場合そうした再検証は行われない。

どの計測基準を用いるかの選択は、何をもって「公正」とするかという意思決定者自身の見方を含めて、意思決定者自身の考え方と優先順位によって決まる。目標はとにかく保健衛生費をできるだけ低くすることが目標の場合もあるだろう。そのような場合は、予算に限りがあるため、健康への影響にある程度注意を向けつつ費用をできるだけ抑えていく。たとえ目標が費用を最小限に抑えることだけであったとしても、予防医学（病気になる確率を下げることを目指す）と治療医学（治療の必要な患者の処置をすることだけに的を絞る）間の選択など、考えなくてはいけない重要な問題はある。

また、費用対効果の計算式を開発して、費用対HIV予防や費用対癌検出、あるいは再入院費などの結果の費用を推計する場合もある。たとえば針交換プログラムやコンドーム配布プログラム、曝露前予防投薬など、複数の予防法で費用対HIV予防を比較し、どの方法が最もHIVの感染拡大防止には有効かを調べることは容易にできる。費用効果分析を行うと意思決定者がこれらのHIVプログラムの優先順位づけを行うのに役立つ。ただ、複数の疾患について様々な結果を調査したり、投資を比較したりしようとする場合、費用対効果測定にも限界がある。この方法では、効果（予防できたHIVと、治療できた癌と、予防できた心疾患）がすべて異なるので、HIV予防と、癌治療や心疾患予防、その他HIV予防とは関係のない医療プログラムに対する投資を比較した場合の利点にはそれほど光が当たらない。

同じ効果で比較するために医療経済学者は、費用対救われる命とか、費用対延びる寿命、費用対質調整生存年数（QALY：生活の質で調整した生存年数）、あるいは費用対障害調整生存年数（DALY）といった費用効用分析計算法を用いる。[*10] 生存年数をカウントするというのはシンプルでわかりやすい。人が生きているか死んでいるかには誰もが同意するだろう。質調整生存年と障害調整生存年数は単なる生存年数より複雑で不透明だ。いずれの計算方法も調整を行って、平均的な高齢者の人生の1年を、平均的な若者の人生の1年より価値の低いものとして見る。そこからすぐに、このような計算方法の開発で使用された仮定の公平性に対する疑問が浮かび上がる。DALYは年齢による重みづけを行うことがよくあり、若年成人として生きた年数に、それ以外の年齢で生きた年数より大きな重みをつける。[*11] ということは、DALYを用いた分析では人生の1年1年の価値は平等ではないということだ。

20歳のときに負った障害は、DALY計算では60歳で負った障害よりはるかに重く扱われる。DALY分析には時間割引も適用されて、年配者の人生がさらにないがしろにされる。また、質調整や障害調整に用いられる重みづけは普遍の真理ではない。これはすべての人ではなく一部の人だけの優先順位を反映している。質調整および障害調整の結果として、まったく健康な60歳の人の命を助けることが、股関節骨折や癌、あるいはAIDSを患っている60歳の人を助けるより、重要と見られるということだから、ここでもまた公平性はどうなっているのだ、との疑問が湧いてくる。[*12]

救われる命に対しての費用の計算では誰の命が救われるかを問わない。生まれたての赤ん坊が救われるのも、15歳あるいは90歳の人が救われるのも等価だと仮定する。救命年数（救われてからの人生の長さ）に対しての費用ということで考えると、ものさしは若い人に有利に傾く。15歳の人と90歳の人のいずれを治療するのかという選択を考えてみるといい。治療費も治療の成功率も同じだと仮定すると、救われる命に対する費用は同じになる。しかし15歳の命を助ければ、かなりの年数延命できたことが期待できる。それに対して、90歳の命を助けても、延命できたのはせいぜい数年だろう。救命年数に対する費用を計測基準にすると、若者の命に年長者の命より価値が置かれる。

救われる命に対する費用の計算方式では、救われた命に期待される健康状態と生産性の差も区別できない。同じ先天的な心疾患をもつ2人の新生児を想像してみよう。2人の新生児は手術が必要な状態で、そのあとリハビリと経過観察をしなければならないため、費用が何十万ドルもかかる。片方の新生児は重度の発達障害も抱えていて、2歳児の知能に到達することも期待できない。この2人はまったく同じ治療を受けるべきだろうか？　この2人の新生児それぞれの命を救うのに費やす費用の計算に、期待できる長期的な可能性を考慮に入れるべきだろうか？

同様に、終末期医療を考えてみよう。部分的にでも回復する見込みはほぼゼロに近い持続的植物状態にある患者を例に取ってみる。この患者を生かし続けておくために、いくら注ぎ込むべきだろうか？　この患者が生前遺言を作成していて、生きたい意志を記していたとしても、その命を長らえさせる費用は、医療保険会社であれ、医療機関であれ、政府であれ、あるいは個人の蓄えであれ、誰かが負担しなければならない。また、その患者が生前遺言を作成していなかったら、その判断は法定後見人に委ねられる。

平均すると、90歳は15歳より平均余命が短いばかりでなく、年間の医療費もはるかにかかることがわかっている。労働年齢の成人（19歳から65歳）が支払う医療費は、一般的に18歳以下の約70％だが、65歳以上の成人は18歳以下の5倍以上の医療費を支払っている。[*13] 高齢者のなかで85歳以上の人は1人あたり、65歳から74歳の3倍の医療費がかかっている。[*14] より広い視野で言うと、米国の医療保険支出は終末期医療が非常に高い割合を占めている。たとえば、医療保険支出の約4分の1は人生の最後の1年に関わるものだ。[*15]

世界中どこでも、こうした事実が高齢者対策に重くのしかかっており、それに応じて増加する医療のニーズと支出の検討課題となっている。これに伴って、将来的に病気の負担と支出を減らせる可能性のある予防医療への投資がますます必要になってくる。

生存年数と生活の質

命につける価格を議論する場合、この価格が命の長さと生活の質によってどれくらい変動するかを理解しておく必要がある。直観的に、たいていの人は不健康な人生の年数より健康な人生の年数に高い価値を置く。医療保険にお金を支払い、治療費を支払い、ビタミン、薬にお金を支払って健康を増進し、できれば、健康であろうと不健康であろうと寿命を延ばそうとする。もちろん、健康は健康か不健康かの2つの状態だけではない。健康は完全な健康から死まで幅があるものと考えられる。両極端の健康状態のあいだにあるのが、負傷であったり病気や体調不良であったりするのだ。医療経済学者が開発したのは、この発想を採り込んだQALYだ。[16] 1QALYは完全に健康な状態で1年暮らすことを意味している。死者はゼロQALYだ。死（0）と完全な健康（1）のあいだに脚を骨折したり、呼吸器疾患やAIDSだったり、その他の健康面での大きな問題を抱えている人がいて、その人たちに使用される値は調査の回答がベースになっている。[17] 質調整に使用される式は、人が自分の健康のある側面にどのような価値を置くかについて普遍の真理を表していないので、批判の対象になることが多い。

生存年数での比較ということであれば、分析はよほど簡単になる。人は死んでいるか生きているかだからだ。ところがQALYの考え方を採用すると、両極にある死と完全な健康のあいだのものさしをどのように調整するかを正確に決めなければならなくなる。効用尺度と呼ばれるこのものさしは、ある健康状態にあることを好む患者の選好を反映している。QALYの測定技法はいくつも開発されてきたが、そのなかで最も一般的なものにEQ－5Dがある。[18] この生活の質の尺度は次の5項目で構成されている。移動の程度、痛み／不快感、身の回りの管理（自分で洗面や着替えができること）、不安／ふさぎ込み、仕事や勉強、家事、余暇の活動など普段の活動ができる能力だ。[*19] 各項目には3つの段階がある。たとえば移動の程度の3段階は、「歩き回るのに問題はない」「歩き回るのにいくらか問題がある」「ベッドに寝たきりである」だ。QALYの推定には他の技法もあって、それぞれ別の項目と別の方法を用いて各項目のレベルを測定している。[*20] どのやり方でQALYを測るかで結果が変わる可能性があるため、医療経済分析の計測基準にQALYを用いることで合意していても、どの測定技法を用いるかについてさらに合意が必要なのは驚きでも何でもない。平たく言えば、QALYを用いると、DALYを用いた場合と同様に、高齢者はDALYやQALYの計算に貢献できる残り年数が一般に少ないため、高齢者に不利だということだ。

QALYを使うもう1つの問題が、人の選好は年齢やジェンダー、ライフスタイル、優先順位、何に幸せを感じるかで異なるという事実を見落としていることだ。[*21] 自宅で暮らしていてトライアスロンのトレーニングに忙しい20歳の女性は、体も弱く老人ホームで暮らしている90歳の寝たきりの男性とは優先順位も選好も異なる。また、QALYは1人の個人のことしか考えず、家族やコミュニティの人たちなど、お世話をする側の人間へのインパクトをいっさい考慮しない。

費用便益分析で健康の価値を計算する

費用便益分析は保健介入の費用と便益の両方に金額を割り当て、それが支出する価値のあるものかどうかを見極める。[*22] 医療費と、病気が予防できるとか、病気が治療できるとか、健康が増進するとか、活力が出て長生きできるといった介入の効果の両方が金銭換算される。費用便益分析の利点は、単位が効果に対する費用である費用効果分析と違って、たった1つの尺度――金額――しか用いないことだ。費用便益分析の欠点は、分析者が健康を金銭換算して、そうする際に命の長さと生活の質に価格をつけることだ。

本書でこれまでに示した多くの例と同じく、命に値札をつける1つの方法が収入に値札を結びつけるやり方だ。費用便益分析を、保健衛生の規制機関などが全国レベルで適用する場合、延長できる健康寿命の便益が通常その国の1人あたりGDPに占める割合として推計される。延長できる寿命を1人あたりGDPに結びつける理由は、理論上、人は長生きした分、国の経済に貢献し続けられるという考え方だ。

発展途上国は1人あたりGDP平均が裕福な国より低い。その結果、国民1人あたりGDPに比例する便益も発展途上国は裕福な国と比べて低くなる。健康増進への投資にかかる費用が豊かな国も発展途上国もほぼ同じであれば、費用便益分析では、裕福な国の健康プログラムへの投資が推奨されるだろう。一般的な話として、投資の結果を収入や財の尺度（1人あたりGDPなど）と結びつけると必ず、命につけられる価格が、国際的にも国内でもかなりばらつく可能性があるため、不平等に関する懸念が浮上する。

2つ目の方法はより良好な健康状態に対する人々の支払意思額を推測するやり方だ。これは第2章で紹介した「仮想評価」というアプローチを用いた調査を実施して行う。[*23] この方法をどのように実施するかの一例として、回答者にたとえば甲状腺癌など、ある病気のリスクに関する情報を与える、というものがある。これに加えて、必要な治療や生存率、その他の重要な医療関連情報も伝える。そのあと、回答者には2つの近隣地区が示されるが、両地区は2つの点を除いて他の主要条件は同じだ。片方は甲状腺癌にかかるリスクが低いが、地価は高い。そして回答者は、どちらの地区に住みたいかを尋ねられる。それからさらに両地区の価格差とリスクの違いを様々に変え、回答者が選好を示さなくなるまで調査が続けられる。どちらの地区に住みたいかに回答者が選好を示さなくなった時点の、費用の差とリスクの差が甲状腺癌を避けるための個人の支払意思額の推定値になる。

第2章で議論した調査ベースの推計に関わる問題はすべて、この支払意思額の推測の問題でもある。選択の偏りが主な問題として目につく。調査回答者の一部は全人口から無作為抽出したサンプルというわけではなく、調査が行われた場所で調査に自主的に回答した人たちの代表でしかない。さらに、示された選択肢が理解できる人、仮想上の質問に喜んで答えようとする人、その回答が全質問を通じて一貫しており、他の回答者とも概ね一致していて、調査者側が「妥当」と判断する人の回答しか、推計には採用されない。こうした調査方法が抽象的でよくわからないと思った人、その質問は答えようがないと思った人、あるいは調査者の期待に沿う回答をしなかった人は分析に含まれない。

健康に価格をつける3つ目の方法では、病気に関する費用を計算する。病気に関する費用とは、治療費や休業などの経済的生産性の損失など、病気に関する金銭的な費用だけを合計したものだ。この方法は健康関連の費用計算を簡素化しすぎている。定義の幅の狭さは利点でもあり欠点でもある。利点は、病気にかかる費用が容易に計算できることだ。欠点は痛みや苦しみ、不快などの感情的なダメージが考慮に入れられず、生活の質など収入や支出で測れない人生の側面が無視されていることだ。

表2　治療法の比較例

	治療A	治療B
年間治療費	1万ドル	1万5,000ドル
平均延命年数	5	10
生存時間中の年間平均QALY増分	0.5	0.3
予想される追加費用総額	5万ドル	15万ドル
期待されるQALY合計増分	2.5	3
対QALY費用	2万ドル	5万ドル

たとえば、仕事を続けてはいるのだけれど、非常に体の具合が悪く、夜間や週末は仕事を続けるために家で休養する必要があるなど、持続的な苦痛に関わる費用が、病気に関する費用の分析では正確に捉えられない。病気に関する費用を計算する方法は、民事裁判で経済的な損失しか考慮されず、他の影響は無視されるのに似ていると考えられる。

費用対効果を国の医療保険規制機関はどのように考えて取り扱うのだろうか？　2つの介入を比べるとき、異なる治療を受ける患者の平均QALYの違いを測定する。ときに患者は、平均生存時間は短くなるけれども、健康関連の生活の質は上がる治療と、平均生存時間は長くなるけれども、健康関連の生活の質は下がる治療とで選択を迫られることがある。

ここでは簡略化して、原価上昇による費用の高騰や割引などの検討項目が無視される例を考えてみよう。この例では、治療Aを受ける患者は年間1万ドルの治療費で平均して5年長く生きられるとする（表2参照）。そこから費用総額を算出すると平均5万ドルになる。このシナリオでは、この寿命が延びた5年間の患者の健康状態は平均して、いっさい治療を受けなかった場合と比べてＱＡＬＹが０・５高くなる。その場合、治療Ａを受ける患者のＱＡＬＹは平均で２・５となり、対ＱＡＬＹ費用は５万ドルを２・５ＱＡＬＹで割った２万ドルとなる。この結果を治療Ｂを受ける同様の患者群と比べてみよう。治療Ｂはより効果が高いが副作用も強い治療法だ。治療Ｂを受ける患者は、治療を受けなかった場合と比べると平均して10年長く生きられ、健康状態は平均してＱＡＬＹが０・３高くなる。ということは、治療ＢのトータルＱＡＬＹは平均３ということになる。治療Ｂの費用は年間１万５０００ドルなので、患者１人あたりの治療費総額は平均15万ドルになる。したがって治療Ｂの対ＱＡＬＹ費用は（15万ドルを３ＱＡＬＹで割った）５万ドルとなる。

判断を下す上で計測基準の選択はきわめて重要だ。総合するとどちらの選択肢の生存率が高いかで判断すると、治療Ｂのほうが好ましい選択となる。生存年数対費用の比で、どちらの選択肢が低いかで判断すると、治療Ａのほうが好ましい選択になる。ＱＡＬＹあたりの費用がより低いほうを選択すると、治療Ａがよりよい選択になる。最終的な決断を下す上では計測基準の選択が非常に重要なので、計測基準の選択は透明になっていなければならず、世の中の公平性に対する見方を正確に反映するよう慎重に検討しなければならない。

ＱＡＬＹの増分に対する費用の増分は増分費用対効果比（ＩＣＥＲ）と呼ばれる。このケースでは治療費Ｂと治療費Ａの差が平均で10万ドル（治療Ｂの15万ドル－治療Ａの５万ドル）で、治療Ｂは治療Ａに比べてＱＡＬＹが０・５高くなるので、ＱＡＬＹの増分に対する費用ＩＣＥＲは、治療Ｂ対治療Ａの比較で20万ドル（10万ドル÷０・５）となる。国の医療保険プランはＱＡＬＹの増分に対する費用の増分を用いて計算された保障範囲に閾値を設けることが多い。この閾値は多くの場合、１人あたりGDPなどの尺度を用いて国家の貧富と関連づけられる。

医療制度を評価する際には、それに用いる計測基準の選択がリソースの割り当てに大きく影響し、ひいてはどの命が医療制度でより多くの金銭を受け取れて、どの命が少ない金額しか受け取れず、結果的にどの命が他の命より高い価値を認められて保護されるかという結論が変わってくる可能性がある。したがって、米国の医療制度を議論する際には、医療関連のリソースの割り当て方を左右するこのような概念を議論に組み込むことが重要だ。

米国の医療制度

米国の医療市場は他の裕福な国とは大きく異なっている。米国には医療に対する支払い方法がいくつもあって、非常に複雑ではるかに費用もかかる。米国では健康の分配はあまり平等ではなく、米国の医療市場は他の裕福な国と比べて費用対効果も低い。民間の医療保険会社でも、医療機関でも、製薬会社でもいちばんに考えるのは費用対効果であるのに、米国政府は公的な医療制度について費用対効果を体系的に分析するという点で他の多くの国に遅れている。

2017年、米国は医療費にGDPの18%近くに相当する約3兆5000億ドルを費やしている。[*24] 世界の36の富裕国からなる国際的な組織、経済協力開発機構（OECD）の国で、この数字に近い国はない。次に高い数字のスイスは医療にGDPの12・3%を費やしているが、他のOECD加盟国はすべて12%未満だ。[*25] 医療は世界中ほぼどこの国でもビッグビジネスだが、とりわけ米国はそうだ。フォーチュン500企業にはユナイテッド・ヘルスやカーディナルヘルス、アンセム、エトナなどの医療保険会社や、ライト・エイド、ウォルグリーンといった薬局小売チェーン、ジョンソン・エンド・ジョンソンやファイザー、メルクなどの製薬会社がずらりと名を連ねている。[*26] これらの医療関連会社は何百万人もの米国民を雇用し、米国経済に大きな影響を与えている。

医療費が高いことに加えて、米国と他の国にはもう1つ大きな違いがある。それは裕福な国の大半はもちろん中所得国でさえ、一部は国民皆医療保険制度が標準であることだ。2017年の米国における非高齢者の保険未加入率は10・2％で、子どもは5％であった。[*27] この数字はOECD加盟国のなかで群を抜いて高い数字となっている。[*28] 米国にはこれほど多くの保険未加入者がいるという事実は、基本医療を人権とは考えないアメリカ人社会の優先順位づけを映し出している。[*29] これは他の富裕国とはまったく対照的で、他の富裕国では国民皆医療保険制度が標準であり、基本医療保険は基本的人権と考えられている。

アメリカ人は平均して、医療に他の国より1人あたり数千ドル多く費やしている。そこでいくつか気になるのが、たとえばなぜアメリカ人の医療支出は他国よりそんなに多いのかということや、アメリカ人は他の国より健康を大切にしていて、そのために健康に高い価格をつけるのか、ということだ。アメリカ人はそうした健康への投資がよりよい結果につながるから余計に支払うのだろうか？ それとも米国の医療制度があまり功を奏していないために支出が多くなっているのだろうか？ データを詳細に掘り下げる前に、OECD加盟国のあいだには、人口、体格、裕福さ、平均年齢、民族分布のほか、平均余命や医療費を左右する可能性のある要素に開きがあることを思い出しておかなければならない。

国民の健康状態のデータを見るとアメリカ人が3兆5000億ドルもの健康への投資に対して、それほど良好なリターンが得られていないのはほぼ間違いない。米国は裕福な国のなかでは平均余命がきわめて短い部類に入っている。OECD加盟36ヵ国中、米国は女性の平均余命、男性の平均余命、全体の平均余命すべてにおいて平均より低い。[*30] 生後1年までに死亡する乳幼児の死亡率で見ると、米国と他の裕福な国の差はさらに顕著になる。[*31] 乳幼児の死亡率が米国より高いOECD加盟国は3ヵ国しかない。また米国は、1000人の生児出生に対する妊産婦の死亡数で表す妊産婦の死亡率においても上位を占めている。[*32]

米国内でも、ジェンダーや人種、民族集団といった遺伝的なものや、社会経済集団、生活地の差を反映して平均余命には相当な開きがある。[*33] その最も著しい例の1つが、アジア系アメリカ人女性と黒人男性の15年を超える生存年数の差だ。[*34] 黒人は乳幼児の死亡率がヒスパニック系および白人の2倍超で、妊産婦死亡率は白人女性の3倍を超える。[*35] 米国における所得階層間の医療格差は巨大だ。米国は最先端の医療研究機関や最新の医療技術、世界有数の病院にとっては本拠地かもしれないが、国民全体の健康測定スコアを見ると、大半の富裕国のはるかに下だ。

9・11同時多発テロの4人の犠牲者を考えてみよう。ジムとリックは勤務先を通じて医療保険に加入していた。ジムの家族は雇用主が全額保険料を負担する総合医療保険プランの恩恵を受けられたし、リックのフィアンセも結婚していればリックの消防士としての保険が適用されるはずだった。セバスチャンは、両親が医療支出をやりくりするために選択した父親の高額医療保険プランでカバーされていたが、この保険では両親のほうは通院するわけにもERに搬送されるわけにもいかなかった。アニタのウェイトレスのアルバイトの仕事には医療保険の福利厚生がなく、彼女は保険料を支払う余裕もなかったので、保険未加入だった。若くて健康なアニタは、もし何か緊急で医療が必要になっても、ポケットマネーから支払えるだろうぐらいに思っていた。そうして年1回の健康診断も受けずに、その分を節約していた。

米国の医療制度との関わり方は、この4人とも異なっており、米国では雇用主を通じて保険を受けられる人もいれば、政府プログラムでカバーされる人や自分で民間の保険に加入する人、さらには保険未加入の人もいることを思い起こさせる。ジグソーパズルのような米国の医療制度は、結果として他の裕福な国より効率が劣るものとなり、管理コストは膨らんで、保障に大きな開きができてしまった。平均余命や乳幼児の死亡率、妊産婦の死亡率といった米国の健康状態は、他の裕福な国よりはるかによくない。しかも、アメリカ人は他の富裕国に比べて医療にはるかに多くの金額を支払っているのに、このように他と比較して低悪な状態が生じてしまっている。これらの考察を総合すると、健康投資に対しては、アメリカ人が他の富裕国の国民に比べて乏しい見返りしか受け取れていないのは明らかだ。

アメリカ人が他国に比べて健康に多く投資している理由を分析した結果、いくつもの原因が見えてきた。その最たるものは外来診療だ。[*36] それから、アメリカ人の健康支出が異常に多いのは、防衛的医療が実施されているせいもある。つまり、医療ミスの訴訟から処方医を守るため、臨床的価値に疑問の残る医学的検査や治療、診察がオーダーされている。[*37] 健康管理費やブランド医薬品の値段が高いことも、米国の医療支出が膨らむ要因となっている。

オバマケアによる変革

２０１０年に制定されたアフォーダブルケア法（オバマケア）は米国の医療保険市場にいくつもの変革をもたらした。[*38] この法律は、すべての医療保険申込者に新しいミニマムの標準を適用するよう保険会社に要求し、保険会社が既往歴のある申込者を拒否したり、保険料を余計に請求したりしないよう取締りを強化することで、医療保障の不平等な分配に関する問題を解決しようとした。それまでは、保険会社が保険料を設定する際、人種やジェンダーを保険会社が考慮に入れられるか入れられないかについて、各州まちまちの法律が適用されていたので、この規定はそれまでの生命保険の取り扱いと大きく異なるものだ。オバマケア以前は、費用のかかる持病のある申込者を医療保険会社は拒否したり、そうした申込者に法外な保険料を請求したりすることができた。オバマケアではまた、扶養児童は26歳に達するまで保険でカバーしなければならないとされている。オバマケアの第一の目標は、アメリカ人の保険未加入率を減らすことだった。保険未加入率が減れば、高額医療保険支出や、保健衛生問題による貧困率が減らせて、健康状態が改善するはず、と考えたからだ。

オバマケアのなかには、有効性比較の研究に費用効果分析を用いることを明確に禁じる条項もある。これにより政府は予算内で可能なかぎり命を救うとか、ＱＡＬＹを延ばすとかいったことが困難になるため、政府の医療保障支出最適化能力が制限される。この制約により、より有効な治療法がより効果の低い治療法と比べて費用対効果が劣るのかどうかを、規制機関が判断できなくなるため、経費削減も困難になる。[*39] 同法には、メディケア〔米国の高齢者および障害者向け公的医療保険制度〕が患者の障害や年齢、推定される余命などの情報に基づいてリソースの割り当て順位を決めることを制限する規定もある。[*40]

癌のケアを考えてみよう。癌の予防、検査、治療、回復にかかる費用は癌の種類によって異なる。死亡リスクも様々で、ＱＡＬＹの増分に対する費用の増分の分析では肺癌の治療が2万ドル未満、大腸癌が約10万ドル、乳癌が約40万ドル、前立腺癌だと２００万ドル近くになると推計された。[*41]ＱＡＬＹの増分に対する費用の増分を計測基準に用いてよりよいリソースの割り当てを探ると、費用対効用の高さから、肺癌および大腸癌患者の治療に重点を置いたほうがいいことになる。計測基準の選択はきわめて重要である。救われる命に対する費用とか、生存年数の増分に対する費用などの別の計測基準を選択すれば、結果が異なってくる可能性もある。

その治療費を保障すべきかどうかの決定には患者個人の責任は考慮されない。たとえば、何十年もタバコを1日2箱吸ってきた70歳の人は、吸ってこなかった人より肺癌になる確率がはるかに高い。癌の治療費を保障するか否かは、患者の現在の状態に影響を及ぼしてきた可能性のある患者本人の選択に関係なく、命に対する費用、生存年数に対する費用、ＱＡＬＹに対する費用といった同じ閾値を用いて判断される。また、患者本人がパターンの選択を変えないことが、長期予後に影響する可能性は大いにある。不健康なライフスタイルの患者は、治療後も不健康なパターンの生活を続ける可能性があるからだ。

米国における費用効果分析の適用の仕方に対する制限には課題があるが、メディケアはアカウンタブル・ケア・オーガニゼーション（ＡＣＯ）にコスト削減インセンティブを組み込んでいる。医師、病院その他の医療機関が組織したグループＡＣＯは、質の高いケアを提供し、患者がより低いコストで良好な健康状態を手に入れられるよう模索している。ＡＣＯが高品質のサービスを実現したことが示せれば、削減できたコストの一部が還元される。

米国以外の医療制度

他の国々はより大きな力を規制機関に認めて、費用対効果をベースに医療保障関連の決定ができるようにし、政府にはより適切な値段を交渉する権限を与えている。オーストラリアの医薬品給付制度はこの種の交渉権の一例だ。同制度は交渉で決まったレートで国のために医薬品を購入し、それをオーストラリア国民が手頃な価格で入手できるようにする。

英国国立医療技術評価機構（ＮＩＣＥ）は医療経済を検討してガイドラインで推奨を行っている。ＮＩＣＥのガイドライン作成グループは臨床的な影響と費用対効果の両方を検討するよう求められている。介入あるいは保健衛生サービスで費用対効果の閾値以下で優れた健康面の便益が得られることが科学的に裏づけられたら、そのサービスが推奨される。費用と健康への影響の両方を割り引き、感度分析を行って経済面の分析結果の不確実性を調べている。[*42]

タイのヘルス・インターベンション・アンド・テクノロジー・アセスメント・プログラム（ＨＩＴＡＰ）も同様の機能を果たしている。ＨＩＴＡＰは医療技術を評価するだけでなく、タイの価格交渉プロセスをサポートしている。投薬や治療法などの医療技術に関するＨＩＴＡＰの系統立てられた分析が、政策決定の参考にされている。ＨＩＴＡＰのプロセスの主な要素には、安全性、有効性、効果（健康効果）、金額に対する価値（費用対効果）、社会的検討事項（高額な医療費のかかる病気の予防や救命介入の可能性など)、倫理面の検討事項(社会の最弱者層に与える影響や稀な病気の治療など)、ならびに組織的な事情、政治的事情などがある。[*43]

HITAPやNICE、あるいは他の国々のそれに類する規制機関はそれぞれの国の優先順位を反映した価値評価のフレームワークを構築している。医療保障の公平性や費用対効果のほうに重点を置き、医療保障計画でもその点を強調する国もあれば、倫理面の問題をより強調する国もある。さらには、個人の責任を重視し、公的な医療保障セクターの役割はあまり重視しないところもある。

英国であれ、タイであれ、その他の国であれ、医療技術の評価では費用対効用が検討される。医薬品や治療法を承認する際には、費用対効用の上限値を設けている国が多く、これは通常、1人あたりのGDPなどの各国の所得や富の尺度と関連づけられる。これは各国の支払い能力を映し出している。1人あたりの所得が年間1000ドルしかない発展途上国では、きわめて珍しい病気を除けば、1年に1人あたり10万ドル以上もかかる高額な治療にはなかなか補助できないだろう。国がそうした珍しい病気への補助を約束している場合、政府は、他の病気で年間の治療費が1人5万ドルの病気に補助金を出さないことを、どうやって正当化するのだろう? この手頃な価格の問題は、どんな支払意思額の議論でも無視できない。

閾値に関してはいくらかのガイダンスが必要だが、社会的な問題や倫理的な考慮など、非財務的な要素は例外適用することもできる。結果として、英国およびタイには、閾値を超えていてもある種の医療サービスが承認されるケースがある。貧富の差にかかわらず健康でありたいはずだが、貧しい人や豊かでない政府は大きな治療の多くが受けられない。

多くの国が国民皆医療保険制度の提供を約束していて、誰もが必要不可欠な基本的医療サービスを受けられるようになっている。[*44] 国民皆医療保険制度を採用している国は、日本、シンガポール、オーストラリア、スイス、英国などだ。[*45] この制度の下、提供されるサービスは国によって異なるが、通常は予防措置と治療措置が組み合わせて組み込まれている。同様にオバマケアは、医療保障プランで特定のカテゴリーの指定されたセット内のサービスを含む基本的な健康便益を提供することを規定している。[*46]

オバマケアによって医療保険の加入は増えたか？

メディケアのような政府提供の医療保険プログラムは、予算に限りがあるため財政的に制約があり、サービス提供者の数が限られているため能力的にも限界がある上に、税収入で公共サービスを提供しているので、リソースをいかにして公平に分配するかをしっかり検討しなくてはならない。

営利目的の医療保険会社は、他の営利企業同様、制約も少なく、動機も限定的だ。彼らが求めるのは最大の収益を上げ、経費を最小限に抑えつつ、規制の必要要件を満たしていくことだ。医療保険会社は既往歴のある人の保険申し込みを拒否したり、そうした人に余計に保険料を請求することができないとする、オバマケアの規定のような公平性の考慮や品質基準は、最大の利益を上げることが目標の営利企業にとって追加の足かせとなる。

営利目的の医療保険会社は、顧客数を増やすことと顧客1人あたりの支払い額を増やすことで収益をできるだけ拡大しようとしている。また、自社が保障する生存者への医療費補助をできるだけ少なくすれば、経費を最小限に抑えられる。しかし、それを阻むのがオバマケアの品質要件だ。民間の保険会社は、効率のよい戦略を採用するとともに、顧客が医療サービスを利用しにくくなるような管理障壁を設けたり、高額な治療費の保障を拒否したり、オバマケア以前であれば、特定の既往歴のある人への保障を拒否したりするなど、いくぶん品位に欠けるアプローチを採用すれば、医療支出を最小限に抑えることができる。

非営利の医療保険会社は政府の医療保障規制機関と同じような状況にある。これらの会社は予算に限りがあるため、財務面で実現可能性を確保しながら、できるだけ多くの命を救う、ないしはできるだけ生存年数を延ばしていかなければならない。これは費用対効用の問題で、そこで非営利の保険会社は財務面の制約や公平性などの問題を考慮に入れていく。

医療保険会社はデータ分析を行って費用のシミュレーション・モデルを構築し、利益拡大に役立てている。予算面のインパクト・モデルで様々な治療の選択肢について、外来患者と入院患者の治療、器具、処方薬の費用を映し出した患者の予想される医療費支出を調べて検討する。こうした分析の結果から企業は、様々な処置や治療にどのように優先順位をつけていくかの情報を得ている。

保険会社がサービスの支払いに用いるメカニズムもまた変化している。伝統的にこれらの企業は診療ごとの個別支払いモデルを採用して、医療提供者が行った診療の料金を支払うか、あるいは人頭割りモデルを採用して、医療提供者に患者1人あたりの固定料金を支払う方式を採ってきた。いずれのモデルにもインセンティブの問題があった。前者の方式では、本当に必要な診療であるか否かにかかわらず、診療点数をできるだけ増やそうという動機が医療機関に生まれる。後者では、できるだけ多くの患者を受け入れ、診療内容は最小限に抑えようという動機が医療機関に生まれる。品質基準は、そうしたインセンティブが負の結果をもたらす可能性をコントロールするために存在する。支出を抑えたい保険会社は医療機関や製薬会社とリスク共有契約を結ぼうとする。支払いプランの構造がどうであろうと、どのようなサービスの提供が法的に規定されていようと、患者、医療提供者、保険会社のインセンティブは必ずしも一致しない。

保険は一般的にリスクをコントロールする手段である。医療保険の場合、医療保険料で医療費の一部を支払うことを約束するが、これで自分が支払わなければならない金額の最高額を引き下げる。医療保険に加入するか否かの選択は賭けのようなものだと考えられる。健康な若い人であれば保険に入らなくても十分金を貯められると考えるのも、よい選択かもしれない。その人たちが事故に遭ったり、深刻な病気にかかったり、何か大きな医療を受けなければならなくなったりしなければ、彼らは賭けに勝ったことになる。しかし多くの場合、この賭けは失敗に終わる。米国の破産のおよそ半数が医療関係の理由によるもので、保険未加入の人は保険加入者より高額医療費破産に陥る傾向が強い。[*47]

オバマケアによって米国の非高齢者（65歳未満）の保険未加入者数は2013年の4000万人超から2017年には2740万人に減少した。[*48] それでも米国の保険未加入者数は相当なもので、その数はカナダの総人口より約25%少ないだけである。今後のオバマケアの施行は、引き続き政治情勢や経済状況、新政策による経済状況および健康状態へのインパクトに関する各種証拠によって左右されるだろう。

アメリカ人の保険未加入者の80%以上は家族のなかに被雇用者がいるのに、保険未加入者の半数以上の家庭は、世帯収入が貧困レベルの2倍にも満たなかった。これらの家庭は収入が限られているため、金の使途について重大な決断をしなければならない。こうした保険未加入者のなかには補助金つきの医療保険の加入資格のある人もいるが、全額を自分で払わなければならない人もいる。いずれにしろ、医療保険料の支払いは家賃や食費、電気代など他の必要不可欠なものと比べると優先順位が低くなるに違いない。医療保険に加入しなければ、限りある資産を他の必要不可欠なことにまわせるが、そうなると高額医療費が即生活に響き、さらに貧しくなりやすくなる。

自己資金による医療の質

映画『バケーション』のなかでチェビー・チェイスは車の修理にいくらかかるか尋ね、修理工が答える。「いくらもってるんだい?」。自分の金で医療費を支払ったことのある人なら誰でもこの状況が理解できるだろう。

自由資本主義ではごく少数の人が富の大半を吸収して蓄積し、大半の人の手にはごくわずかか、まったくわたらない。健康面で言うと、純粋な自由市場で、ある程度公平な対応を強制する規制もないと、社会の最高富裕層だけが世界レベルの医療を受けられ、支払う余裕のない人は放置されて死んでいく結果を招く。このような世界では健康につけられる価格は支払い能力の制約を受け、きわめて潤沢な資金がある人には上限なく医療が提供され、お金のない人にはほとんどかまったく医療が提供されない。米国のメディケイド・システムで最貧困層へのサポートはある程度確立されているが、臓器移植システムは、健康やさらには命までもが金で買えることが見える窓とも言える。

自己資金による医療サービスの購入は米国ではあまり透明でなく、サービスの料金が交渉可能なものだということには、ごく一部の人しか気づいていない。料金のバリエーションには驚愕する。たとえば2011年、下肢のMRI検査に対する病院の請求金額は、ブロンクスのほうがボルティモアの12倍高額だった。さらに驚愕するのが、この料金はマイアミ内だけでも最大9つのファクターで変動する可能性のあることだ。[*49] 同じ医師から同じ診療を受けても、患者が保険に入っているかどうか、入っているならどこの保険会社かによって料金は大きく異なる可能性がある。料金に透明性がないのは米国ではあまりに当たり前のことなので、診療の価格表が明示されていると、私たちは面食らってしまうことがよくある。

しかし値引き料金での買い物や価格交渉は、医療が必要になったときに真っ先に頭に浮かぶことではない。健康を損なったときにまず頭に浮かぶのは手当てを受けることだ。なかには料金が固定されている国もある。また、英国のように医療が国の医療制度システムで保障されていて、診療を受ける時点では通常無料で受けられる国もある。しかし米国では医療は儲かるビジネスで、消費者の支払ってくれる料金が多くの営利企業の主な収入源になっていることが多い。

健康にどれだけの価値を置くかを考える場合、重要な問いが2つある。1つは、自分あるいは病気の家族の健康回復に、あなたはいくら支払う意思があるか？　もう1つは、自分自身や自分の親、あるいは子どもが10年、20年健康に生きられる年数が延びるとしたら、あなたはいくら支払ってもいいと考えるだろうか？　これらの問いは医療の営利モデルに関する根本的な問題に辿り着く。自由市場の熱心な支持者は医療を他のサービスと一括りにして、規制や統制、政府の介入が少ないほど利益が得られると主張したがる。しかしこれは健康の重要な側面を見逃すミスを犯している。それは価格に対して需要があまり変動しない非弾力的需要だ。ウィジェットやチーズバーガー、あるいは新しいスマートフォンと異なり、命を救う医療の需要は料金が上がっても減ることはない。自分の病気や自分の親の癌、あるいは子どもの珍しい病気を治すことのできる医薬品があれば、価格がいくらであろうとその薬を手に入れようとするだろう。命を救う薬や治療の価格を2倍、3倍にしたところで、需要は低下しない。通常の市場と同様の医療へのアプローチは、基本医療は人権であるという考え方と多くの場合相容れない。

予防接種や検査などの予防医学は、弾力的な需要を示すことの多い医療の一側面だ。これはサービスの料金が上がると、人々が利用を控える可能性がある。長期的な、高額になることの多い状況を予防できる可能性のある医療サービスが、短期的なキャッシュフロー問題で犠牲にされる。予防医学は多くの場合、治療医学より費用対効果が高いので、これは健康寿命の短縮という観点だけでなく、経済的な観点からも不幸なことだ。

お金で健康を保証することはできないが、よりよい医療サービスを購入することはできる。臓器移植を考えてみるといい。適合する健康な腎臓や肝臓、心臓、あるいはその他の移植可能な命に関わる臓器は、需要が供給をはるかに上回っている。重要なのは、こうした命を長らえさせてくれる臓器を公平に分配するメカニズムを開発することだが、営利の誘惑がこうした救命の手続きに容易に入り込んでくる。移植ツーリズムはメジャー産業で、腎臓、肝臓、心臓、肺の移植がすべてオンラインで宣伝されており、その価格はしばしば10万ドルを優に超える。インド、パキスタン、中国などの国は正に臓器輸出国で、オーストラリアやカナダ、日本、そして米国などの裕福な国の国民がまさに臓器移植レシピエントになっている。[*50]

臓器市場

臓器市場の話では、健康や延命が明らかに商品になっている。移植ツーリズムに支払う財力のある人は新しい臓器が手に入るかもしれないが、その手段の乏しい人は諦めてただ死を待つしかない可能性が高い。

臓器移植のレシピエントにはどうすれば公平に優先順位をつけられるのだろうか？　この人の命はあの人の命より価値が高いのだろうか？　移植は若い人を高齢者より優先すべきだろうか？　予想される今後の健康寿命の長さは、移植の順番あるいは患者の命の重要性にどのように反映させるべきだろうか？　ある企業の社長をスポーツの元スターより優先させるべきだろうか？　社長と高校の清掃作業員では？　あるいは移民の農場労働者では？　90歳で重度の認知症のノーベル賞受賞者と発達障害の15歳の学生が、どちらも同じ臓器を必要としているとして、どちらを優先すべきだろうか？　1日にタバコを2箱吸い、朝からウイスキーを飲み、まったく運動をしない60歳は、一度もタバコを吸ったことのないヴィーガンのマラソンランナーの60歳と、同じ優先順位にすべきだろうか？

最後に、15年間も持続的植物状態で生きながらえたテリー・シャイボに、社会はどうすべきだったのだろうか？　彼女を生かし続けるために送られたお金は、別の人の命を救うために役立てたほうがよかっただろうか？　もしそうなら、誰の命を救うべきだったのか？　これらの問いに対する答えは費用便益分析の及ばないことであり、人権や公平性、正義といった他の多くの側面を検討するよう仕向けるものである。

医療保険は健康に価格をつけ、結果的に患者のより高い生活の質に価格をつける。次章では出産の決断に焦点を当てていく。出産の決断はより根源的なもので、新たな命をもうけるかどうかと、もし産むなら何人産むかという決意に関わるものだ。子どもをつくるかどうかと、その子どもにどのようにリソースを割り当てるかの決断には、金銭的な値札と非金銭的な検討の両方が関わってくる。

第8章 子育てをする余裕はあるか？

——出産の選択と子どもの命

ジェニーは23歳の大学院生で彼氏と一緒に暮らしている。彼女はピルを服用していたが、避妊に失敗した。今、彼女は妊娠していて、赤ん坊をどうするか決断しなければならない。赤ちゃんを産んで養子に出してもいいかもしれない。妊娠の大変さには何とか耐えられるかもしれないけれど、出産したあと子どもに責任をもてるかどうか——親になれるかどうかわからない。それとも赤ん坊を産んで自分で育てるか。ということは、子どもに責任をもつということであり、親として子どもに費やす時間も、エネルギーも、費用も引き受けなければならないということだ。その一方で親である利得も受け取れる。これは大学院を卒業するという計画に影響を及ぼすだろうし、今後の人生設計にも大きく影響するだろう。子どもを育てることは、この先何十年もジェニーに大きな経済的負担を強いることになる。まずは妊産婦検診の費用だが、親としての負担はおそらく一生続いていく。３つ目の選択肢は出産を諦めることだ。ジェニーはどの選択肢にするかで思い悩んでいるが、どうすればいいか答えは出ない。

出産の決断は個人、家族、コミュニティ、社会にとって深い意味をもつ。出産に関するあらゆる選択肢を議論するのではなく、本章では、中絶する権利、男女産み分けのための中絶、障害児を産まない選択的中絶を含む中絶の話題に的を絞る。なぜなら、この問題に関しては公平さとか価格といった概念があからさまに大きな役割を果たすからだ。

中絶する権利は妊婦の生活と胎児の命につけられる相対的価値に関係する問題であるのに対して、男女産み分けのための中絶および障害児を産まない選択的中絶の決断からは、親になろうとしている人が、生まれてくる命の価値に差をつける場合があることがうかがえる。こうした例は、本書を通じてたびたび登場しているテーマ、命のなかに低い価値しかつけられず、保護してもらいにくい命があるというテーマを映し出すものでもある。

子育ての費用と便益

極端に細かいことを気にするカップルしか、スプレッドシートを用いて、子どもをもった場合にかかる費用予測と子どもをもつことで期待できる経済的利益を計算したりはしないだろう（データ科学者のカップルとか、経済学者あるいは統計学者のカップルなら、その可能性もあるかもしれない）。家族が増えることで損益計算書のプラスが増えるからといって、家族が集まる祝いの席を設けようとする祖父母もほとんどいないはずだ。だが、当のカップルは子どもをつくるかつくらないかで話し合いをするし、子どもを育てるのにかかる費用の話もする。第2章に登場した消防士のリックとそのフィアンセは、2人以上は子どもが欲しいとお互いに気持ちを明らかにしていたし、リックの消防士の給料で子どもを育てられると自信ももっていた。セバスチャンの両親にはまだ子どもをもつ計画がなかったので、アメリアが妊娠したとわかって2人は焦った。彼らはそれぞれ、自分たちの両親が、自分たちを収入よりはるかに少ない金額で育てたのを知っていたし、経済的に苦しくなれば親や親戚が手を差し伸べてくれるだろうと思っていた。ジムと妻は2人目の娘が生まれたあと、3人目の子どもが欲しいかどうか確信がもてなかった。それで妻が40歳に近づいたときに、妻の卵子をいくつか凍結保存した。

子どもの養育にかかる費用を具体的に分析しているカップルは多くないが、子どもをつくろうと決めたカップルは間違いなく、予想される出費を検討しているはずだ。子どもをもつかもたないかの決断を単に企業が行っている費用便益分析のような金銭的計算と見ることは、あまりに視野が狭く、親になるという決断の現実からかけ離れている。ほかにも考えなければいけないことは無数にあり、たとえば愛情を注ぎたいとか、自分が生まれてきた恵みに感謝して次につなげたいとか、祖父母を喜ばせたいとか、いろいろある。セックスをしたい欲求があって、その結果として子どもをつくるというのは、人類を滅亡から救う原動力になっている。たしかにそうした本能的な側面はあるが、親になることの経済的な側面だけを考える場合、子どもをもつ感情的な動機や種の保存的な動機からは一歩引いて見たほうが有益だろう。

支出を合計して子どもを育てるのにかかる総費用を推計する方法を考案している研究者もいるが、

この数字は子どもをどのように育てるかで大きく変わる。子どもをどのように育てるかと、金銭的にどのようなサポートをするかという親の選択が、子どもの養育にかかる費用に大きく影響する。子どもが成長してからは、親の面倒を見る子どもの役割が経済的な利益に影響を及ぼす。親であれば、子どもに支えてもらうことを期待する人もいるだろう。しかし、親になったこのメリットが実現する保証はない。

平均的な収入のアメリカ人の家庭では、子どもを18歳まで育てるのに約25万ドルかかると推計されている[*1]が、この養育費にも非常に大きな幅がある。この推計値には、大学の学費や結婚の費用、車や家の購入費の援助など、18歳以降も親が負担してやる可能性のある費用は含まれていない。

子どもの養育にかかる費用の主な項目には、食費、衣類および医療や保健にかかる費用、教育費、加算される住宅費、娯楽費などがある。医療費には妊娠中の医療費や分娩にかかる費用、そしてのちには子どもの健康管理にかかる費用が含まれる。教育費で言えば、子どもをどんな学校に行かせるか（公立か私立か）や、子どもに家庭教師をつける必要があるか、習い事などの費用を出してやるかなど、様々な選択肢がある。大学の学費は親が出してやる？　公立の大学か私立の大学か？　大学院は？　メディカルスクール、あるいはロースクールは？　子どもが初めて家を買うとき、親は援助してやるか？　結婚式の費用は？　それとも豪華な結婚祝いをプレゼントするか？　孫にお小遣いをやるか？　財力の乏しい親の子どもには通常、上述した選択肢の多くに制約が生まれるため、少ない費用しかかからない。

親は政府の援助や企業の福利厚生プログラムで育児費用を一部賄えることもある。なかには、のちに子どもから経済的な利益を得られる親もいるだろう。年老いた親を経済的に援助してくれる子どももいるだろうし、長期にわたって親の面倒を見たり、あるいは車の運転や掃除、料理など、子どもの助けがなければお金を払って誰かにやってもらわなければならない仕事を手伝ってくれる子どももいるだろう。そうした経済的な援助を超えて、子どもは親に精神的なサポートや愛情、ふれあいを与えてくれる。わが子と愛情で結ばれた関係をもつ精神的なメリットは正確に金銭換算することなどできない。同様に民事裁判の判決でも不法死亡の価値評価にそうした感情面の利益計算は含まれず、もっぱら経済的なインパクトにのみ的を絞って裁定が下される。

第4章で議論した正味の現在価値の定義を用いると、多くの家庭で子どもをもつことは正味の現在価値が負になる決断となる。しかし、何十億という人がそれでも子どもをつくり続けているという事実は、子どもを単なる金銭的な投資と考えるのは明らかに間違った考え方であることを示している。割引現在価値を分析していたのでは、進化は起こらなかった。それでも、今に比べれば昔は、親にとって子どもは、投資に対してより多くのリターンをもたらしてくれる存在だったかもしれない。

子育てにかかる費用と、長いあいだのうちに子どもが家族にもたらしてくれる収入を合算して、子ども1人を育てる費用を追跡できると仮定しよう。子どもが成人するまでは、日々支出が発生するが、米国では未成年の雇用機会が限られているため、通常子どもからの金銭的貢献はほとんどない。[*2]

米国では、児童就労は20世紀初頭以降大幅に減ってきたが、世界の多くの地域では今なお一般的に行われている。[*3] およそ100年前には米国でも多くの子どもが学校に行かずに炭鉱や工場で働き、新聞を売って、メッセージを配達し、靴を磨いていた。当時、米国では、子どもは非常に幼くても収入を稼ぎ、その金を家にもって帰ることができたので、子どもは合法的に潜在的収入源と見なすことができた。子どもが稼いでくる収入は、大人の稼ぎに比べれば少ないものだったが、親の立場からすれば、幼い子どもはキャッシュフローを黒字にしてくれる可能性のある存在だった。

米国でこのダイナミクスが変化したのは20世紀のことだ。規制がつくられたことと、公教育が無料になったこと、貧困率の低下、そして児童労働を制限する連邦法の導入により、児童の就労率が低下した。この変化は、米国社会のみならず世界中の多くの地域での広範な変化を反映しており、子どもを親の財産と見る見方から子どもは守られるべき特別な権利を有する社会の一員と見る見方へと考え方が移行した。[*4]

価格という観点で見ると、米国の子どもは親が行う主要な金融投資とも言え、その額は数十万ドルに上ることも多い。子どもには最初のうち費用がかかり、経済的な利益は得られたとしても、ずっとあとになってからだ。さらに批判的に言うなら、子どもをもった場合の経済的な計算式は、予想される養育費と将来期待される経済的な利益によって大きく変わる可能性がある。この概念については、のちに中絶の議論のところで改めて取り上げる。

出産支援市場

子どもを育てるとなると相当額の費用がかかるものだが、それでも毎年、何千人もの人が手術を含むかなりの医療費を払って不妊治療を行う選択をしている。[*5] なかなか妊娠しない人は体外受精という手段が取れるが、これは費用が容易に数万ドルにまで跳ね上がる。[*6] 赤ん坊を予定日まで母体に留めておけない女性、あるいはそうしたくない女性には代理母の選択肢がある。代理出産あるいは懐胎妊娠とも言われる好調ビジネスだ。生物学上の母親の卵子を取り出し、受精させて代理母の子宮に入れ、出産してもらう。その費用はおよそ9万ドルから13万ドルだ。[*7] 代理出産に頼る女性は不妊治療が必要な場合もあり、その場合さらに費用は跳ね上がる。代理母ビジネスには国際的な特色があり、子どもを欲しがる不妊夫婦は米国よりも費用の安いインドで代理出産を行うことが多い。[*8]

養子縁組というのも、子どもが欲しい人にとってはもう1つの選択肢になる。養子縁組をする場合、通常の子育て費用以外に、弁護士費用を含む法的手続きの費用や事務手続き費用などで何万ドルもの投資が必要になることが多い。血縁関係のない子どもを養子に迎えるということは、具体的に言うと遺伝的につながりのない人間の親になってその子を養育する（その人物にかかる費用を負担する）ことを意味する。ダーウィン説では養子縁組の背景にある動機は説明しにくいかもしれないが、これは多くの親が精神的な満足感を得られる選択肢であることは否定できない。養子縁組は広い意味での共感の概念や命の相対的価値に結びつく。これについては本書でこのあと検討していく。

里親制度も子どもの面倒を見たい人にとってもう1つの選択肢となる。里親制度は養子縁組とは異なり一時的なもので（養子縁組は永久的なもの）、里親には法律上の親権はなく、手当をもらって子どもの養育費に充当する（養父母は自分たちでこの費用を負担する）。２０１７年、米国では50万人近い子どもが里親制度を利用していた。[*9]

不妊治療であれ、代理母であれ、あるいは里親制度や養子縁組であれ、多くの大人が多額の費用を支払って親になることを希望し、親になることに伴う責任も、支出も、利得もすべて引き受けようとしている。

中絶が提起する問題

少しだけ妊娠することなどできる女性はいない。そのつもりがあろうがなかろうが、妊娠はするものだ。そのつもりはなかったのに妊娠するのはよくあることだ。それは既婚の女性にも未婚の女性にも起こる。年齢も10代であろうが、40代であろうが関係ない。よくあるのは、カップルが避妊具を使わなかったか、使っていても誤った使い方をしていた、あるいは使ったけれどもそれがうまくいかなかったために妊娠した、というものだ。避妊インプラントや避妊リング、避妊手術など、失敗率の低い（妊娠するのは年間100人の女性に対して1人未満）避妊法もあるが、避妊用スポンジ、コンドーム、殺精子剤、膣外射精など、他の避妊法は比較的高い確率（年間100人の女性に対して18人超が妊娠）で失敗する。[*10]

米国では中絶以上に議論を呼んでいるトピックはあまりない。中絶の話題は家族をも分断させ、友人も敵に変えてしまうことがある。中絶賛成派と反対派双方の熱心な支持者は、中絶のテーマをまるで政治家や裁判官のリトマス試験紙のように利用することがよくある。中絶に関する議論は非常に難しい問題を提起する。たとえば、命はいつから始まるのか？　胎児は人か？　胎児に権利はあるか？　個人の自主性と社会のルールや規範のバランスをどう取るべきか？　意思に反する命を育むことを女性に押しつけていいのか？　こうした問いの多くは宗教、哲学、法律、倫理の分野横断的に議論を呼びかける。

本章はこれらの問いに答えようとするものではない。それよりも、人工流産、つまり中絶という視点から2つの重要な問題を探ってみたい。1つは、胎児にはどのような価値がつけられるのか？　もう1つは、特に胎児の性別や遺伝子構造を考えたときに、ある胎児に別の胎児より高い価値をつけることで、どんな問題が起こるのか？　ということだ。

人工流産とは手術もしくは投薬によって意図的に妊娠を終わらせることで、同じく流産という名がついてはいるものの、妊娠がわかった女性の15～20％が経験する自然流産とは異なる。[*11] 妊娠が意図したものであったにせよ、なかったにせよ、女性が人工流産を望む理由はいくつも考えられる。たとえば、母体の命や健康が危険に晒される場合や、何らかの胎児の特徴から胎児を出産したくない場合、あるいはそもそも妊娠をまったく望んでいなかった場合などがある。

中絶する権利の捉え方は世界中で異なり、レイプや近親相姦、あるいは母体に命の危険がある場合を含め、いかなる状況でも中絶を違法とする全面禁止から、妊娠初期であれば何の制約もなく中絶が認められる極端にリベラルなものまで、各国の法律には幅がある。この両極端のシナリオのあいだに、様々な段階の合法的な中絶権がある。母体の命や健康を守るために中絶を認めている国もあれば、社会経済的理由から中絶を認めている国もある。世界の総人口の60％以上が、まったく制約なしか、かなり広範な理由で妊娠初期の人工流産を認める国に暮らしている。[*12]

権利と価値は密接に関連している。人工流産は妊婦の権利と胎児の権利のバランスを表す。人工流産はまた、社会が妊婦の命に置く価値と胎児に置く価値の相対的価値を映し出す。社会がある人の命を守ろうとする場合、社会はその人の命に価値を認めていることになる。その反対に、社会がある人の生きる権利を守ろうとしない場合、それは社会がその人の命に低い価値しか認めていないか、まったく価値を認めていないことを意味する。社会が母体の命を守るため、中絶を認める場合、社会は胎児の権利よりも母体の命と権利に高い価値をつけたことになる。より一般的には、母親の中絶する権利を認める範囲が拡大するにつれて、社会に認められる胎児の権利は縮小すると言える。

中絶をめぐる議論

米国でも中絶権は時代とともに変化してきており、今なお、この権利は国民のあいだでも裁判所でも激しく議論されている。19世紀の終わりには、ほぼすべての州に妊娠期間中のいずれの段階でも中絶を行うこと、あるいは中絶を試みることは違法とする法律があった。しかし1960年代の初めには、44の州が、母体の生命に危険が及ぶ場合に限って中絶を認めていた。母体の命だけでなく肉体的健康に危険が及ぶ場合に中絶を認める州も5つあった。[*13] しかし、ペンシルバニア州はいかなる状況においても中絶を認めていなかった。次の10年で中絶権は急速に動くことになり、1972年には13の州に、「母体の命または肉体的健康あるいは精神的健康に危険が及ぶ場合、胎児が深刻な肉体的あるいは精神的障害を抱えて生まれてくる可能性がある場合、または妊娠がレイプあるいは近親相姦の結果である場合」には中絶が認められる法律が成立していた。[*14]

その頃には、母体の命と健康だけが中絶を認める条件ではなくなっていた。妊娠した状況や生まれてくる子どもの肉体的および精神的状態の見通しも、中絶許可の検討要素になっていた。1973年のロウ対ウエイド事件では、最高裁は、胎児に生存能力が備わるまでは妊娠した女性が中絶する憲法上の権利を認める判決を下した。生存能力が備わるというのは、人工的な補助があれば子宮外でも生存できる可能性があること、と定義された。全米各州は、胎児が十分に生存可能なまでに成長したあとも女性の中絶する権利を、母体の生命もしくは肉体的あるいは精神的健康を守るために中絶が必要な場合に限って認める法律を施行することができる。

最高裁は、中絶権は個人のプライバシーを保障する基本的人権のなかに含まれるとの見解を示し、ニクソン大統領の指名を受けたハリー・ブラックマン最高裁判事は「プライバシーの権利は（中略）十分に範囲が広く、妊娠を中絶するか否かの女性の決断までも包摂する」と述べた。[*15]

このとき最高裁は、中絶を制限する規制は「やむにやまれぬ州政府の利益」によって正当化されなければならないことを明言した。このポイントは重要で、中絶は個人の自主性（自分の身体をコントロールする妊婦の権利）と社会の規範や規則とを天秤にかける行為であることを私たちに思い出させる。より乱暴な言い方をすると、「やむにやまれぬ州政府の利益」の定義から、女性の生殖器官は個人のものか、それとも集団所有のもので、女性が自分の身体に何はすることができて、何はすることができないかを定めるルールによって社会が管理するものか、という問いが生まれる。

ロウ対ウエイド事件の判決を巡っては重要な問いがいくつもある。そのなかの最も基本的なものの1つが、胎児に権利はあるか、という問題だ。権利章典では「人」権のことが述べられているが、人権は人間に対するものだ。胎児を人あるいは人間とするのは公正なことなのだろうか？　ロウ対ウエイド事件での裁判所の見解は、胎児は「アメリカ合衆国憲法修正第14条に規定される意味での人」ではないため、同修正第14条の平等保護条項の適用対象にはならないというものであった。この議論に深入りすることを避けようとする人はよく胎児のことを「命ある人間になる可能性がある」と表現する。

胎児の生存能力に重要性を認めた最高裁のこのときの判断は、胎児と妊娠女性の命の相対的価値に議論が突入したものと解釈できる。生存能力のない胎児は母親の意思で妊娠を中絶してもよい、ということだ。米国の法律は生存能力があると判断される胎児により多くの権利を与えている。ひとたび生存能力があると判断されれば、社会に対する胎児の相対的価値は上がり、したがって中絶は、州が定義する限定的条件下でしか合法的に行えなくなる。ロウ対ウエイド事件の判決当時、妊娠期間による生存能力の有無の判断は恣意的で、科学の進歩によって変わることがある、と認識されていた。

一般に、妊娠期間が短く、赤ん坊の体重が軽いほど、生存の可能性は低くなる。裕福な国では、妊娠25週、体重600グラム以上で生まれた赤ん坊の大半が生存できる。[16] また、先進国で生まれた赤ん坊は、妊娠23週ないし24週でも50％以上が生存できる。[17] 最も短い妊娠期間で生まれて健康に成人した赤ん坊は、妊娠わずか21週での出産であった。[18]

米国と英国には歴史的なつながりがあるため、英国の妊娠中絶法を見てみるのも意義のあることだろう。1967年に成立した中絶法では、妊娠28週まで英国では中絶は合法とされた。1990年には、この妊娠期間が24週に短縮されたが、それ以降でも、胎児の極端な異常であるとか、母体の生命あるいは健康を保護するためなど、限定的ではあるが一定の条件下では中絶が認められた。中絶を認める妊娠期間が短縮されたのは、早産児に対する医療の進歩を受けてのことかもしれない。

胎児の権利

妊娠を議論する際、妊娠期間は重要である。米国では、政治的信念にかかわらず中絶権は胎齢とともに支持されにくくなる。2018年の世論調査では、妊娠の最後3ヵ月であっても「中絶は基本的に合法とするべき」に同意したのは回答者の13％であった。これは、妊娠期間を3つの期に分けた第2期の中絶を合法とすべきとした28％や、妊娠第1期の中絶を合法とすべきとした60％と比べると、その数字が大幅に減少している。[*19] 中絶の適法性に対するこの見方の変動はおそらく、胎児の生存能力に関する人々の直感的な見方を反映したものだろう。

中絶権を妊娠期間の関数として見る考え方は社会が胎児に置く相対的価値が胎齢とともに変化する事実を反映している。この見方を探る1つの方法が、胎児の命と妊娠女性の命の相対的価値を調べる方法だ。たとえば、妊娠女性が何の制約もなく、いかなる理由であれ中絶を選択できるとしたら、胎児には妊娠女性の命に比べて、ほとんど無視できる程度の相対的価値しかないことになる。中絶に法的な制約が定められている場合は、胎児に何らかの権利が生じる状況があるということで、胎児の相対的価値はゼロよりは大きいということだ。いかなる状況においても中絶が認められない場合、胎児には少なくとも妊娠女性と同等の権利がある、ということになる。このような場合、中絶は殺人のカテゴリーに含まれ、その時点でもし子どもが生まれていたら、その子を殺していた、というのに等しいと捉えられる。たとえ胎児が母体の命を脅かす場合でも中絶が違法とされる場合は、胎児の母親のほうが自分の命を守る基本的人権を否定された、とも受け取れる。この場合、胎児のほうが胎児の母親より実際に多くの権利を認められた、と解釈することができる。

妊娠女性の中絶する権利が0から100%のものさしで測られていると仮定してみよう。女性の命に及ぶリスクがどうであれ中絶が違法とされる状況下では、女性の中絶権は0%だ。状況によって中絶が合法になる国では、中絶権は妊娠女性の権利および妊娠期間によって、ものさしの%は0ではない100までの範囲で変動する。ものさしが100%になるのは、いかなる理由であろうと妊娠女性の中絶が認められるケースだろう。この妊娠女性の権利が100%になる状況は、胎児が生存可能と見なされるまでの期間であれば、米国でも一部に存在する。この期間をすぎると、中絶は母体の命や健康を守るためなど特殊な事情においてのみ正当化されるべきとされることが多いため、妊娠女性の権利率の%は下がる。この権利率は胎児の妊娠期間が9ヵ月に近づくと急激に低下する。そして出産予定日に近づくと、この%は限りなく0に近づく。極端な例として、女性が出産予定の1時間前まで堕胎する決心がつかなかったケースを考えてみるといい。

州法レベルでは中絶に関してかなりの幅があり、多くはここ数年に法案を通過させている。2019年10月、男女産み分けのための中絶が9つの州で違法とされた。また全米2州（ミズーリとノースダコタ）で遺伝子異常のある胎児の中絶が禁止されており、2州（アリゾナとミズーリ）で人種選択的中絶が違法とされた。[*20]

胎児に高い法的権利が認められるほど、社会の行動規範で測られる胎児の相対的価値も高くなる。胎児に権利を認めて尊重したがる人たちは、重罪に関する州法適用の視点で主張を展開してきた。加重暴行は通常、武器の使用や犠牲者のステータス、加害者の意図、負傷の程度などの要素によって単純暴行とは区別される。[*21] 犠牲者が妊婦であった場合には刑が加重される法律を制定している州もある。

胎児殺害法として知られるこのような法律は38の州に存在し、その定義も意図も実に様々だ。[*22] カリフォルニア州では、殺人は、あらかじめ計画して人あるいは胎児を、悪意をもって非合法に殺すことと定義されている。[*23] ロードアイランド州では、故殺の定義に、妊婦を負傷させることによって生存可能な胎児を意図的に殺すことが含まれる。[*24] 胎児殺害に対して刑が加重されるのだから、胎児殺害法を採用している州では、胎児の生きる権利が認められているということだ、と解釈する人もいる。州や連邦法の判断がこれとは逆のことを示すこともあり、この問題は依然議論を呼んでいる。もっと言うなら、ロウ対ウエイド事件に対する法的な異議申し立てが裁判制度の様々なレベルで続いており、中絶の合憲性に対する判断が、1989年のウェブスター対リプロダクティブ・ヘルス・サービス事件の最高裁判決で覆りかけたように、1票か2票が動くだけでいつでも変わる可能性がある。[*25]

科学が進歩を続けており、若い胎齢の胎児でも子宮外での生存が可能になって、出産時の体重がどんどん小さくなっている。科学の力で精子と卵子が体外で結合し、受精して、その結果できた胚を人工子宮で新生児の発達段階まで育てることができるようになれば、もう生存不可能な胎児から生存可能な胎児への切り替わりはなくなるはずだ。赤ん坊をつくるのに女性の子宮がまったく必要なくなっても胎児が常に生存可能とは限らないのでは？　人工子宮が実現すると、どの胎齢の胎児であれ、権利はないと主張するのは非常に困難になるだろう。胎児の発育に女性の子宮が必要なくなる段階にテクノロジーが到達したら、女性が自分の身体を自分の自由意思で操ることと、社会の規範やルールのバランスに関する議論も排除できるようになるのでは？　人工子宮が誕生すれば、女性が自分の意思に反して自分の体内で命を育てることを、法律によって求められる可能性もなくなるのでは？　体外受精させてから9ヵ月で健康な赤ん坊を人工子宮から誕生させられるようになれば、女性の子宮内に一度もいたことのない胎児は、いったいいつ正確に人になるのだろうか？　人の命は正確にいつから始まるのだろうか？

テクノロジーがそうした段階に到達できるのかどうか、まったくわからない。しかし、もし人工子宮という選択肢があったら、生きている人間とはどういうものなのか、という基本的なことを再考する必要が出てくるだろう。本書はそうした哲学的に重要な問いの答えを探るものではないが、医療技術が急速に進歩している今の時代に、こうした問題を考えてみるのは重要なことだ。

障害児を産まない選択的中絶

ダウン症や無脳症、テイ・サックス病などが判明している胎児など、障害児を産まない選択的中絶を選択すれば、親は、先天性異常を抱える子どもを育てる苦労や費用よりも、節約できそうな時間とお金の価値に重きを置くことができる。これは宗教や倫理、個人の価値観、経済によって左右される感情的な決断である。胎児の検査結果は通常、妊娠期間の最初もしくは2番目の3分の1期でわかる。

この場合も一般的に親は、スプレッドシートを作成して、先天性異常を抱える胎児を最後まで宿して出産する場合と、中絶して再度妊娠を試みる場合のこの先何十年かの予想されるキャッシュフローを比較したりはしない。とはいえ、先天性異常のある胎児を中絶するかしないか決めるのに、親になる人間としては経済的な予測が判断材料になることも多いことを認めないのは、大きな手抜かりだろう。親になろうとしている人は、先天性異常のある子どもには、たいていの場合医療や教育などの面でより多くの費用がかかることぐらいは予想しているだろう。期待される収入の面で言うと、先天性異常のある子どもは成人しても、たいていの場合健常者より少ない収入しか稼げず、したがって自分たちが年老いても、あまり面倒を見てもらえない可能性が高いことを予想している親の卵もいるかもしれない。単純に金銭的な観点で見ると、先天性異常の胎児を、通常の胎児より正味の現在価値、つまり価格が低いと見る親もなかにはいるだろう。

そうした価格の低さが、先天性異常のある胎児は中絶されることが多いという事実に映し出されているようにも見える。米国ではダウン症の胎児は大半が中絶されていて、その率は先天性異常が認められない胎児よりはるかに高い。[*26] 多くの人がこの選択をする女性の権利を支持しているが、他方で障害児を産まない選択的中絶は人の道に外れると考える人もいる。

障害児を産まない選択的中絶によって他の遺伝的要素による選抜も増えるのではないかという懸念もある。すべての胎児について詳細な遺伝子マップが作成される世界を想像するのは、さほど困難ではないだろう。このマップが髪の毛の色や寿命、身長の予測に用いられる。このマップをさらに詳細に分析すると、癌や心疾患などの病気になる可能性や、おそらくは知能に関連する測定値を予測することまで可能になる。多種多様な遺伝的要因に基づいて胎児の命に価値をつけることが可能になり、親はそのなかでいちばんよい値をもつと思う胎児を選択するようになる。不妊治療クリニックのなかにはすでに、母親予備軍の人が遺伝形質でドナーを選択できるよう、この種のサービスを実施しているところもある。デザイナーベビーはまだ現実的ではないが、科学分野のノーベル賞受賞者を始めとする科学者のみから精子の提供を受けていた精子バンクのリポジトリー・フォー・ジャーミナル・チヨイスからは200人を超える子どもが生まれている。[*27] 一方、ゲノム編集技術のクリスパーなどの技術によって胚の段階で単一のヌクレオチドを置換あるいは挿入したり、遺伝子全体を削除したりして、生殖細胞系を永久に変化させ、おそらく鎌状赤血球貧血や嚢胞《のうほう》性線維症などの病気をなくすことができるようになっている。[*28] 2018年12月には、賀建奎がクリスパー技術を用いて体外受精中に人の胚のDNAを遺伝子的に改変することに成功した、と発表している。[*29] 遺伝子検査の結果に基づいて、親がより完璧と思われる子どもを選択しようとすると必ず、中絶権と個人のプライバシーに関する権利の議論が、優生学の議論を交えてなされるようになる。

妊娠前検査と妊娠後検査で性別以上のことを突き止めようとする新しい麗しき新世界が存在する。遺伝子連鎖が関係することはすべて、選別につながる可能性がある。テクノロジーの進歩には倫理的な問題がつきまとうため、科学が倫理面や道徳面の考慮を無視して先走りすぎないよう、徹底的に検討し、議論していかなければならない。

男女産み分け

「男女産み分け」と聞くと人はすぐに中国やインドのような国を思い浮かべるが、男女産み分けは1つや2つの国に限った話ではない。親になる人のなかに女の子より男の子を選択する人がいて、これはアジア、ヨーロッパ、さらには米国全体に波紋を投げかけている。

男女産み分けは息子のほうが好ましいという考えが動機になっており、出生率の低下がこれをより鮮明に物語っている。[*30] 息子のほうが好ましいということは、親が、娘をもつことより息子をもつことに高い価値を置いていることを示している。これには様々なルーツがあり、多くの社会が歴史的に男性支配の世界であり、財産権も相続法も、結婚持参金制度もすべて男性有利に構築されている。東アジアの文化では、儒学思想の序列で明確に女性が男性の従属的立場に置かれている。[*31] 親は、一家の財産が国に取り上げられたり、よその家に行ったりしないよう息子を欲しがるのかもしれない。長子相続権とは長男が遺産を特別な分配率で受け取ることを言う。聖書では、腹を空かせたエサウが長子相続権を双子の弟のヤコブに食事と引き換えに譲っている。

どの方法で命に価値をつけるにしても、すべてに共通するのは、人が誰かに別の誰かより高い価値をつける場合、低い価値をつけられたほうの人は必ず、高い価値をつけられた人より保護されなくなるということだ。息子を好む男女の産み分けでは、女の子の命に低い価値がつけられ、結果として男の子の命より保護されなくなる。ここで言う価値は、非金銭的な面の考慮と金銭的な値札のいずれを指す場合もある。この議論を進めるために、ここでは金銭的な値札のほうに重点を置くことにする。

息子のほうがいい、というのは一言では説明できない。多くの文化で、娘がいるより息子がいたほうが経済的にメリットがあったし、今もあるところがある。伝統的な男性支配の文化では、女の子は早くに結婚して勉学は諦めるよう期待されている。結婚する際には持参金が必要な場合もある。この場合、花嫁の親は娘が結婚する際に金銭や資産を花婿に渡さなければならない。妻は夫の家に入って夫の家族と一緒に暮らし、子どもを育てて、夫の親の面倒を見るよう期待されているところが多い。親の立場からすると、この種の社会では、息子の正味の現在価値は多くの場合、娘の正味の現在価値より相当高くなるはずだ。簡単に言うと、一部の文化では、親にとって娘をもつことは、息子をもつことより賢い金融投資ではなかったし、場合によっては今も賢い金融投資ではないということだ。親になる人間は、正味現在価値の計算表をわざわざつくって、息子と娘の期待される経済的価値を比較したりしない。だが、ある種の文化では、親の視点から見れば、本当に経済面で差異はあったし、今もあるという事実は変わらない。

息子のほうがいいというのは数千年もの昔から続いてきたことだが、この数十年で変わったのは、出産率が低下して、どんどん家族の規模が小さくなってきたことだ。中国およびインドにおける出産率は1950年代、女性1人に対して子ども5人を超えていたが、1970年代には中国の出産率は女性1人に対して子ども3人未満にまで減少した。一方のインドもこの10年で出産率は同レベルにまで低下している。今日、中国の出産率は国全体で約1・6人で、インドの出産率は約2・3人となっている。[*32] かつては一家庭に子どもが5〜6人いて、そのなかに1人ぐらいは男の子がいるというケースが少なくなかった。しかし家族の規模が小さくなるにつれ、状況は変わった。一家庭に子どもが1人か2人しかいなければ、何らかの方法で確率を操作しないかぎり、男の子が1人もいない可能性も高くなるだろう。

男女の産み分けが起こっているところでは「消えた女の子」が誕生している。実際に生まれた女の子の数と、新生女児殺害や男女産み分けのための中絶がなければ誕生していたであろう女の子の数が違うのだ。[*33] 歴史を見ても新生児や女児が選択的に殺される例はあるが、こうした行為は歴史に限った話ではない。[*34] 中国では、毛沢東の「天の半分は女性が支える」という詩的な言葉にもかかわらず、今なお女児の死亡率が異常に高くなっている。[*35]「消えた女の子」が誕生する最大の理由は、女児殺害ではなく、親の男女産み分けだ。超音波を使って胎児の性別を調べる。そして産むか中絶するかを決める。インドでは「消えた女の子」の約87％が男女の産み分けによるもので、残りの13％が乳幼児殺害や新生女児に十分な医療を受けさせない、いわゆる出生後選択によるものだ。[*36]

人口学を利用すれば、男女の産み分けが起こっているかどうかが容易にわかる。一定の人口に対する新生男児と新生女児の比を見るのだ。男女の産み分けが行われていなければ、その比率は女の子100人に対して男の子は約105人となる。しかし、親が男の子を選択的に選んで産んでいると、女の子に対する男の子の比が跳ね上がる。

男女の出生率に極端な差があるのは、アジアの国々では中国、インド、ベトナムで、東欧の国々ではアルメニア、アゼルバイジャン、ジョージアなどだが、男女の産み分けが行われているのはこれらの国々に限らない。[*37] 男女の産み分けが行われている国々を合計すると、世界の総人口の約40％になる。2017年には、男女の出生率比が新生女児100人に対して新生男児110人以上だった国が4つあった。中国、アルメニア、アゼルバイジャン、インドだ。[*38] 2030年までに、再生産の最盛期（15歳〜49歳）にある男性を、4000万人以上にしようという計画が中国に、3000万人以上にしようという計画がインドにある。[*39] これは、北京、上海、デリーという大都市部の人口を合計した数字を超えている。インドおよび中国国内でも男女の産み分け率には大きな幅がある。インド北部のパンジャブ州は、新生女児100人に対して新生男児の数が少なくとも120人だが、インドの他の地域では標準的な比のところもある。[*40] 中国でも、チベット地方は男女の出生率比が標準的な値であるのに対して、陝西省、河南省、湖北省、福建省などの地域はすべて、男女の出生率比が標準を外れている。[*41]

男女産み分けは、他の医療技術同様、最新のテクノロジーが非常に身近なところにあり、それを利用するだけの資力のあるエリートから始まっていることが多い。韓国では、男女産み分けはソウルから始まった。アゼルバイジャンでは首都のバクーで始まった。インドでは、高校卒業の両親の家庭に生まれた子どもは、高校を卒業していない両親の家庭に生まれた子どもより、新生女児に対する新生男児の比率が高くなっている。真っ先に超音波診断のサービスを利用するのは都会に住む裕福な人々だ。その結果、男女の産み分けが起こっている国では、都会の富裕層で最初に女の子の胎児が選択的に中絶され、新生女児に対する新生男児の比率が跳ね上がる。そして、やがて超音波診断技術が地方の貧困層にも広がっていくと、男女産み分けのための中絶がそれに伴って広がっていくことがある。[*42]

1人の女性がすでに誕生させた子どもの数を表す出産人数は、多くの国で新生児の男女比の予測指標となっている。男児志向の文化では、親は子どもができるたびに「心の圧迫」が強くなっていくのを感じる。最初に女の子が1人か2人でもできようものなら、親は男児志向の影響を受けて、何が何でも息子をつくらなければというプレッシャーに晒される。アルメニアでは、1人目、2人目の子どもでは男女の比率は正常だが、それ以降になると男女比が女の子100人に対して男の子150人に跳ね上がる。[*43]同様の傾向はベトナム、香港を始めとする国や地域でも見られ、そこでは女児に対する男児の比率が出産人数とともに増大している。[*44]男女産み分けは米国でも見られ、中国人、韓国人、インド人を親にもつ米国生まれの子どもは、1人目ないしは2人目の子どもが女の子だった場合に、2人目、3人目の子どもで新生女児に対する新生男児の比率が高くなる。[*45]このような比率はこのあとのセクションで説明する性選択的産み止めにも関係し、アジア系アメリカ人のほうが中絶率が白人よりも2倍以上に高いという事実とも関係している可能性がある。[*46]

男女産み分けの起こっている国で、これが廃止の方向に向かうこともある。韓国では1990年代初頭、男女産み分けが大人気だった。しかし2007年には新生児の男女の比率は標準レベルに戻っている。[*47] この傾向は男児志向の動機が薄れたためと、超音波技術利用の規制が厳しくなったためだ。[*48]

男児志向の気運が低下すると男女の産み分けは減る傾向にあるが、法的な圧力を強めても、これが必ずしもうまくいくとは限らない。中国、インドでは男女の産み分けは違法であり、はっきりと法律に明文化されており、これを禁止する刑罰もある。しかし、法律では厳しい文言で謳われていても、こうした対策には実際の牙がない。[*49] 男女産み分けは法律で禁止されていても、中絶は中国でもインドでも合法である。その結果、女児の選択的中絶が広がったままとなる。前述したとおり、2019年10月の時点で、米国では9つの州で男女産み分けのための中絶が違法となっている。[*50]

ソフトな男女産み分け

超音波技術が登場する以前は、人々はソフトな方法とハードな方法を用いて男女を産み分けていた。ハードな方法というのは、新生児を殺すとか、新生児に医療措置を施さないなどの恐ろしいやり方を指す。ソフトな方法とは、ずっと欲しかった男の子あるいは女の子ができるまで、子どもを産み続けることだ。これを「性選択的産み止め」という。つまり親は、自分たちの望む性別の子どもが望む人数できたら、そこで家族計画を用い始める。多くの国で、女児を2人もうけたカップルは、すでに男児1人と女児1人をもうけたカップルより出産の試みを続ける傾向にある。[*51]

男児志向の社会では、性選択的産み止めは、最後の子どもの性別の比率が圧倒的に男児に傾くことを意味する。たとえばインドでは、新生児の男女比率は女の子100人に対して男の子約110人だが、最後の子どもとなると、この性別比が女の子100人に対して男の子150人に近づく。[*52]

・**波及効果**

男女産み分け、およびその根底にある男の子の命に女の子の命より高い価値をつける男児志向の影響は広範囲に及ぶ。中国では現在、男性の数ばかりが多すぎて、数千万人もの男性が伴侶を見つけられなくなりそうだ。お相手の見つからない数百万にも及ぶ男性ホルモンのはけ口のない男性が、非行や犯罪の増加などの社会問題を引き起こし、場合によっては政治情勢が不安定になる可能性もある。インド、中国両国の高官はともに、アンバランスな男女比による政治情勢の不安定に対する懸念を口にしている。[*53]

花嫁候補者の不足は性的人身売買や買春の増加を加速させる可能性がある。自分たちの娘で金を稼ごうと考えた親が、先方の親と交渉して強制結婚させるケースも増えるかもしれない。独身男性が余っている国の男性は、近隣国で花嫁を探そうとすることもあるため、国際結婚が増えるはずだ。ということは、ある国の男女比のアンバランスは近隣国にも影響を及ぼすということだ。女性の数が足りないという国内の問題が地域の問題になる可能性もある。ベトナムは男女産み分けの結果、国内の女性不足に悩んでいるのに、台湾や中国本土から男性が大量に結婚ツーリズムで流れ込んできて、妻を買って帰る。[*54] その結果、ベトナム人男性の交際および結婚相手のプールがますます浅くなり、ベトナム人男性は同じ自国の男性とだけでなく、外国の男性とも限られた数のベトナム人女性を争わなければならなくなる。こうした結婚可能な女性の数の不足によって、最終的には女の子をもうけることの相対的価値が上がるはずなのに、男児志向の文化的伝統はおそらく男の子びいきに固執するのだろう。

・テクノロジーから考える展望

超音波というテクノロジーに選択的中絶が組み合わさって、男女産み分けが個人的なことではなくなり、より医療行為的なものとなった。男女産み分け技術は進歩し続けている。現在では、100％正確とは言えないものの、男性になる精子と女性になる精子が区別できるようになっている。精子選別により親は男性精子か女性精子かを選んで人工授精に用いることができる。また着床前診断もあり、受精した胚が希望する性別であるかどうかを検査するとともに、100以上に及ぶ遺伝子疾患を着床前に診断してしまう。

精子選別も着床前診断も現在はまだ高額で、利用は一握りの国の富裕層に限られている。それは数十年前の超音波テクノロジーと同じだ。だから精子選別も着床前診断も時間とともに利用が広がり、より利用しやすくなっていくのだろう。その一方、不妊治療ツーリズムの渡航者が、こうしたサービスを提供している不妊治療クリニックが複数ある米国に向かう可能性もある。

親と妊娠中絶支持派にとっての1つの大きなメリットが、こうしたサービスなら、着床前に胎児の性別を選択できるので、男女産み分けのための中絶に関する議論が回避できることだ。しかしこの方法でもやはり親は男児を産むのと女児を産むのとで相対的価値比較ができ、自然のランダムな男女出現が一方向に傾く。

・男女産み分けの未来

新生児の男女比に歪みが生じると、男女産み分けの動機になっている将来収入の期待値がシフトするため、逆の動きが生じて正常に戻るはずだ。女性はすでに大半の国で男性と同等の財産と相続権を獲得している。女性にも教育機会が拡大してきたことで、ジェンダーのダイナミクスに変化が起こっている。女性が大きな経済的機会を手にし、自分の人生を選択できる力をつけてきたのだ。いまや多くの国で女子も男子と同等の初等・中等教育を受けられるようになっている。[*55] 女性のこの教育レベル向上は、結婚率の低下や、結婚を選択する人でも晩婚につながっている。女性の教育レベルが上がったことのよい点は、世界的に見て女性の経済力が格段に向上し、女性が力を得たことだが、このように女性の機会の拡大に伴って出産率が低下してきたのは偶然ではない。実際、女性の平均教育年数と女性が産む子どもの総数のあいだには強い逆相関関係がある。[*56]

女性は男性より高齢者の介護を行うことが多い。女性の経済的機会が拡大し、高齢者数の増加に伴って介護の担い手が必要になってくると、自ずと男児志向は減少する。また世界中で女性が政治的役割を果たすケースが増えてくると、親が女児をもうけた場合の可能性に気づくようになるだろう。より総体的には、現在男女の産み分けを行っている層では、女性が政治的・社会的に力をつけてきて、教育レベルも上がり、高給を稼げるようになるにつれて、女児を出産することに対する、男児を出産することの経済的利益は縮小すると考えるのが妥当だろう。それでも結婚持参金制度や儒学思想の序列制度を始めとする男児志向の考え方に固執する人々はいるだろうが、そうした人々も男女産み分けを行っている国の総人口に比べれば、どんどん低い割合になっていくと思われる。

一家庭が男の子を選ぶ決断をしたとしても、それだけを見れば何の問題もないように思えるかもしれない。しかし何百万という人が同じ選択をすると、集団的災害につながる可能性がある。これは「共有地の悲劇」（共有資源が過剰に摂取され起こる資源の劣化）の1つの例で、皆が自分の利益を求めると、より広範な社会が苦難を経験することをいう。

これは、個人の権利と集団的利益とのバランスに関する昔からの議論に到達する。人は社会の一員として何を犠牲にしなければならないか？　このテーマはおそらく歴史の終わりまで議論されていくだろうし、本書の目的の範囲を超えている。

本書の目的に照らせば、ジェニーが自分の妊娠について行う決断に影響を与えるファクターだけでなく、毎日起こっている何十万という妊娠と、子どもをつくろうというその決断の結果に影響を及ぼすファクターを理解することがきわめて重要である。[*57]

第9章

壊れた計算機
――バイアスがもたらす問題

1987年10月、生後18ヵ月のジェシカ・マクルーアはテキサス州の叔母の家で裏庭の井戸に落ちた。このとき救急隊員の懸命の救出作業が国内メディアで放送され、ジェシカの救出を応援するためと、悲惨な事故を経験した彼女の医療費を支援するためにたくさんの寄付が寄せられた。その寄付の大半は必要なく、ジェシカの信託基金に入れられた。その金額はおそらく100万ドル近くに上ったと思われる。当時「赤ん坊」だったジェシカが25歳の誕生日を迎えると同時に引き出せるようになる財産だ。ジェシカは今30代になっていて、結婚して2人の子どもがいる。その同じ年の1987年、5歳未満の子どもが推計で1300万人亡くなっている。その多くは避けられた死だ。[*1] ジェシカと違ってその何百万人かの子どもは、メディアに取り上げられることがほとんどなく、その子たちを救う見込みに私財が投じられることはほとんどなかった。

ジェシカは世間に知られた命であり、彼女を救うために人が努力してくれなければ、まもなく死亡する危機に晒されていた。不特定多数の誰かではなく、彼女には名前と家族があり、その彼女が悲劇的な状況に陥っていた。ジェシカが直面している危険が、写真とともにテレビの画面を通じて大衆に届けられた。視聴者は、救出された場合のジェシカの生活と、残念ながら救出されずに彼女が命を落とした場合に家族が経験する恐ろしい喪失感を容易にイメージすることができた。そうした視聴者は赤ん坊ジェシカを救うために気前よく自分のお金を出した。なぜなら彼らには、世間に知られたこの命を助ける手伝いがしたいという崇高な目標があったからだ。ジェシカの命を引き合いに出して人は、命が大切なことを簡単に強調できる。

無名の子どもたち

これとは対照的に、不慮の死を遂げた世界中の何百万という子どもたちについて、詳しい情報を知る人はごくわずかだ。子どもたちのそれまでの暮らしや家族のこと、夢、苦しみなどの情報を、メディアが私たちに伝えてくれなかったから。また、具体的にどの子が危険に晒されていて、自分たちが援助の手を差し伸べればその子が助かる可能性があるのかも私たちは知らない。これら何百万という人々の命は十把一絡げにされて統計数値となり、死亡率や死亡総数予測といった観点で議論される。そしてこうした数字が科学系学術雑誌で報告され、学術機関や開発団体で分析されて、国際会議で議論されていく。赤ん坊ジェシカの救出（と信託基金）のために集められたお金が、子どもたちへの予防接種や発展途上国における給水設備の改善に使われていたら？　そうした状況を仮定して、結果を比較する計算を行うこともできるだろう。ジェシカは、救出してもらえなければ間違いなく死ぬと認識された子どもだった。救出（と信託基金）に充てられたのと同じ金額が、予防接種や給水設備の改善に使用されていたら救えたかもしれない他の多くの子どもたちは、個人として認識されない子どもたちであり、世間に知られていない子どもたちだ。

メディアの注目とそれに続いて集められたお金は、死が差し迫っていることが確実であり、危険に晒されている無名の子どもたちのなかに入っていない赤ん坊ジェシカに向けられた。彼女の差し迫った死の確実性も世間の反応に一役買った。というのも人は不確実な結果より確実な結果に重きを置く傾向があるからだ。この現象を「確実性効果」と呼ぶ。[*2]

赤ん坊ジェシカに対する世間の反応と、その同じ年に亡くなった他の何百万という子どもたちに対する世間の反応の差は、身元のわかる犠牲者効果の一例で、ここでは同定バイアス（identification bias）と呼ぶことにする。人は多くの場合、より広範な人々に広がるリスクより、特定の個人や特定の集団に集中するリスクを気にかける。[*3] マザー・テレサの言葉を借りると、「数として見ると私は行動しない。1つの例として見たら私は行動する」ということだ。[*4・5]

同定バイアス

統計的生命価値（VSL）の推計について議論するとき、経済学者はこれが個々の命の話ではない点を強調する。同僚でも、友人でも、あるいは親でも、自分が知る特定の人の視点で計算し直してみる場合、こうした経済的予測は何の意味ももたない。同様に、健康にどれくらいの価値を置くかを議論する場合、問いが個人レベルの話になってくると議論は崩壊する。医療経済学者は費用便益分析の観点から新しい抗癌剤の使用を正当化するのに必要な治癒率を計算することができるが、この分析は、自分の健康維持や自分の愛する人の健康維持のために、いくらなら支払ってもよいかという問いとはまったく無関係である。

同定バイアスは命の価格の査定を左右する非常に強力なバイアスの1つだ。対象が統計値から個人の命に変わると、そこに認められる命の価値がどれほど上がり、統計のままなら起こされなかった行動が起こされることもよくあることを示す例は無数にある。2010年、チリで33人の鉱山労働者が落盤事故で深さ2300フィートの地下に閉じ込められた事件を世界中が見守った。救出活動は費用総額約2000万ドルに上ったが成功し、33人全員が2ヵ月以上地下で過ごしたのちに地上に生還した。テレビ報道とインターネット記事のおかげで世界中の何百万という人がすぐにこの救出劇の成功を知った。救出にかかった費用は採掘会社とチリ政府、そして個人の寄付者が負担した。この鉱山労働者が地下に閉じ込められていた69日のあいだに、世界中で何千とは言わないまでも何百人という鉱山労働者が仕事中に命を落としている。[*6] アメリカ人はそうした他の鉱山での死の大半に気づいてもいない。そうした鉱山労働者はニュースメディアで取り上げられることがほとんどなく、それぞれの物語が多くの人に知られることもなく、その人たちの命を救うために費やされた金額はおそらく、上述した33人のチリの鉱山労働者救出に充てられた金額のごく一部にも満たなかっただろう。

2019年10月時点でシリア国民の半数以上が内戦により殺されるか移住を余儀なくされていた。現在は500万人を超えるシリア難民が近隣国のトルコやレバノン、イラク、エジプト、ヨルダンに逃れている。[7] これだけの膨大な難民の数とこれだけの規模の人道の危機であるにもかかわらず、「シリア難民」という言葉を聞いて多くのアメリカ人の頭には浮かぶのはたった1つのイメージしかない。トルコの海岸にうつぶせに横たわる3歳の少年アラン・クルディの溺死体の写真だ。[8] この写真はシリア内戦およびシリア難民危機に対するアメリカ人の関心を呼び覚ます起爆剤となった。なぜなら、単なる統計上の数字に具体的な個人の物語が加わって、悲劇がパーソナルなものになったからだ。

資金を募ろうとする団体は十分にこの同定バイアスに気づいている。寄付によって救える命の数に関する統計をもち出しても、あまり効果がない。飢えている子どもや泣いている子どもの写真を見せて、その子どものスポンサーになるチャンスや、さらには、寄付すれば自分が命を助ける援助をしている子どもと直接やり取りできる特典を与えると、多くの場合、単に事実とデータを並べただけよりよほど効果がある。[9]

共感（empathy）

同定バイアスは命の価格の査定を左右する要素だ。同定バイアスは、私たちが他人の気持ちを理解し、おもんぱかる共感能力に影響を及ぼす。共感には先入観を変えさせる力があり、共感によって命の価格のつけ方も変化する。ポール・ブルームの著書『反共感論――社会はいかに判断を誤るか』で述べられているとおり、共感によって命に対する価格のつけ方が、より公平になることもあれば、より不公平になることもある。[10] 共感は静的な数値ではない。共感は私たちの身体的状態、精神状態、経済的状態、気分、最近の経験によって変化し、相手との関係を変化させる。

共感は人のノーマルな行動の基本であり、私たちの社会の仕組みの根底にあるものとして、私たちの社会が機能し、私たちの種が存続していくための接着剤的な役割を果たしている。共感は自然なものであり家族に必要なものだ。赤ん坊は自分で自分の面倒が見られないので、新生児に対する共感は生物的必然だ。自分たちの子孫をいたわることへの関心や意欲がなければ、私たちの種は早晩死滅してしまうだろう。進化はどの遺伝子が次世代に受け継がれるかによって左右される。[*11]この関心の輪が直系の子孫を超えて、より大きな意味での家族に届く。この輪はさらに広がり、部族を始めとして、直接の関係がなくても、文化だとか、民族性だとか、あるいは宗教、国民性、特定の関心その他の特徴など、そこに類似性を認めて分類することができれば、より大きなこれらの集団へと届く。また、共感は年齢によっても変わることがあり、たとえば非常に幼い子に特に気持ちを重ねたり、あるいは高齢者に特に気持ちを寄せたり、同年代の人に特に思いを重ねたりすることがある。[*12]

誰かに対する共感は大きくなればなるほど、人はその人の命に高い価値をつける。この価値は、その人の暮らしを向上させようとして費やす時間や、その人の命を気づかう言葉や行為、あるいは金銭が関係する状況で言えば、その人の命につける価格といった形で表される。

共感の反対が無関心、関心の欠如だ。無関心がもたらす結果は、私たちが自分とは無関係だと思う人の命が比較的低く見積もられることが多くなることだ。人が自分とは無関係と思うのは、たとえば遺伝的つながりがないとか、親しい間柄でないとか、文化や民族性、宗教、国民性、特定の関心などの特徴に共通項がない人たちだ。

ナショナリズムの影響

市民としての身分は自己確認の最も強力な1つの形態で、これが人の命に対する価格のつけ方に大きく影響することがある。平時には同じ国の国民だという意識が他人の命への関心を高め、その一方で他国の人の命はその重さがあまり顧みられず、ときには保護も貧弱になることがある。第4章で議論したカナダ国境近くにある架空の火力発電所ACMEの例を思い出してみるといい。あの例では、費用便益分析でカナダ人の命を計算に入れないと、その人々がより大きなリスクを背負うことになった。

戦時には、人の命にどのように価値をつけるかが大きく変化する。戦時には、たまたま敵国の人間だった人を兵士が殺しても犯罪にはならない。これは正当防衛の殺人であり、兵士と同じ国の人の目には良識的な殺人と映り、称えられることも多い。国、階層、集団間で武力衝突が起こると、敵の命に置かれる価値は著しく引き下げられる。戦争の目標は敵を倒すことであり、敵兵を殺すことは人道的に、社会的に容認されているばかりでなく、多くの場合勲章や人々からの祝福に値するものとなる。敵は人と見なされないことも多く、敵の脅威が大げさに誇張されたり、あるいはでっち上げられたりして戦争およびそれに伴う殺人を正当化するのに使われる。このような非人間化作用が実際に行われて、敵に対する共感を薄める。人は相手を仲間と見なさなければ見なさなくなるほど、味方の兵士が相手を殺しても罪の意識を感じない。アメリカ人の命が失われれば嘆き悲しむのが当然とされるが、敵兵はもちろん敵国の人間の死は、米国メディアにも米国民にもたいてい無視される。

自己防衛のために人を殺すことは人道的に擁護できるとする考え方を疑問に思う人はほとんどいな

い。正当防衛の殺人とは、自分が差し迫った命の危険に晒されている状況で相手を殺すことだ。自己防衛を超える正当防衛の殺人は、相手を殺すことによって罪のない人が重傷を負うのを防げる状況にも適用される。自己防衛の議論をもち出せば、戦争は、他人の命を奪うことが人道的にも社会的にも、あるいは法的にも容認される状況として見てもらえるので、自己防衛の議論は戦争を正当化するのに大昔から政治家によって用いられてきた。アメリカ史においてもたしかにそのとおりで、国としてのほぼすべての戦いを、自己防衛あるいは人権の保護のために必要なこととして描く戦略の下に、米国を、しかたなく戦争をする戦士であるかのように表現している。

ナショナリズムは、敵を人と見なさない効果的なプロパガンダと、国としての自己防衛の必要性を訴えるメッセージがあれば、多くの場合熱が煽られて簡単に残忍な狂乱へと変わる。アメリカ人は米墨（アメリカ・メキシコ）戦争（1846〜48）を支持して集結し、「アラモの事件を忘れるな」と鬨《とき》の声を上げて、メキシコ人が殺されるのをほとんど気にかけなかった。アメリカ人は、リオグランデ川を隔てた米兵とメキシコ兵の衝突を受けて、この戦争は自己防衛のために必要なものだ、と正当化した。一方のメキシコ人の見方はまったく違っていて、リオグランデ川以北を領土とする米国との歴史的な意見の対立と、さらに領土を広げようとする米国の強硬な姿勢のほうに注意が向けられていた。

半世紀後、米西戦争（1898）に対するアメリカ人の支持は新聞によって煽られ、ハバナ湾で爆発を起こして海に沈んだ米海軍の戦艦メインを引き合いに出して「メインを忘れるな」と鬨の声を上げた。爆発の原因ははっきりとはわかっていなかったが、新聞報道や米国民の目には、何百人もの海軍兵の命が奪われた恨みは晴らさなければならないことに映った。およそ2ヵ月後、米国はスペインとの戦争に突入した。

第二次世界大戦では米国は日本人を野獣のように野蛮だとして、人と見なさないプロパガンダを大量にばらまいた。それと同時に、このプロパガンダはアメリカ人の心に恐怖を植え込み、敵は手ごわいので倒さなければならないという意識を浸透させるよう計算されていた。日本人はその存在自体が米国にとって脅威であるとして、日本人を人ではないように描いたことで、日本軍の壊滅が道徳的に正当化されたばかりでなく、米国が東京大空襲で綿密に計算して行った一般市民の大量殺戮や、広島および長崎への原爆投下までもが正当化された。[*13]

敵兵を殺すことは戦争で期待される結果であり、国土防衛のために戦う兵士の任務の一部と考えられている。戦争中、敵兵の命にほとんど価値はなく、敵兵の命を奪えばそれだけ米国の勝利に近づくのだから、アメリカ人の視点からはおそらく敵兵の命にマイナスの値がつけられているのだろう。兵士ではなく、敵国市民の大量殺戮はまさに、人命の価値を引き下げてしまう戦争状態の力を示す証となる。今でも、第二次世界大戦は多くのアメリカ人にとって単なる戦争で、そのなかで最も偉大な世代の人々〔第二次世界大戦に従軍した兵士およびそれを陰で支えた人々を指す〕が世界のために尽くした、と考えられている。[*14] あの戦争を正当化する礎になったのは、日本のパールハーバー攻撃だけではない。侵略国の非人道的な残虐性も、戦争正当化の理由になった。

プロパガンダ下の犠牲者

ナチス・ドイツはそのプロパガンダで、ユダヤ人をドイツの脅威として描き出し、それと同時にユダヤ人を人ではないように思わせる細工をした。アーリア人を他の人種より優れた人種とし、ユダヤ人を人間以下の存在に貶めたことがホロコーストに貢献し、人の命の大量破壊を助長した。強制収容所に入れられたユダヤ人の扱いにとどまらず、ドイツ軍や、日本軍に捕えられた戦争捕虜も多くは労働させられたり、餓死させられたりしている。ドイツは民間人の居住地域にもためらうことなく爆弾を投下し、この行動が連合国の報復行動を呼び、連合国がドレスデンを爆撃して何万人というドイツの民間人を殺したのは有名な話だ。[*15] 日本人はいまだ全面的には認めていないが、日本による中国侵略は軍事行動を超えて、何十万という民間人が大虐殺される南京事件などの民間人に対する攻撃にまで発展した。[*16]

戦争中のアメリカ人の犠牲は正当に称えられ、戦争で命を落とした約42万人の米軍兵は国から表彰されている。しかし、アメリカ史の書籍に米国が参加していた他の連合国が出したはるかに大量の犠牲者についての言及はほとんどない。ソビエト連邦はざっと1000万人もの兵士と1400万人に上る民間人の命を失ったし、中国もおよそ300万から400万人の兵士を失っている。[*17] 戦争中に殺された何百万ものドイツおよび日本の兵士ならびに民間人には、米国のメディアからも市民からもほとんど注意が向けられていない。なぜなら敵の命は価値が低いからだ。

第二次世界大戦での恐るべき残虐行為と破壊行為に対して、戦犯を裁判にかけ、戦争のルールを成文化する必要があり、そうするのが妥当だと考えられた。1945年に始まったニュルンベルク裁判は、ナチスの戦犯を裁くことを目的としていた。こうした軍事法廷では、どのような行動を戦争犯罪とし、どのような行動は戦時中であれば容認されるか、定義を明確にしておかなければならない。ニュルンベルク裁判の指針により、戦争犯罪、人道に対する犯罪、侵略戦争を行うなどの平和に対する犯罪の定義が確立された。確立された原理は明確だったが、偽善もまた浮き彫りになった。偽善の要点は１９４５年の東京大空襲で指揮を執った第二次世界大戦当時の米空軍司令官カーティス・ルメイが最もよく説明している。ルメイは「もし戦争に敗れていたら、私が戦争犯罪者として裁かれただろう。幸いなことに、私たちは勝者の側になった」と語っていた。[*18]

それからわずか数十年後の１９６４年８月７日に、トンキン湾決議が米議会で可決された。その週にトンキン湾で起こった北ベトナム海軍と米海軍の衝突事件を受けての対応だ。両国海軍の艦艇による８月２日の交戦がきっかけだが、米議会を動かしたのは、２度目と言われていた８月４日の北ベトナム軍による米軍艦艇への攻撃だ。この２度目の攻撃はのちに米国の捏造だとわかった。同決議により戦闘態勢強化が可能になった。自己防衛の名目と同地域から広がるドミノ効果に対する恐怖に支えられて、米議会およびアメリカ人は戦力増強に酔いしれていった。ベトナム戦争は６万人近い米軍兵の犠牲者を出して終結し、今日まで続いているＰＯＷ　ＭＩＡキャンペーンのきっかけとなった。ワシントンＤＣにある戦没者慰霊碑は米国の悲しみを象徴している。しかしほとんど語られることのないのが、この戦争で命を落とした１００万人以上に上るベトナム人のことだ。[*19] これらベトナム人の命は、アメリカ人にとって米軍兵ほど価値のないものなのだ。

湾岸戦争（１９９０～91）は、サダム・フセインを指導者とする勢力が、米軍の兵力をもってしか抑え込めない現実の脅威であるとの印象を植えつける大規模なプロパガンダキャンペーンを端緒にして始まった。イラクの強力な「兵力１００万の軍隊」という報告は、アメリカ人の恐怖をかき立て、

50万人を超える軍隊の現地への派遣に支持を得られるよう計算されたものだった。[*20] ジョージ・H・W・ブッシュ大統領はイラクの指導者サダム・フセインをヒトラーになぞらえ、サダムの名前をサタン（悪魔）と聞こえるように発音した。敵を悪魔にたとえ、イラクが米国にとって現実の脅威であるとのストーリーをつくり上げたことで、ただちにイラク人を殺すことにも、アメリカ人が死ぬことにも十分な支持が得られた。この武力闘争で米軍兵が危険に晒されるのではないかと多くのアメリカ人が心配したが、イラクの兵力が比較的弱いことがすぐにわかったため、実際の地上戦は数日のうちに終わった。今日、この戦争はアメリカ人にとって単なる1つの戦争で、多くの場合、米国が国際的な協力を集め、クウェート人の人権を守って、残忍な独裁者サダム・フセインを倒したものと見られている。この戦争で殺された数百人のアメリカ人のことは、今もアメリカ国民の記憶に刻まれているが、この戦争で命を落とした何万ものイラク人に注意が向けられたことはほとんどない。しかもその多くは民間人であった。

自己防衛を支持する意見がジョージ・W・ブッシュ大統領政権時代に再び湧き上がり、2003年のイラク侵攻へとつながった。ブッシュ政権は最初、イラク人を9・11同時多発テロ攻撃と結びつけようとした。そうすればイラク侵攻がより正当化しやすくなるからだ。それが失敗するとブッシュ政権は、イラクは米国にとって喫緊の現実的脅威となる大量破壊兵器を貯蔵しているという主張の宣伝に切り替えた。ブッシュ・ドクトリンを適用した先制攻撃を正当化するにあたって、この主張が固まった。先制攻撃が急務であるとする喧伝は、コリン・パウエル国務長官が国際連合に対して行った、今となっては悪名高きプレゼンテーションで最高潮に達した。米国が行おうとしているイラクへの攻撃は正当防衛であって、侵略ではないと世界に納得させることを意図したプレゼンテーションだ。イラクには大量破壊兵器で米国を攻撃する意図もなければ、その能力もないという事実は、当時でも多くの人にとって明らかで、今はそれがより一層明らかになっている。しかし当時、イラクに対する米国のナショナリズムが最高潮に高まっていた。米軍の侵攻とそれに続くイラク占領で、5000人近い米軍兵が命を落とし、何万人ものアメリカ人が負傷した。かかった費用は何兆ドルにも上った。[*21] イラクの被害はそれをはるかに超えていて、2003年から2011年まで続いたこの戦争および占領でざっと50万人が死亡した。死者の多くは民間人だった。[*22] イラク人の命はアメリカ人にとって、失われたアメリカ人の命ほど価値のあるものではない事実を反映して、イラクにどこまで非があったのかが米国メディアで語られることはほとんどない。

「外国人」の命

今日、無人偵察機による攻撃が米国の軍隊で殺害の手段として使用されることが増えている。米国の視点では、こうした無人偵察機による攻撃にはアメリカ人の命を危険に晒さずに済むメリットがある。攻撃が行われる国の視点で見れば、こうした無人偵察機は領空侵犯である。こうした無人偵察機による攻撃によって、米国境外でアメリカ人もアメリカ人以外も殺されてきた。米国政府には、正当な手続きなしに自国民を暗殺する権利があるのか、疑問視する人もいる。[*23] また、こうした無人偵察機による攻撃自体は合法だが、無人偵察機による攻撃が米国本土で米国民に向けて行われてはならないと主張する人もいる。政治家はと言えば、外国人を暗殺する米国の法的権利を疑問視したり、そうした行為が国際法に抵触するか否かを疑問視したりすることはほとんどない。これについて政治討論が行われないのは、アメリカ人の目には、外国人の命は、アメリカ人の命ほど守られているわけでも、価値があるわけでもないと映っている事実が根底にある。さらに、こうした無人偵察機による攻撃で殺される人のかなりの割合が、無関係な第三者であることに目を向ける政治家もほとんどいない[*24・25]。こうした無関係な第三者は、自己防衛という米国の表明された目標に付随する損失、と政治アナリストには考えられている。

米国は世界を凌ぐ軍事力を有しているという自信が、こうしたナショナリズム的視点や外国の民間人が殺されることに対する無頓着さを助長する。外国の無人偵察機が米国本土上空にやって来て、ときおりミサイルを発射し、それで罪のない米国民が殺されることを想像してみるといい。ミサイルを発射したその国は、すぐさま強力な米国軍の怒りを買うだろう[*26]。

政府には外国人より自国民をサポートする義務があるとの意見に反対する人は少ないだろう。これは単に、私たちの同郷人意識を反映したものではなく、キャッシュフローを反映したものでもある。税は市民から徴収される。市民は当然、その税収入の大半は自分たちのために使われるものだと期待する。憲法で、自国民の権利が謳われていることは多いが、外国人の権利については言及されていない。自国と関係のない世界中の市民すべてにサービスや保護を提供したり、住む場所を提供したりしようとして、経済的にやっていける国は1つもないはずだ。この自国民に向けた内向きの視点は、政府が存続していくために必要なものだ。

ナショナリズムがいかに命の相対的価値に影響を及ぼすかは、国と国との捕虜の交換の仕方からもうかがえる。もしすべての国が捕虜の命に等しい価値をつけていたら、通常は捕虜が対等に交換されると考えるだろう。しかし現実は、捕虜が対等に交換されることは稀で、捕虜の相対的価値と政治情勢の両方を反映して行われることが多い。米軍軍曹のボウ・ベルグダールが、グアンタナモ基地に捕えられていた5人のタリバン兵と引き換えに釈放されたことを思い出してみるといい[*27]。米国に戻るとすぐベルグダール軍曹は脱走の罪に問われた。これを受けて、なぜ米国政府はそのような不均衡な交換を行ったのかと疑問に思った人も多い[*28]。この交換は、イスラエル政府が自国の兵士の1人ギルアド・シャリートを取り返すために行った交換と比較すると色あせて見える。シャリートは国境を襲撃してきたパレスチナ人に捕えられ、5年間監禁されていた。支援グループや活動家団体の努力で、シャリートの監禁状態継続はイスラエル国民および国際メディアの注目を集め続けた。彼の解放と引き換えに、イスラエル政府は1027人の収監者を釈放した。そのうちの300人近くはテロ攻撃を計画または実行、もしくはその両方を行った罪で終身刑に服していた[*29]。このあまりにも不均衡な収監者交換に関しては、パレスチナの見事な交渉戦略と見る人もいれば、イスラエル政府としてはやむを得ない政治行動だと見る人もいる。命につける価値という視点で見てみると、まったく違う結論が引き出せる。つまり、イスラエル政府は自国に捕えていた収監者の命と比較して、シャリートの命にとんでもなく高い価値をつけたということだ。

同じアメリカ人としての絆は、紛争時に限らずアメリカ人同士のあいだにつながりを生む。それは、法律、社会化、そして私たちが日々の暮らしのなかで受け取る各種のメッセージを通じて生み出されるつながりだ。このつながりは学校で強固になり、メディアを通じて強化され、忠誠の誓いを暗誦したり、国歌を歌ったりするなどの行動を通じて育まれていく。このようなナショナリズム的感情が招く結果は通常、アメリカ人の命は非常に大切に思うが、他国の国民の命はそれほど大切に思わない、という姿勢になる。

ときおり、恐怖がこうした感情の引き金になることがある。2014年のエボラ出血熱大流行を思い出してみるといい。エボラ出血熱は2014年の第1四半期に大流行し始め、2014年8月までに1000人を超える命が奪われた。[*30] 大流行が終息するまでに1万1000を超える人が亡くなった。その大半はギニア、シエラレオネ、リベリアの死者だ。[*31] 最初に米国でエボラ出血熱患者の治療が行われたのは2014年8月のこと。医師のケント・ブラントリーがリベリアで感染して帰国したのだ。その翌月、米国内で初めてエボラ出血熱の症例が確認された。米国政府はウイルスが米国の海岸を襲った2014年9月になってようやく、この致死的なエピデミックの対策を強化し、軍その他の大規模な支援を決めた。エボラ出血熱蔓延の確認後、米国政府の本格的な対応が遅れたのは無理もない。米国中に感染が拡大する可能性に対する恐怖が広がるまでは、エボラ出血熱は新聞の一面を飾る記事でもなければ、多くのアメリカ人にとって大きな関心事でもなかった。[*32] アメリカ人にとっては、よその大陸旅行ガイドブックでも大きく取り上げられていないような国で広がりつつある危機より、ブラントリー医師を始めとするアメリカ人の苦難のほうがはるかに共感しやすかった。[*33]

それは理解できる。世界中の健康を気遣うのは米国政府の憲法上の責務ではない。それでも、国内での初のウイルス感染症例が確認されてからのエボラ出血熱危機に対する政府ならびに国民の反応の極端な変化は、自分の命に関わる恐怖や隣人への共感のほうが、利他的な気持ちより行動に影響を及ぼすことがいかに多いかを映し出していると言える。

仲間内の人間

共感はナショナリズムを超えて仲間内の人間にまで広がる。宗教がその顕著な例だ。古代から今日まで、宗教の違いによって多くの戦争が行われてきた。これらの戦《いくさ》は異なる宗教――キリスト教、イスラム教、ユダヤ教、ヒンズー教、モルモン教――を互いに争わせているのかもしれない。宗教間戦争の例には、十字軍やスーダンおよびナイジェリアの内戦などがある。そのほか、カトリックとプロテスタントが争った三十年戦争や、イスラム教徒シーア派とスンニ派の武力衝突など、同一宗教内での派閥の違いによる宗教戦争もある。

宗教を巡る戦いは不均衡な共感の極端な例で、同じ宗教の人の命に高い価値がつけられ、宗教が違う人は「敵」と見なされてその命に低い価値かゼロ、場合によってはマイナスの価値がつけられる。宗教は行いの指針や道徳規範になり得るのに、それが闘争の引き金にもなっている。宗教戦争はマハトマ・ガンジーの次の言葉とは正反対のものである。「私にはいくらでも死ぬ理由があるが、殺す理由は1つもない」

人種もまた人の共感を左右し、人命の価値評価に影響を及ぼす仲間集団である。蔓延する人種差別は陰湿な問題だ。他者のことは人種差別主義者だろうと思うが、自分も実際そうだと認識している人は少ない。自分たちの人種のほうが優れているとか、自分たちの人種に自信をもっている、あるいは同じ人種の人のほうが大切だとあからさまに口にするアメリカ人に出会うことはめったにない。たいていのアメリカ人は、陪審員を頼まれたら、被告や被害者の人種によって左右されることなく、事件の本案を審理できると主張するだろう。人種による偏見はないというこの自己評価にもかかわらず、人種は第3章で述べたとおり、刑事裁判でも民事裁判でも判決を左右する要素になっている。同じ犯罪でも黒人のほうが白人より重い刑罰を科されることが多い。自動車運転業務上過失致死傷罪などの犯罪の場合、被害者が黒人だと刑罰は軽くなる。

個人の体験

共感はよく個人の体験と結びつけられる。どこかの国に行ったことがあるとか、その地域や文化の人と良好な関係を結んでいるといった場合には、その国の人に対してより深く共感を抱く傾向がある。個人の体験が共感に及ぼす影響は大きく、広範囲に及んで、親しみが認識や理解、敬意、共感を膨らませることがよくある。

アメリカ人は2015年11月にフランスのパリで起こり130人が死亡した同時多発テロ事件に衝撃を受けた。*34 共感する声や、団結やパリ市民への支援を呼びかける声がソーシャルメディア、ニュースサイト、政治声明に溢れた。その前日にもレバノンのベイルートで大規模なテロ攻撃があり、90人近くが亡くなったが、米国のメディアや国民にはほとんど気づかれなかった。この2件の事件に対する反応の差は甚だしく、米国民がベイルートのテロ攻撃よりもパリのテロ攻撃にはるかに心を寄せたのは疑う余地がほとんどない。ではなぜレバノンよりもフランス人に深く共感を寄せたのだろうか？その理由は、直接間接を問わず、はるかに多くのアメリカ人が、レバノンよりもフランスに対して何らかの体験をもつという事実が一部関係しているだろう。フランスはアメリカ人の海外渡航先トップ5の1つであるのに対して、レバノンはトップ30にも入らない。[*35] また、フランスに旅行したことのある人以外でも、アメリカ人で、現地に行ったことのある親類や友人がいる人は多い。旅行以外でも、およそ1000万人のアメリカ人がフランスに祖先があり、その数はレバノンに祖先をもつ人より多い。[*36] 豊かで政治的にも安定した国フランスは、この規模のテロ攻撃を受けたこともなければ、第二次世界大戦以降、外国に侵略されたこともない。一方のレバノンは中所得国で、過去数十年のあいだに対外戦争も内戦も経験している。アメリカ人がパリの攻撃に深く共感したのは、米国でも同じような攻撃が容易に起こり得るという恐怖からであり、ベイルートの攻撃は多くのアメリカ人にとって、より遠いところの話に映ったのだろうし、そのために衝撃も少なかったのだろう。

アジアで起こった2つの異なる自然災害に対する反応から同様の比較が引き出せる。2004年に南アジアと東南アジアで起こった津波と2008年にミャンマーを襲った台風だ。2004年の津波は20万人を超える死者を出した。その大半はインドネシア、スリランカ、インド、タイの死者だ。これらの被災地を援助するため、最終的に総額140億ドルの支援が世界中から集まった。それから4年と経たないうちに、ミャンマーの台風で15万人近い人が亡くなった。国際的な反応ははるかに鈍く、集まった支援は東南アジアの津波のときより大幅に少なかった。このように共感や反応が薄いのは、一部には、アメリカ人でもヨーロッパ人でも、直接・間接を問わず、ミャンマーの文化を体験したことのある人は、津波被害を受けた国々の文化を体験したことのある人に比べて、はるかに少ないという事実が関係している。[*37]

ジェイムズ・ブレイディ、クリストファー・リーヴ、ジョン・ウォルシュの例を考えてみよう。この3人の場合いずれも、個人の体験によって、それぞれの人生における優先順位、ならびに時間の使い方が大きく変化している。ジェイムズ・ブレイディはロナルド・レーガン政権時代のホワイトハウスの報道官だ。彼は保守的な共和党員だった。彼はブレイディ法で知られている。1990年代に議会を通過した最も重要な銃規制法案だ。彼が銃規制法を支持するようになったのは、レーガン大統領の暗殺未遂事件で銃撃により自身が障害を負ったからだ。クリストファー・リーヴは『スーパーマン』を演じた有名な俳優だったが、1995年に乗馬中の事故で負傷した。彼は自分の名声を利用して脊髄損傷への注意を喚起し、1996年にはアトランタ・パラリンピックでホスト役を務めたり、クリストファー・アンド・ディナ・リーヴ財団を設立したりしている。ジョン・ウォルシュはフロリダ州でホテルを経営していたが、1981年に6歳になる息子のアダムが誘拐されて殺された。ジョン・ウォルシュ夫妻はアダム・ウォルシュ児童リソース・センターを設立。その支援活動が1982年の失踪児童法、1984年の失踪児童に対する援助法、2006年のアダム・ウォルシュ児童保護安全法につながった。ウォルシュはまた、1988年から2011年まで放送が続いたテレビの犯罪捜査番組『アメリカズ・モスト・ウォンテッド』で司会者も務めている。

これらの逸話のポイントは、いずれも自分自身が死にかけたか、愛する人を運命のいたずらで失ったことから始まっていることだ。ジェイムズ・ブレイディが撃たれなかったら、クリストファー・リーヴが下半身麻痺にならなければ、彼らが残りの人生をそれぞれの大義のために捧げることはなかっただろう。アダム・ウォルシュがシアーズのデパートで行方不明にならなかったら、父親のジョン・

ウォルシュが失踪児童の熱心な擁護者になることはなかっただろう。

ダンバー数

個人の体験および個人的なつながりは共感に影響を及ぼすが、社会関係を維持できる輪には現実問題として明らかにされている限界がある。こうした数字はダンバー数と呼ばれていて、概算ではあるが、人が他の人とある程度の深い関係を維持できる人数のおよその上限を表している。[*38] 知り合いというレベルで見ればその数は膨大で、多くは500人から1500人となる。ときどき顔を合わせる友人(親戚を含む)の数になると、たいていの場合100人から200人となる。そのなかで、頻繁に顔は合わせるけれど、非常に個人的な問題を相談するほどではない、という親しい友人が約50人。その50人のなかで、思いやりや支援を寄せるつながりの輪の人数がおよそ3分の1。最後にきわめて親しいつながりの輪となると、人が心から信頼するのは5人程度。これらの数字は絶対ではないが、人間関係の輪の規模という意味での傾向を表している。

ときどき顔を合わせる友人の輪の規模はおよそ100人から200人で、現代の狩猟採集民社会のなかの平均的な集団や平均的な軍事企業などの他の社会的集団と規模が一致する。フェイスブックやツイッター、リンクトインなどのソーシャルネットワークのおかげで人は知り合いの輪を広げられるようになった。それに伴って、共感の輪も広がる可能性が出てきている。違う文化や背景、民族性の人との直接の交流が広がれば、他人への理解が深まり、他人を認める機会が広がる。そうなれば、あなたの視点で見たこれらの人の命の相対的価値が高まる。彼らはもはや、自分とは何のつながりもない見ず知らずの他人ではないのだから。いまや彼らは、自分が話を聞いたことがあり、メッセージを書いたことがあり、おそらくは話したり情報を共有したことのある人たちなのだ。残念ながら、インターネットのおかげでグローバルコミュニティの感覚がより広がる、という事態はまだ一般的には起こっていない。多くの場合、インターネットは現実世界で人々が社会的に自分と他者とを区別する現象を複製しているだけであり、したがってオンラインでも人々は自分の意見に似通った意見の反響にしか耳を傾けない。

共感は、危機に対する私たちの反応や支援とか後悔の表現に自然と表れる。人が共感する度合いは文化ごとに異なる自立の捉え方に影響され、年齢や性別、階級のバイアスがかかることが多い。人々の多くは、健康的に見える20代半ばの男性が施しを求めてきてもあまり共感せず、乳飲み子を抱えたやせ細った女性が同じことをしていれば、そちらに共感する。幼い子どもは身体的にも、精神的にも、経済的にも自分で自分の面倒を見ることがあまりできない。だから人は自ずと、自立していて当然だろうと思う相手より、そうした幼子のほうに共感する。昔からある救助隊のセリフ「女子どもが先だ」は単なる決まり文句以上のものだ。沈没したタイタニック号の歴史記録を見ると、性別と年齢は、誰を救命ボートに乗せて、誰を見殺しにするかを決める主要なファクターだったことがわかる。[*39] 男性の乗客は20％しか生存できなかったのに対して、女性の乗客は74％が、子どもの乗客は50％が生き延びている。社会的地位もまた生存の重要なファクターになっていた。1等船室の乗客は62％が生き延びたのに対して、2等船室の乗客は41％、3等に至っては25％しか生き延びられなかった。[*40]

認知エラー

同定バイアスにも「確実性効果」にも左右されず、皆が家系や国籍、宗教あるいは民族性とも無関係で、性別や人種も異なるすべての人に等しく共感を抱く世界を思い描いてみよう。このシナリオでも、やはり私たちは誰かの命にほかの誰かの命より高い価値をつける決断をしてしまうだろう。これは、人の心は正確な可能性や結果を客観的に計算して、その情報をもとに合理的でデータドリブンな決断のできるパーフェクトな意思決定装置ではない、という事実に起因する。私たちの脳はショートカットして情報を分析しようとするので、私たちは意思決定を左右する認知エラーを無数にしている。こうした認知エラーから、命の価値の認識に影響を及ぼす可能性のある不合理な決断が行われてしまうことがある。

認知エラーを引き起こすデータの大半は、無作為抽出ではないサンプルに仮想的な質問を行う調査に由来する。したがって、その結果は注意深く検討しなければならない。これらは方法論に限界があるにもかかわらず、人が質問で答える好悪と実際の好悪は対応している、と決めつけてしまう。それ以外にも、株式取引行動など、人が完璧なリスク計算機ではないことを示す、調査によらない数多くのデータソースからの情報がある。

人は基本的に、損失という話になるとよりリスクを取る傾向にある。平均値が同じなら、不確実な損失より、わかっている損失のほうがはるかに悪いと考える。ここで2つのシナリオを考えてみよう。1つは50人が間違いなく死ぬシナリオ。もう1つは50％の確率で誰も死なず、50％の確率で100人が死ぬシナリオ。この比較では1つ目のシナリオより2つ目のほうを好ましいとする人が多くなるはずだ。人が死ぬというシナリオではなく、表現を変えて人命が救われるというシナリオにすると結果は変わる。この場合、50人が確実に救われるシナリオを好む人が多くなる。[*41] 人はこの「フレーミング効果」の影響を受けるという事実は、選好調査の結果を拡大解釈しないよう、注意が必要なことを思い出させる。なぜなら、救われる命に目を向けるか、失われる命に目を向けるかで好悪が変わるからだ。これは顧客があるものにどれくらいの価値をつけるかを調べる調査に似ていて、こうした調査では、顧客があるものに喜んで支払う金額と、そのものを手放すならいくら欲しいかという金額はまったく異なることが多い。[*42]

もう1つ、認知エラーが起こる例を示そう。それが確率重視で、人は効果そのものより、ある出来事が起こる可能性に重きを置く。新しい空港の安全規制に対する支持を調べる調査で、リスクの程度はわからないが150人が救われる規制と、リスクに晒されている150人のうちの何%かが救われる規制のどちらを支持するか尋ねたとしよう。論理的に考えれば、150人より少ない命しか救われない規制より、150人が救われる規制のほうがよいと誰もが思うはずだ。しかし、この調査では、回答者が逆の選択肢を選んだことがわかった。回答者は150人全員の命が救われるより、150人のうちの98%、95%、90%、さらには85%でも、リスクに晒されている人が救われるほうがいいとした。[*43] この結果を解釈すると、多くの人が、成功率がわからなくて、より多くの命が救われるものより、成功したように見える（リスクに晒されている命の95%が救われる）対策のほうに興味がある、ということだ。

スコープ無反応性とは認知エラーの一種で、参照群がないと、人は大きな数字に対して無反応になることを言う。1人の命を救う価値が具体的に決まっていれば、2人救えば論理的に考えてその価値は2倍になり、100人救えば100倍になるはずだ。しかし、頭のなかでの計算はこれと異なることが多い。スコープ無反応性はよく、人の支払意思額は感情に左右され、その結果、介入によって人数が変わっても価格が固定される、という表現で説明される。[*44] 同様に、民事裁判でも、懲罰的損害賠償が違反による影響の範囲と完全には連動しないことがときどきある。[*45] これは、懲罰的損害賠償には、陪審員とその事件との感情的なつながりのほうが大きく影響するせいかもしれない。

もう1つの認知エラーが利用可能性ヒューリスティックだ。客観的な事実に基づかずに、どれくらい多くの例に出会う可能性があるかに基づいて、ある問題がいかに一般的かを早計に判断してしまう心理的ショートカットを言う。[*46] 世の中がしだいに暴力的になってきているという印象を多くのアメリカ人が抱いているのが、利用可能性ヒューリスティックの1つの例だ。この場合、印象は報道機関の歪んだサンプリングの影響を受けている。報道機関は人々の注意を引く衝撃的な物語で視聴率をできるだけ稼ぎたい。そうした話題は本質的に暴力的であることが多く、多くの人が米国はますます暴力的になって、住むには危険な場所になってきているという誤った認識に誘導される。殺人やテロ、戦争を取り上げたニュースが多いにもかかわらず、米国は総じて過去数十年のあいだにはるかに住みやすい安全な国になってきた。[*47] 暴行、強姦、殺人その他の暴力的犯罪の発生率は、平均してすべて数十年前よりはるかに低い。第二次世界大戦での戦死者の数は、それ以降の戦争では上回ったことがなく、市民の暮らしに暴力が影を落とすことが著しく少なくなった。このように暴力が減少している歴史的傾向は明らかであるのに、多くの人がそれを直観的に否定している。だからといって、この傾向が今後も続いていくとは限らないが、国および人々の安全に関する懸念は永遠に続くように思えても、少しは安心してよさそうだ。

トロッコ問題の問題

認知エラーや共感バイアスなど、人の意思決定能力に影響を及ぼす要因のなかにはトロッコ問題のような有名な仮説例と同じシナリオで検証できるものがある。ここでは暴走列車として話を進める。[*48] シナリオはこうだ。ここに1台の暴走列車があり、あなたができる操作は分岐で2つの線路のどちらかに進ませることしかないとする。列車はその線路上に5人の人間がいる方向に進んでいる。分岐のもう一方の線路上には1人しかいない。列車が通る線路上にいる人間は必ず死ぬ。この状況は1人を助けるか、5人を助けるかという選択の問題だ。いずれを選ぶかで、運転手は線路上にいた人もしくは線路上にいた人々の死に加担したことになる。人数以外にその人たちに関する情報が何も与えられていなければ、たいていの人は1人の命を犠牲にして5人を助けるほうがいいと言うだろう。

多くの場合、登場人物にアイデンティティを割り当てると回答は変化する。線路上にいる人たちについて、より詳しいことがわかると共感が私たちの意思決定プロセスにより大きな影響を及ぼす可能性がある。もし、線路1にいる5人が非常に年老いた男性で、線路2にいる1人が子どもだったらどうだろう？　5人の男性の平均余命は合計しても子どもの平均余命より短いのに、1人の子どもの命より5人の男性の命を助けるほうが理にかなっていると言えるだろうか？　もし、線路1にいる5人が有罪判決を受けた殺人犯で、線路2にいる1人が看守だったら？

そしてもちろん、親密度が役割を果たす別バージョンもある。もし、5人のほうが知らない人で、1人のほうが友人だったら？　5人のほうが知らない人で、1人のほうが自分の子どもだったら？　5人のほうが友人で、1人のほうが自分の子どもだったら？　予測どおり調査では、線路2にいる1人が自分の親族や恋人だったら、人はその1人を助けようとすることが示されている。[*49]

戦争状態のときには、この種の決断がいくつもの紆余曲折を経る。もし、5人が兵士で1人が民間人だったら、なかには民間人を助けるべきだと言う人も出てくるだろう。この意見の背景にあるロジックは、兵士はある程度命の危険を覚悟しているものだが、民間人はそうではない、というものだ。では、その決断を下す人も兵士で、5人と同じ国のために戦っており、一方の民間人が敵国の民間人だったら？　この選択は大変難しいが、これを少し変えたら一気に簡単になる。全員兵士ではあるのだけれど、5人は敵で1人のほうが友人だったら？

このクイズのポイントは、そこには誰もが納得する道徳的原則がいくつかあることを示すことではない。明らかにこれはそういう話ではない。ポイントは、どの形の質問でもそれは人の道徳的信念に問いかけることになり、匿名性の下でなら何が明確な選択になるだろうか、と自分に問いかけることになるということだ。線路上にいる人が全員匿名なら、理性的な人であれば1人を犠牲にして5人を助ける選択をするだろう。しかし、そこにより詳しい情報が加わると、決断が変わることがある。1人のほうが自分の子どもだからという理由で、あなたは1人のほうを選ぶかもしれないが、皆誰かの子どもなのだ。

最後に、線路上にいる1人のほうが自分なら、決断はどのように変わるだろうか？

第10章

次にどうするか？
——命の価格のつけ方

人の命には生まれたその日から死ぬその日まで値札がつけられる。哲学者は、命にはどのように価値をつけるべきで、何が公平なリソースの分配になるのかという聞こえのよい議論を展開しているかもしれないが、そのような議論は現実にある価格の世界と日々衝突する。現実にあるこの価格の世界は、自動車の安全の費用便益分析計算を行うビジネスアナリスト、水中の不純物の許容限界を決定する規制機関、どの薬品を保険対象にするかを決める健康保険会社、そして損害の賠償額を決める陪審員から派生したものだ。もし、この現実世界の価格であなたの命にはそれほど価値がないということになれば、あなたの命はより大きなリスクに晒されることになるが、それより高い値札が認められている命は、より手厚く保護してもらえる。

値札が誰によって、どのようにつけられるかに関係なく、それらは日常的に私たちの命に影響を及ぼし、しかも必ずしも公平であるとは限らない。この値札によって私たちの健康、権利、安全、経済力、寿命が左右される。価格には相当な不公平が入り込んでいることを考えると、こうした価値評価やそのうしろにある価値がどのように私たちの暮らしに影響を及ぼすかを理解し、可能なかぎりその不公平と対決して、負の結果になるのを最小限に抑えていかなければならない。

本書は一見シンプルな質問から始まった。人の命の価格はいくらですか？　この質問の厄介なところは、どのようにしてその値段に到達したかが、私たちの優先順位をよく物語っているという事実にある。価格とそれを決めるための方法は、社会としての私たちの価値観を反映している。そこには経済や道徳、宗教、人権、法律の影響が多分に含まれている。

理想を言えば、人命に対する価格のつけ方について、大半の人が同意できるシンプルな答えがあったほうがいい。しかし、そのような答えはないのだ。哲学者のアイザイア・バーリンは、人には時代を超えた真実を探求する「深くてどうしようもない形而上学的要求」があると述べていたが、そんなものは存在しない。それよりも、対立する真実がいくつもあって「価値は複数存在すること」を受け入れなければならない。[*1] 人命に価値をつける作業にはいくつもの対立する真実があって、シンプルな答えなどない。人命に対する価値のつけ方について、これという重要ポイントや、家にもち帰れるたった1つのメッセージに辿り着けないことに、読者の皆さんはイライラされているかもしれないが、このように込み入ったテーマは、ほぼすべての利害関係者が満足するたった1つの簡潔な解決策に要約することなどできないことが多い。

人命に価格はつけられない、と哲学的視点をとる人もいる。[*2] この姿勢をとる人は、人命の価格がいくらかなどという質問は意味がないとか、答えようがないと言う。しかし、知的には満足させられても、この視点は、人命は常に金銭換算されていて、だからこそそれが公平な方法で行われるようにしなければならないという現実を無視している。

本書は、現実世界で命に値段をつける方法と、それらの方法の意味するところ、ならびに限界に目を向ける実際的なアプローチをとってきた。命の価格は誰が価値評価を行うか、そのために使う方法は何か、価値評価を行う目的は何か、そしてきわめてかなりで頻度で、誰の命に価格をつけるのかによって変動する。

すべての命に等しい価格をつけるというのは、直感的には筋が通っているようにも思える。実にシンプルな答えだ。これは多くの人が口にする視点とも共鳴し、命に価格がつけられるとしたら、誰か優遇される人があってはならないとする意見とも一致する。命に等しく価格をつけるということの概念は平等主義の理想主義哲学に後戻りするものというよりはむしろ、多くの人が共鳴するものと言える。ビリオネアのマーク・ザッカーバーグとその妻プリシラ・チャンを考えてみよう。生まれたばかりの自分たちの娘に宛てた2人の公開書簡には「すべての命が等しい価値をもっているはず。そのなかには今を生きている人だけでなく、未来の時代を生きるさらに多くの人たちも含まれる」と書かれていた。[*3] この思想はビル&メリンダ・ゲイツ財団の哲学にも映し出されている。「私たちはすべての命の価値を等しく見ています[*4]」

平等を訴えるこれらのステートメントは、崇高で雄弁であるが、現実世界や、それを言っている人たちの環境とは見事に食い違っている。本書を通じて、命には常に異なる価値のつけ方がされているという事実を示してきた。このように不平等が起こると、すべての命が等しく守られなくなる。個人として見れば、ザッカーバーグ夫妻もゲイツ夫妻も間違いなく、自分の親や子ども、あるいは自分たち自身の命を助けるために投げ出すほどには、よその国の見ず知らずの人間の命を救うために、私財を投げ出したりはしないだろう。

9・11同時多発テロの犠牲者補償基金の補償額は、民事裁判の賠償額を真似て決定された。その補償額は25万ドルから700万ドル超と幅があり、主に経済的な面だけを考慮して導き出されたが、特別管理者のケネス・ファインバーグは不平等さをある程度抑えようとした。ファインバーグは補償額に上限と下限を設けた。犠牲者の家族は最低補償額が保証された。補償額には上限が設けられたので、数百万ドル稼いでいた犠牲者の遺族は、人々の税金から出される何千万ドルか相当の小切手が受け取れなかった。ファインバーグはのちに、すべての命に等しい価格をつけるべきだったと語っている。そうなると架空の登場人物リック、ジム、アニタ、セバスチャンの遺族は皆、同額の補償がされていたことになる。これなら管理者は楽だったはずだし、議論になることも少なく、国民にも納得してもらえたはずだ。

民事裁判が経済的損失を含む数多くのファクターに基づいて賠償金の額を決めていたのを思い出してみよう。最高の賠償金をもらえた命が、民事裁判では最も高い価値を認められたことになる。犠牲者が事故死したことで遺族が金銭を節約できた場合、遺族に賠償金受け取りの資格はないとして、陪審は非情な結論を出すこともときどきあることも思い出してみよう。ファインバーグは失われた命に対して、9・11同時多発テロ犠牲者補償基金から最低限の金額を出した。この最低限の金額というのは、犠牲者の収入にかかわらず、人命そのものに何らかの本質的な価値があり、したがって失われた命は、収入の如何にかかわらず、補償金の対象に値することを示している。この最低額の考え方であれば、失われた人命の価値を動産レベル以下に引き下げかねない非情な結論を避けられるので、理にかなっていて公平に見える。より一般的な話をすると、人命の価格を決めるのに収入を用いると、人種およびジェンダー間の賃金格差が入力項目に組み込まれてしまう。その結果、補償額を決定する際、人種およびジェンダーに基づいた調整を行わないかぎり、総じて女性やマイノリティの命が白人男性の命より価値を低く見積もられてしまうことになる。

司法に偏見があってはならないとされているが、刑事裁判制度ではたびたび、誰かの命が別の誰かの命より高く評価されている。殺人犯がすべて等しく罰せられるわけではない。死刑は、殺人被害者が白人で、殺人犯が黒人であった場合に適用されることが多い。自動車運転業務上過失致死傷罪の量刑手続きを見ると、死亡したのが黒人または男性である場合、ならびに無職であった場合に、より軽い刑が運転手に言い渡されるため、すべての命が等しく価値を認められているわけでも、保護されているわけでもないことが確認される。たとえば警官など、州の職員や州議会議員の命には高い価値がつけられるが、そうした人たちが暴力行為に及んでも、刑事罰を科されることはめったにない。より公平な社会を実現するには、訴追や量刑手続きの不平等の是正に取り組んでいく必要がある。

規制機関も日常的に人の命に価格をつけている。この価格は規制機関によって異なるが、同じ機関内なら、現在、命にはすべて等しい価格がつけられている(少なくとも本書執筆時点では)。過去には、EPAが高齢者の命に若者の命より低い価格をつけたことがあったが、市民の抗議を受けて、EPA

はすべての命に等しい価格をつけるよう修正した。質調整生存年などの医療経済統計は、高齢者の命より若者の命に高い価格をつけている。規制機関は価値分析に割引を採り入れているため、未来の命より現在の命に高い価格をつける。割引率が高くなればなるほど、現在の命と未来の命の価値の格差は広がる。こうした仮定の結果の感度を調べる方法が存在するので、必ずそれを利用しなければならない。

企業はいつも人命に異なる値札をつけている。従業員の報酬は、教育、スキル、経験、業界、労働組合員か否か、人種、性別、そしてときには仕事の危険度によって多寡ができる。これらのファクターのなかには、その従業員が企業の収益にどれくらい貢献するか、という視点で正当化できるものもある。総合的に考えて、CEOが製造ラインの労働者より高い給料をもらうのは納得できる。しかし、どれくらい多ければ妥当なのだろうか？　米国のCEOが、平均的労働者の300倍もの報酬を受け取っているというのは、なかなかに正当化し難く、他の裕福な国にも過去の米国にもこれほどの倍率は見られない。他の富裕国は報酬についてより公平なアプローチを実現しているので、米国でも実現できるはずだ。

企業は他の経営判断を行うとき、人命にまた別の値札セットを用いて計算する。企業も日常的に費用便益分析を行って、防げる死者や負傷者を避けるために、製品の安全性向上にいくら投資すべきかを決断している。こうした計算に用いられる費用には、民事裁判で敗けたら企業が支払うことになりそうな損失額が含まれる。これは、貧しい人ほどその命には低い価格がつけられ、結果的に保護してもらえにくくなることを意味する。

医療や生命の話になると、どんな民間保険でも公的保険でも保障の範囲には制限がある。どこまでのケアを保障するか、制限を設けずに財務面で生き残れる医療制度はない。費用が医療保険で保障されていなければ、人は自腹でそれを支払わなければならない。ということは、裕福な人ほど十分な医療が受けられ、健康上の利益が得られやすいということだ。これが最も顕著なのが米国で、医療が主要な利益追求型産業になっており、今なお数千万の人が医療保険に加入していない。これは他の富裕国ときわめて対照的で、他の富裕国は基本医療が人権として保障されている。[*5] このような基本医療および医療保険の格差は米国が共同で起草し署名した1948年の世界人権宣言とは食い違っていて、そこではすべての人が基本医療と社会福祉サービスを受ける権利を有すると宣言されている。[*6] すべての人に基本医療を受ける権利があるとする原則を支えているのは平等の概念だが、多くのアメリカ人にとって、自分の健康を確保するための値札はあまりに高く、自分や自分の家族のために食料や住まいを用意しなければならない日常のニーズと天秤にかけざるを得なくなっている。すべての人が基本医療を受けられるよう、この価格を引き下げるための対策が必要である。

値札は実は生まれる前からつけられている。親は子どもをつくることを考え、子どもを育てているあいだ、折りに触れて命の価値を考える。多くの親は子育てにかかる費用だけでなく、その子が自分たちに与えてくれる利益のことも考える。男女産み分けのための中絶には通常、男児志向が反映されている。そのなかには、この偏りが、男の子を産んだほうが、女の子を産むよりよい金融投資になる、との考えに根ざしている文化もある。先天性異常のある子どもを育てる苦労と費用を引き受けるよりも、お腹のなかの子を中絶する選択を親になるはずの人がすると、それが障害児を産まない選択的中絶になる。一部にはその子に関する経済的見込み、という理由の一部にあって、親が中絶を決意するというのは、なんとも痛ましく、それが投げかける問題は広範囲に及ぶ。世界中の人々にとって、遺伝子操作や選択受精、選択的中絶、選択的幼児殺害はいずれも、長期的に見れば同じ結果に辿り着くことを、道徳、科学、政治を総合して理解し、道徳と法律の正しい境界を私たちは確立しなければならない。

なかには命に価格はつけられないと言う人がおり、多くの人はすべての命に等しく価値つけるべきと主張するが、私たちは常にその反対の世界に生きている。これは、その命に他の人より高い価値をつけなければならない人がいる、というもう1つ別の広く支持されている見方を反映した世界だ。一部の人の命に他の人の命より高い価値をつけるというのは、筋が通っていて自然なように思える。連続殺人で有罪になった人の命を助けるか、勇敢な警官の命を助けるかの選択を考えた場合、たいていの人は警官を助けると言うだろう。もっと個人的なレベルでは、人は共感によって、知らない人より自分に近しい人の命に高い価値をつける。赤の他人と自分の子どもとで、どちらの命を助けるか選択しなければならないとしたら、あなたはきっと自分の子どもを助けるだろう。より広い範囲では、人は自分と同じ文化や宗教、民族、国籍、言語、あるいは個人の体験に共通項のある人に、より深く共感する傾向がある。命にどのように価値をつけるかで、いくつもの対立する視点があるなか、私たちはどうするのが正しいのだろうか？　命に価値をつける上で、どうすべきだとか、どうすべきではないという多種多様な意見はさておき、現実には日々命に値札がつけられているわけで、だからこそ私たちはどうやって命の価格を決めるべきか、それを決めなければならない。

経済学者のジレンマ

多くの優れた経済学者が人の命に価格をつけるという難題に挑んできた。そうした経済学者はこれを、費用便益分析の最重要入力項目の数字を割り出すのに必要な作業と見ている。命を金銭換算しようとすると、人の命は金に換えられない、だから価格などつけられないと譲らない人たちの批判に晒される。また、人命を売買するオープンな自由市場などどこにもないという事実にも直面する。経済学者は仮定して研究を進めなければならないが、その推計のもととなる計算が複雑な場合もあり、その推計に組み込む主な仮定は単純で、残念なことに限界だらけで、たいていは欠陥がある。

実際にほとんどバイアスのかかっていない仮想の質問をぶつけて行う調査に頼った方法では必ず、疑わしい答えが生成される。こうした調査は全人口を代表しているわけではないサンプル集団に対して行われることで、より問題が大きくなっている。さらに、あらかじめ定めていた容認できる回答の範囲を逸脱している回答は除外する作業が行われるために、欠陥が拡大する。これらの方法が理論的にも現実的にも甚だ疑わしいのは明らかだ。それなのに、そうした方法が存在し、私たちの人生の意思決定に影響を及ぼす重要な入力項目を探るのに使われている。哲学的議論と違って、これらの方法とその結果はすぐに検証して微調整し、別の、おそらくはより公平な結果が出るようすることができる。こうした調査の問題点を少しでも減らすには、サンプル集団の偏りを是正し、より広範な人口を反映するようにして、回答に制約を設けず、命に価格はつけられないと言う人の意見を反映するよう、極端に大きな値を用いなければならない。

人々が実際に現実世界で行う決断をベースにするやり方は、命に対する社会の価値評価を映し出すのにより適した方法に思えるが、この方法にも大きな理論的および現実的問題がある。これは、危険な仕事を引き受けるならいくら余計に支払ってほしいかや、自分が死亡するリスクを軽減する安全策にいくらなら喜んで支払うかを調べるものだが、この方法は、人々が自分の回答の意味するところに気づいていて、回答者にはほかにも選択肢があると仮定している。そこから推計された統計的生命価値（VSL）はバイアスがかかっている。なぜなら、多くの場合、回答者にはほかに選択肢がなく、交渉するのに必要な力量がなかったり、そもそもそこに含まれるリスクを知らなかったりするからだ。理論的および現実的な限界があると容易にわかるのに、それでもこの方法が現実世界の結論を用いたアルゴリズムになっている。

命の値段を推計する方法は、いずれを選択してもこれほど限界があるため、選択肢は非常に限られてくる。私たちの命には常に値札がつけられていることを本書は示してきた。平等ということを重んじるなら、こうした推計値の裏にある科学を過大評価せず、費用便益分析を行うときは必ず公平さを考慮するようにしなければならない。

1つの方法が、政府が決断を下す際に費用便益分析に頼らないことだ。これはかなり過激に聞こえるかもしれないが、何世紀ものあいだ米国政府は、命の価値を金銭換算しようとせずに政策決定してきたことを思い出してほしい。国防など、いくつかの方面では米国政府は今も費用便益分析を無視し、命に価格をつける他の方法にも目を向けていない。軍事や防衛費を正当化するのに、何人の命が救われるかや、救わなければならないかが考慮に入れられることはめったにない。人の命を守らなければならない米国政府の多くの分野では、費用便益分析を無視せざるを得ないわけではないが、過剰な制限で国民経済も衰えさせないようにしなければならない。

より総合的なアプローチは、規制策定の際に数ある検討材料の1つとして費用便益分析を利用する方法だろう。これは、英国のＮＩＣＥやタイのＨＩＴＡＰなどの国の健康機関が採用しているアプローチに類似していて、これらの機関は経済面だけでなく、道徳、政治、公平性の面からも規制策定を検討する。

経済界における、より総合的なこのアプローチの好例は、製薬会社のメルクが、アフリカの河川盲目症撲滅に必要なメクチザン（イベルメクチン）の寄付に乗り出したものだ。[*7] 企業の社会的責任を考えたこのモデルには、のちに他の企業も続き、そのおかげで何百万、何千万という人の健康が改善し、従業員のモラルについても、メルクに対する人々の印象についてもメリットがあった。[*8] しかし、費用便益分析を無視することは、一般的には企業の選択肢に入っていない。企業は経営判断をし、その行動による財務面の想定額を把握しなければならない。費用便益分析での検討材料の幅を広げれば、標準的な計算方法を超えて、企業が効果的な社会的責任を果たす場合のように、社会と自社の財務見通しの両方に広範囲に影響を与えることに目を向けることもあるかもしれない。

正義を守る

人命の価値の推計には不正がつきまとう。民事判決、犯罪の量刑手続き、従業員の給料、選択的中絶、人口政策。これは命の価値評価を決定するどのコンテクストでも見られる。この世界には不正が存在してきたし、これからも存在し続けるだろう。だからこそ、可能なかぎり不正を減らす努力をしていかなければならない。これは、不正が行われているようであれば必ず、そして不正によって命に不当な価値がつけられていればなおさら、異議を唱えていくことでしか実現できない。

科学には限界があるので、私たちは引き続き、経済学者が命に正しい価格をつけているという考えには抵抗し、その推計に使われている方法は疑っていかなければならない。ある計算を行うには、どうしても命に価格をつける必要があることを受け入れる場合は、その価格決定の背後にある手法は、過度に主観的ではなく、科学的に見て客観的で非の打ち所がないことを確認しなければならない。これは何も、こうした分野の仕事をする経済学者のスキルを過小評価しているわけではない。そうではなく、これは人命のような抽象的なものを数値化することの限界について事実を述べたものにすぎない。どんな分析を行うにしても、人命につけた価値の推計の不確かさと限界を踏まえた上で行う必要がある。

いかなる場合でも、命につけられる価格は、人命が十分に守られるだけ高額なものとなるよう、訴えていかなければならない。人種やジェンダーによる賃金格差など、不当な賃金格差は命の価値評価に影響を及ぼすものなので、絶対になくすよう訴えていかなければならない。命の価格を決めるのに収入を用いるなら、貧困層や退職した人、無職の人、自分の時間を奉仕に割いている人たちの命も守られて、政府や組織、企業の気まぐれの影響を受けないようにする対策を採るよう、訴えていかなければならない。

人が死んで「金が節約された」からという理由で、人の死が損害ではないなどと裁判所が裁定する状況があってはならない。1人のミリオネアの死が、それより稼ぎの少ない100人の死より、高く価値評価されるような状況があってはならない。企業や政府が、何ドルかを節約するために不必要に人命を危険に晒すような状況があってはならない。人命に不平等に価格がつけられた結果、基本的人権が否定されるような状況があってはならない。

命はすべて尊い。だが価格がつけられないわけではない。命には常に価格がつけられている。多くの場合、価格は不公平である。人の命に価格がつけられるときは、公平につけられて、必ず人権と人命が守られるようにしなければならない。

謝辞

本書は当初の構想から長い道のりを経てこの最終稿に辿り着いた。その間、いいときも悪いときもあって、構想を練ってリサーチして、原稿を書いて推敲して、編集して推敲して……さらにもう少し推敲して、ようやく完成稿ができあがった。本書の執筆では、科学や歴史、道徳、そして執筆について多くのことを学んだし、そのことで仕事や人生そのものについて私自身真剣に振り返る良い機会となった。

私が本書を執筆する過程において、様々な意見や助言、支え、励ましを与えてくれたすべての人に心より感謝したい。

まずは私の原稿執筆のごく初期の段階から頑張ってともに完成に向けて歩んでくれた人たちに、ありがとうと言うところから始めようと思う。アラン・フリードマン（父）、ジェロルド・フリードマン（兄弟）、アン・フリードマン（母）は皆、草稿段階の原稿を読んでくれて、建設的な意見を述べてくれた。

フィル・バスティアンにはリサーチの面でも執筆の面でも大いに助けてもらった。彼はブレインストーミングでも私の素晴らしいパートナーになってくれた。

また、ジェフリー・チェン、ナビール・クレシ、ポール・フェルトマン、クリス・エシュルマン、スタン・バーンスタイン、スコット・ウォルシュ、ジェフ・ヴォリンスキー、サラ・ウィルソン・ホウ、ホリー・バークレイ・フレッチャー、ピーター・シュタインメッツ、マイケル・フリードマン、ニコラス・オブライエン、ラルフ・ハッカート、フリオ・ルイス、キャロル・ビアウ、ガブリエラ・アルメンタ、ジェレミー・フリードマン、ローラ・アゴスタ、ケヴィン・フレッチャー、クリストス・コンスタンティニディス、ジェイソン・ブルーム、ダニーロ・モウラ、エイ・ヘザー・コイン、ブーン・ピン、サメール・サンパット、ジョシュ・クルルウィッツ、スカイ・シルヴァースタイン＝ヴィターレ、そしてニューヨーク市警察の警察官有志の人たちにも貴重な意見をもらった。

　私のエージェントのジェームズ・レヴァインと編集者のナオミ・シュナイダーは、草稿から練り上げて最終の作品に仕上げていくなかで、素晴らしい方向に導いてくれた。なかでも、ジュヌビエーブ・サーストンは、文章を修正し、コンセプトが明確に表現されていることを確認するのに、大いに力を発揮してくれた。

　アンドレア・ハースト、アリス・マーテル、アンジェラ・バッゲッタ、ブリジット・フラニー＝マッコイ、マシュー・コネリー、サッシャ・アブラムスキー、チャールズ・ケニー、アンドリュー・ベースヴィッチなど、多くのキーパーソンから勇気と励ましをもらったし、スティーブン・ピンカーとジャレド・ダイアモンドには特別なご教示と援助をいただいた。これらの方々に心から感謝したい。

アーサー・ゴールドワーグは、本書執筆中ずっと、素晴らしい友人としてアイデアや助言を私に与えてくれた。

エヴァ・ヴァイスマン、ポール・サーマン、キム・スウィーニーを始め、本書制作に多大な時間を割いてくれたレビュワーの人たちにもお礼を言わせていただく。

私にはもったいないぐらいの良き妻、シュイ・チェンはこの仕事のあいだ、忍耐強く私を支え、相談役にもなってくれた。できることなら表彰したい。

最後に、パラカス・ナヴァラトナムに感謝の気持ちを伝えたい。彼は何年も前から最高の友人で、科学分野での協力者で、ブレインストーミングのパートナーを務めてくれている。彼とのディスカッションや彼の友情、パートナーシップがなければ、本書は完成していなかっただろう。

訳者あとがき

著者のハワード・スティーヴン・フリードマンは、産官学界で活躍するデータサイエンティスト、医療経済学者、文筆家で、過去には金融サービス会社のキャピタル・ワン・フィナンシャル・コーポレーションで、データサイエンスや統計分析部門のディレクターを務めていた。のちには自身でデータ設計やモデリングのコンサルティング会社を設立したこともあり、国連で数多くのプロジェクトの統計モデリングを率いてきた実績をもつ。ニューヨーク州のビンガムトン大学で応用物理学の学士号を取得したのちに、ジョンズ・ホプキンズ大学で統計学の修士号と、トロクスラー効果と呼ばれる視覚に影響を与える目の錯覚に関連して、色の見え方に関する研究を行って生体医工学の博士号を取得している。データサイエンス、統計学、医療経済学、政治学の分野で約100本の学術論文や書籍の章を（共同）執筆。2012年には世界13の国々との比較から、どうすればアメリカが進歩できるかを述べたユニークな書『メジャー・オブ・ア・ネイション』（Prometheus、未邦訳）を出版。この書は生物学者のジャレド・ダイアモンドから2012年のベストブックとして推奨されている。現在は国連人口基金に勤める傍ら、コロンビア大学で准教授を務めている。

さて、命に価格はつけられるのか？　そう単刀直入に尋ねれば、多くの人が、命に価格なんかつけられるわけがない、と答えるだろう。命、愛情、幸福……。世の中にはいくつか、お金で買えないものがあるとされていて、「価格」という言葉からイメージされる映像として、人が首から値札をかけている画や、ペットショップのように人がガラスケースに入って、そこに値札が貼られている画を思い浮かべれば、たしかに命に価格はつけられないかもしれない。しかし人類はかつて、本当に人の首に値段を書いたプレートをぶら下げて売買するような行為を行っていた。奴隷貿易だ。そして今も、借金のかたなど、一部ではそれに類する行為が行われている。「金の切れ目が縁の切れ目」「地獄の沙汰も金次第」という言葉もある。だとすれば、本当に愛情や幸福、そして命に価格はつけられないのだろうか？

皆さんはトム・ハンクス主演の『フィラデルフィア』という映画をご覧になったことがあるだろうか？　トム・ハンクス演じるアンディ・ベケットは、独立宣言が行われた街、フィラデルフィアの大手法律事務所に勤める敏腕弁護士。しかし彼は同性愛者であり、エイズを発症していた。アンディは、個人の合法的な権利として、自分がエイズであることを事務所には伝えていなかった。しかし、あることからアンディがエイズであることに気づいた事務所は、彼を無能に見せる細工をして、不当解雇した。これに対してアンディは、デンゼル・ワシントン演じる弁護士のジョー・ミラーを雇って、自分が勤めていた事務所を相手に訴訟を起こす。ジョー・ミラーは言う。「僕もホモは嫌だ。だが、法が破られた」と。１９７３年の連邦雇用条例では、雇用者の求める業務をなし得る身体障害者の雇用差別は禁じられている。私の知識不足で、実際にそういう事実があったかどうかはわからないが、映画のなかでは、連邦雇用条例発効後の最高裁判決で、エイズも身体障害と認められた、とされている。

裁判所前に「男色に権利なし」の抗議プラカードが並ぶなか、裁判所から出てきたジョーは言う。独立宣言の言葉は、普通の人間が平等、にはなっていないと。人間は皆、平等、だと。ここからはネタバレになるので、まだこの映画をご覧になっていない方には申し訳ないが、結果、アンディたちは勝訴し、巨額の賠償金を獲得した。これが、アンディにつけられた命の「価格」だ。だが、アンディは白人男性。これが黒人だったら、あるいは女性だったら、裁判の結果はどうだっただろうか？　果たして、アンディほどの巨額の賠償金を勝ち取れただろうか？　そしてそもそも裁判に勝てただろうか？

映画『ザ・ハリケーン』の題材にもなったミドル級ボクサー、ルービン〝ハリケーン〟カーターの例を考えてみよう。主人公のルービン〝ハリケーン〟カーターをデンゼル・ワシントンが演じていることからわかるとおり、ルービンは黒人である。当時、ミドル級で次々に勝利を重ねていたルービンは1966年、29歳のときに、ニュージャージー州パターソンのバーで起こった銃撃事件の容疑者に仕立て上げられ、逮捕された。この銃撃事件では2人が即死、1人は事件から1カ月後に死亡。ルービンは捏造された証拠、偽証により有罪とされ、1967年6月、3人の殺害に関してそれぞれ終身刑を言い渡された。銃の乱射による3人の殺害で、本当にルービンが犯人であると陪審員や裁判長が確信していたなら、ほぼ間違いなく死刑が宣告されていたはずだが、そうではなかった。ということは、ルービンの有罪をまったく確信していないのに、彼が黒人であるという理由により、ルービンに有罪の評決を下した、ということだ。再審請求が繰り返され、ルービンは1985年11月になってようやく、州裁判所ではなく連邦裁判所で無実が認められ、即日釈放された。ルービンは19年分の人生を奪われたことになるが、これに対して、ルービンへの賠償金はなし。これが、黒人ルービン〝ハリケーン〟カーターにつけられた命の価格である。これは、1967年と、ひと昔前の事件ではあるが、今はもう、人種によって命の重さを軽んじる差別が行われていないと言い切れるだろうか？　実際、今も冤罪の被害者になるケースは、白人より黒人のほうが圧倒的に多いし、つい昨年もミネソタ州ミネアポリスで黒人のジョージ・フロイドが警察官から首を圧迫されて死亡。国際的にBLM（ブラック・ライブズ・マター）運動が広がる契機となった。この事件に関しては、BLM運動も影響力を発揮して、ミネアポリス市議会は2700万ドルでフロイド氏遺族と和解したようだ。

日本に目を転じてみると、ハンセン病患者の隔離政策はどうだろう？　日本のハンセン病患者は、1931年と1953年のらい予防法により、1955年には最多の1万1057人が療養所に収容されていた。ハンセン病は、感染し発病に至る可能性がきわめて低い病気であり、有効な治療薬がすでに確認されていて、療養所にも広く普及していた。にもかかわらずひとたび療養所に収容されてしまうと、退所の自由もほとんどなかったため、ハンセン病訴訟の原告は、収容期間が最も短い人で23年であった。つまり23年の人生を奪われたわけである。これに加えて、ハンセン病に対する誤った認識に基づく恐怖から、社会的な差別・偏見もあり、政府の政策がこれを助長する形となった。だがハンセン病訴訟において、個々の原告間の被害の程度の差異については、より被害の小さいケースを念頭において控え目に損害額が算定され、同様に、原告であるハンセン病患者が社会において差別的扱いを受けるような立場に置かれたことに対する精神的損害についても、原告間の被害状況に差異があることを念頭において、控え目に損害額が算定された結果、賠償額（慰謝料額）は、最高で１４００万円と決定された。果たしてこれが、23年以上の人生を奪われ、社会から白眼視される精神的苦痛を被った国民の命の価格として、公正かつ妥当なものだろうか？

先般の新型コロナウイルス感染拡大を受けて、困窮する国民の経済対策のために支給された、一律10万円の特別定額給付金はどうだろう？　政府は最初、困窮者に30万円を支給する案を検討していた。ところが一転。昨日生まれたばかりの赤ちゃんにも、明日亡くなるかもしれない高齢者にも一律10万円の支給が決定された。一律10万円の特別定額給付金が支給されて、女性のあいだでは一時、コロナ整形が流行した。コロナでも別に特に生活が困窮しているわけでもなく、臨時ボーナスのような10万円を手に、プチ整形に走る女性にも10万円。コロナで収入が激減し、10万円ぐらい支給されても生活の足しにもならない人にも10万円。金額一律であるから、これは命につける価格として公正だと言えるのだろうか？

個人的な話で言えば、私の母は何年か前に側弯症の手術を受けた。側弯症も、進行すれば命にかかわる病気である。母は当時80歳。９時間かかる大手術であった。もちろん、診療費は医療保険で支払った。だが、あとで医療費のお知らせを受け取って驚愕した。母の側弯症の手術・入院でかかった実際の費用は６４０万円。しかし、実際にうちが病院に支払った金額は10万円にも満たなかった（日本に高額医療費助成の制度があって、よかった）。もし、医療保険制度がなくて、６４０万円かかると言われたら、20歳になる自分の娘であれば、逆立ちしてでも費用をかき集めて手術を受けさせていただろうが、80歳の母に、即答で手術を受けさせると言っていたかどうか、私自身、自信がない。私たちはこうして、知らず知らずのうちに人の命に、相手によって異なる価格をつけている。それが現実。本書を訳して、そのことを痛感させられた。

最後になりましたが、本書の翻訳では、慶應義塾大学出版会の永田透さまに大変お世話になりました。このような興味深い書籍の翻訳の機会を与えていただき、心より感謝いたします。

南沢篤花

2021年3月10日

索引

欧文・数字

DALY（障害調整生存年数）
164-5, 168
EPA（米環境保護庁）　27, 74, 78, 97-8
NHTSA（米運輸省道路交通安全局）
105, 111-3
O・J・シンプソン裁判　44, 56, 69
QALY（質調整生存年数）　164, 167-8, 171-2
VSL（統計的生命価値）　26 28, 75, 82-3, 117, 132, 219
9・11同時多発テロ
——犠牲者の経済的価値　16
——犠牲者の非経済的価値　16
——犠牲者補償基金　15, 22, 38, 87, 138, 145, 228, 248
——補償金の計算式　22

ア行

アッカーマン, フランク　84
アフォーダブルケア法（オバマケア）
177-8, 181-3
命の非経済的価値　52
医療経済学の計測基準　163
ウェブスター対リプロダクティブ・ヘルス・サービス（1989）　203
ウォルシュ, ジョン　236-7
英国国立医療技術評価機構（NICE）
179-80
エボラ出血熱大流行　232
エリック・ガーナー殺人事件
44, 55, 71
オクラホマシティ連邦政府ビル爆破事件　15

カ行

確実性効果　219
確率重視　240
仮想評価　169
カリーナ・ヴェトラーノの事件　64
環境規制機関　161
ガンジー, マハトマ　233
関心の欠如　222
感度解析　87, 94-5
消えた女の子　208-9
気候変動に関する政府間パネル（IPCC）　26, 84
逆選択　154
キャンベル卿法　49
業界ロビイスト　81
共感　222-1, 233-8, 234-7
共有地悲劇　215
グリムショウ対フォード・モーター・カンパニー裁判　113
ゲノム編集技術　206
健康の価値　158-60
顕示選好によるVSL決定法　35-7
故意（intent）　62
——故殺　62

——によらない殺害　61
——の殺害　61
交渉力　131
国民皆医療保険制度　181
子育ての費用　190-4

サ行

ザッカーバーグ, マーク　247
殺人の刑事裁判　59
里親制度　195
サンスティーン, キャス　83, 85
ジェンダーによる賃金格差　133-4
死刑制度　66-8
質調整生存年数（QALY）　164
167-8, 171-2
「出エジプト記」　48, 61
障害調整生存年数（DALY）　164-5, 168
情報・規制問題局（OIRA）　75
ジョージ・ジマーマン殺人事件　44
ショーン・ベルの死　55, 71
女性の権利の拡大　214-5
ジョン・レノン殺害　44
シリア難民　221
心理的ショートカット　241
スタンド・ユア・グラウンド法（正当防衛法）　65
聖書の律法　48-9, 61
性選択的産み止め　210-1
生存者のニーズ計算　142-3
生命保険証券の売買市場（viatical market）　155-6
生命保険の加入条件の制限　151-4
生命保険の費用　138
生命保険の保有契約数　139
世界貿易センター爆破事件　15
ゼネラルモーターズ　114-5
選択的中絶　204-5
戦略的バイアス　99
臓器市場　187
増分費用対効果比（ICER）　172
ソーシャルネットワーク　237
損害賠償
——の経済的損害　47, 50-2
——の懲罰的損害賠償　47
——の非経済的損害　47

タ行

第一級謀殺　61
胎児の権利　201-4
第二級謀殺　61
代理母ビジネス　195
タバコ会社　117-8, 120-2
男女産み分け　206-11
ダンバー数　237-8
中絶する権利　198-200, 202
調査によるVSL決定法　29-32
賃金によるVSL決定法　32-5
統計的生命価値（Value of Statistical Life：VSL）　26, 28, 75, 82-3, 117, 132, 219
同定バイアス　219-21
東南アジアの津波（2004）　235
特定利益団体の影響　97-8
トヨタ　114-5

奴隷制度　123-5
トロッコ問題　242-3

ナ行

ナショナリズム　224, 230-2
ナチスのプロパガンダ　225-6
認知エラー　239-42
年季奉公奴隷　125-6

ハ行

ハインザーリング, リサ　84
バーリン, アイザイア　246
パリの同時多発テロ事件　234
ビスクシィ，W・キップ　31
必要代替所得　141-3
費用効果分析　164, 169, 177-8
費用便益分析　74-7, 80, 85-6, 88, 93-103, 175, 259
　——の問題点　89, 99-102
　私的——　106
　社会的——　106
ビル&メリンダ・ゲイツ財団　247
ファインバーグ, ケネス　15-6, 24, 38, 41, 84-5
ファッション企業　121
フィリップモリス　121-2
フォード　110-1
フォード・ピント　110-4
　——のリコール　112
フォルクスワーゲン　114-5
フセイン, サダム　228
不妊治療　194
不法死亡　45-7
フリードマン, トーマス　129-30
ブルーム, ポール　221
ブレイディ, ジェイムズ　236
プロパガンダ　224-5, 227
米運輸省道路交通安全局（NHTSA）　105
米環境保護庁（EPA）　27, 74, 78, 97-8
米国大使館爆破事件　15
米国の不法死亡法　49
ベイルートの大規模なテロ　234
ヘルス・インターベンション・アンド・テクノロジー・アセスメント・プログラム（HITAP）　179
報酬の決まり方　127-30
保険数理　146-7
ボストンマラソンの爆弾テロ　41
　——の裁判　67

マ行

マザー・テレサ　219
ミャンマーの台風（2008）　235
未来の人々の価値　91-4
メクチザン（イベルメクチン）の寄付　255
メディケア　177-8, 181
メディケイド　184

ヤ行

有償労働　16-7
ユニオンカーバイドの事故　119
養子縁組　195

ラ行

リーヴ, クリストファー　236
リトル, アーサー・D　121
利用可能性ヒューリスティック　241
ロウ対ウエイド事件(1973)　198-9, 203
ロビー活動　81, 113

ワ行

割引率　88-91
湾岸戦争(1990-91)　227-8

より知りたい人のための読書案内

本書では広範なトピックを取り上げて紹介した。より詳しく知りたい方は、以下の書籍を読むことを検討してみてもいいかもしれない。

費用便益分析

Ackerman, Frank. *Poisoned for Pennies: The Economics of Toxics and Precaution*. Washington, DC: Island Press, 2008.

Ackerman, Frank, and Lisa Heinzerling. *Priceless: On Knowing the Price of Everything and the Value Of Nothing*. New York: New Press, 2005.

Boardman, Anthony, David Greenberg, Aidan Vining, and David Weimer. *Cost-Benefit Analysis Concepts and Practice*. London: Pearson Publishing, 2011.〔『費用・便益分析：公共プロジェクトの評価手法の理論と実践』出口亨・小滝日出彦・阿部俊彦訳、ピアソンエデュケーション、2004年〕

Sunstein, Cass R. *The Cost-Benefit Revolution*. Cambridge, MA: MIT Press, 2018.

—— *Valuing Life: Humanizing the Regulatory State*. Chicago: University of Chicago Press, 2014.〔『命の価値：規制国家に人間味を』山形浩生訳、勁草書房、2017年〕

9・11テロの犠牲者補償

Feinberg, Kenneth R. *What Is Life Worth? The Inside Story of the 9/11 Fund and Its Effort to Compensate the Victims of September 11th*. New York: PublicAf- fairs, 2006.

—— *Who Gets What?* New York: PublicAffairs, 2012.〔『大惨事後の経済的困窮と公正な補償』伊藤壽英訳、中央大学出版部、2016年〕

認知科学と行動経済学

Bloom, Paul. *Against Empathy*. New York: Ecco, 2016.〔『反共感論：社会はいかに判断を誤るか』高橋洋訳、白揚社、2018年〕

Kahneman, Daniel. *Thinking, Fast and Slow*. New York: Farrar, Straus and Giroux, 2011.〔『ファスト&スロー：あなたの意思はどのように決まるか?』(全2巻) 村井章子訳、ハヤカワ・ノンフィクション文庫、2014年〕

家族計画

Connelly, Matthew. *Fatal Misconceptions*. Cambridge, MA: Belknap Press, 2008.

哲学

Sandel, Michael. *Justice: What's the Right Thing to Do?* New York: Farrar, Straus and Giroux, 2008.〔『これからの「正義」の話をしよう』鬼澤忍訳、ハヤカ

ワ・ノンフィクション文庫、2011年〕
—— *What Money Can't Buy: The Moral Limits of Markets*. New York: Farrar, Straus and Giroux, 2013.〔『それをお金で買いますか』鬼澤忍訳、ハヤカワ・ノンフィクション文庫、2014年〕

その他

Pinker, Steven. *Better Angels or Our Nature*. New York: Penguin Random House Books, 2012.〔『暴力の人類史』(全2巻) 幾島幸子・塩原通緒訳、青土社、2015年〕

注

第1章　お金か命か？

1）本書は原則として人が人命に対して つける価値に焦点を合わせている。このテーマは、命あるものと知覚できるすべてのもの、あらゆる動物の命、あらゆる生物の命に対して人がつける価値にまで広げて議論を掘り下げることもできるが、人命に限定した本書の焦点の当て方に対する批判は、未来の世代に期待したい。

2）Lexico.com, s.v. “price tag,” www.oxforddictio naries.com/us/definition/american_english/price-tag.（2019年9月29日アクセス）

3）Lexico.com, s.v. “value,” www.oxforddictionaries.com/us/definition/american_english/value.（2019年9月29日アクセス）

4）Arthur D. Little International, “Public Finance Balance of Smoking in the Czech Republic, Report to: Philip Morris CR,” November 28, 2000, www.tobaccofreekids.org/assets/content/what_we_do/industry_watch/philip_morris_ czech/pmczechstudy.pdf; Greg Gardner, Alisa Priddle, and Brent Snavely, “GM Could Settle DOJ Criminal Investigation This Summer,” *Detroit Free Press*, May 23, 2015, www.freep.com/story/money/2015/05/22/general-motors-justice-department-ignition-switch-deaths/27820247; Sanjoy Hazarika, “Bhopal Payments by Union Carbide Set at $470 Million,” *New York Times*, February 15, 1989, www.nytimes.com/1989/02/15/business/bhopal-payments-by-union-carbide-set-at-470-million.html.

5）September 11th Victim Compensation Fund, “Frequently Asked Questions,” www.vcf.gov/faq.html#gen1.（最終更新2019年9月6日）

6）Katharine Q. Seelye and John Tierney, “E.P.A. Drops Age-Based Cost Studies,” *New York Times*, May 8, 2003, www.nytimes.com/2003/05/08/us/epa-drops-age-based-cost-studies.html.

第2章　2つのタワーが崩れるとき——9・11同時多発テロの場合

1）2003年3月16日に報道番組『ミート・ザ・プレス（Meet the Press）』のなかで行われた、ジャーナリストのティム・ラサートによるディック・チェイニー副大統領インタビュー。www.nbcnews.com/id/3080244/ns/meet_the_press/t/transcript-sept/#.XZIFpUZKiUk. このインタビューは2003年3月19日のイラク侵攻を目前に控え、3日間にわたって行われた。人命につけられる価格という意味での、この侵攻で間違いなく発生する費用については十分に議論されることはなく、たいていの場合ほとんど無視された。ペンタゴンで2003年10月2日に記者会見が開かれ、国防長官のドナルド・ラムズフェルドは「イラクの復興のための資金の大半は、イラクが負担する」と述べていた。ProCon.org, “Will the Revenue from Iraqi Oil Production Pay for Re-

construction?," http://usiraq.procon.org/view.answers.php?question ID =000946.（最終更新2009年1月23日）

2) Linda J. Bilmes and Joseph E. Stiglitz, *The Three Trillion Dollar War: The True Cost of the Iraq Conflict* (New York: W. W. Norton, 2008).〔『世界を不幸にするアメリカの戦争経済：イラク戦費3兆ドルの衝撃』楡井浩一訳、徳間書店、2008年〕

3) Google Financeからアクセスしたダウ・ジョーンズの終値の業界平均による。www.google.com/finance.

4) 米労働省労働統計局、"Labor Force Statistics from the Current Population Survey," http://data.bls.gov/timeseries/LNS 14000000.（2019年9月30日アクセス）

5) 航空運輸安全およびシステム安定化法、合衆国政府印刷局、2001年9月22日、www.gpo.gov/fdsys/pkg/PLAW-107publ42/html/PLAW-107publ42.htm.

6) September 11th Victim Compensation Fund, "Frequently Asked Questions," www.vcf.gov/faq.html#gen1.（最終更新2019年9月6日）

7) Kenneth R. Feinberg, *Who Gets What?* (New York: PublicAffairs, 2012), 42.〔『大惨事後の経済的困窮と公正な補償』伊藤壽英訳、中央大学出版部、2016年〕

8) Fred Andrews, "Finding the Price of Fairness," *New York Times*, August 2, 2012, www.nytimes.com/2012/08/05/business/kenneth-feinbergs-new-look-at-fairnesss-price-review.html.

9) 犠牲者の約半数に子どもがいた（推定で直接の犠牲者2,996人中1,459人）。Andrea Elliot, "Growing Up Grieving, with Constant Reminders of 9/11," *New York Times*, September 11, 2004, www.nytimes.com/2004/09/11/nyregion/11kids.html.

10) Kenneth R. Feinberg, *What Is Life Worth?* (New York: PublicAffairs, 2005), 202.

11) "American Flight 77 Victims at a Glance," *USA Today*, September 25, 2011. http://usatoday30.usatoday.com/news/nation/2001/09/12/victim-capsule-flight77.htm.

12) Julia Talanova, "Cantor Fitzgerald, American Airlines Settle 9/11 lawsuit for $135 Million," *CNN News*, December 17, 2013, www.cnn.com/2013/12/17/us/new-york-cantor-fitzgerald-american-settlement.

13) Feinberg, *What Is Life Worth?*, 70.

14) Feinberg, *What Is Life Worth?*, 42.

15) Feinberg, *What Is Life Worth?*, 51.

16) Gretchen Livingston, "Stay-at-Home Moms and Dads Account for About One-in-Five U.S. Parents," Pew Research Center, September 24, 2018, www.

pewresearch.org/fact-tank/2018/09/24/stay-at-home-moms-and-dads-account-for-about-one-in-five-u-s-parents.

17) 全米介護者連合＆全米退職者協会（AARP）、Caregiving in the U.S. 2009（2009年米国における介護報告書）（Washington, DC: National Alliance for Caregiving, 2009), www.caregiving.org/pdf/research/Caregiving_in_the_US_2009_full_report.pdf.

18) Feinberg, *What Is Life Worth?*, 195に基づいて計算。

19) U.S. Department of Education, Status and Trends in the Education of Racial and Ethnic Groups, July 2010, http://nces.ed.gov/pubs2010/2010015.pdf.

20) ジェンダー間の給与格差については膨大な数の文献があるが、Natalia Kolesnikova and Yang Liu, "Gender Wage Gap May Be Much Smaller Than Most Think," *Regional Economist* 19, no. 4 (October 2011): 14–15, www.stlouisfed.org/~/media/Files/PDFs/publications/pub_assets/pdf/re/2011/d/gender_wage_gap.を見ると、概要がわかる。

21) September 11th Victim Compensation Fund, "Frequently Asked Questions."

22) Feinberg, *What Is Life Worth?*, 195, 202に基づいて計算。

23) Feinberg, *What Is Life Worth?*, 202.

24) Kenneth Feinberg, "What Have We Learned about Compensating Victims of Terrorism?" *Rand Review* 28, no. 2 (Summer 2004): 33–34, www.rand.org/pubs/periodicals/rand-review/issues/summer2004/33.html.

25) Feinberg, *What Is Life Worth?*, 185.

26) Patrick Mackin, Richard Parodi, and David Purcell, "Chapter 12: Review of Survivor Benefits," in *Eleventh Quadrennial Review of Military Compensation*, June 2012, https://militarypay.defense.gov/Portals/3/Documents/Reports/11th_QRMC_Supporting_Research_Papers_(932pp)_Linked.pdf.

27) 統計的生命価値の推計のテーマには、Kip Viscusi、James Hammittを始めとして数多くの研究者が取り組んでいる。この分野の論文には、Thomas J. Kniesner, W. Kip Viscusi, Christopher Woock, and James P. Ziliak, "The Value of a Statistical Life: Evidence from Panel Data," *Review of Economics and Statistics* 94, no. 1 (2012): 74–87; Joseph E. Aldy and W. Kip Viscusi, "Adjusting the Value of a Statistical Life for Age and Cohort Effects," *Review of Economics and Statistics* 90 (2008): 573–81、James Hammitt, "Extrapolating the Value per Statistical Life between Populations: Theoretical Implications," *Journal of Benefit-Cost Analysis* 8, no. 2 (2017): 215–25; James Hammitt and Lisa Robinson, "The Income Elasticity of the Value per Statistical Life: Transferring Estimates between High and Low Income Populations," *Journal of Benefit-Cost Analysis* 2, no. 1 (2011): 1–29

などがある。

28) Bert Metz, Ogunlade Davidson, Rob Swart, and Jiahua Pan, eds., *Climate Change 2001: Mitigation; Contribution of Working Group III to the Third Assessment Report of the Intergovernmental Panel on Climate Change* (Cambridge: Cambridge University Press, 2001), section 7.4.4.2.

29) World Bank Database, "GDP per Capita (Current US$)," http://data.worldbank.org/indicator/NY.GDP.PCAP.CD. (2019年9月30日アクセス)

30) Karin Stenberg, Henrik Axelson, Peter Sheehan, Ian Anderson, A. Metin Gulmezoglu,Marleen Temmerman, Elizabeth Mason,et al., "Advancing Social and Economic Development by Investing in Women's and Children's Health: A New Global Investment Framework," *The Lancet* 383, no. 9925 (2014): 1333-54; Peter Sheehan, Kim Sweeny, Bruce Rasmussen, Annababette Wils, Howard S. Friedman, Jacqueline Mahon, George C. Patton, et al., "Building the Foundations for Sustainable Development: A Case for Global Investment in the Capabilities of Adolescents," *The Lancet* 390, no. 10104 (2017): 1792-806. これらの論文中では、非経済的価値は「社会的利益」と表現して「経済的利益」と対比されている。

31) Katharine Q. Seelye and John Tierney, "E.P.A. Drops Age-Based Cost Studies," *New York Times*, May 8, 2003, www.nytimes.com/2003/05/08/us/epa-drops-age-based-cost-studies.html.

32) W. Kip Viscusi, *Pricing Lives* (Princeton, NJ: Princeton University Press, 2018), 20.

33) Binyamin Appelbaum, "As US Agencies Put More Value on a Life, Businesses Fret," *New York Times*, February 16, 2011, www.nytimes.com/2011/02/17/business/economy/17regulation.html; Viscusi, *Pricing Lives*, 35-36. 米国の他の機関が過去数年のあいだに用いた値は、Viscusi, *Pricing Lives*にまとめられている。

34) 将来的に予想される収入の現在価値は第5章で詳しく議論する。そこでは、米運輸省道路交通安全局が、1970年代に、自動車の安全規制の費用便益分析を行う際には、将来的に予想される収入を命の価値の推計値として用いるよう勧告したときのことを取り上げる。

35) Viscusi, *Pricing Lives*. 33.

36) 詳しくは、Cass Sunstein, *Valuing Life: Humanizing the Regulatory State* (Chicago: University of Chicago Press, 2014)〔『命の価値：規制国家に人間味を』山形浩生訳、勁草書房、2017年〕で議論されている。

37) Daniel Kahneman and Amos Tversky, "Choices, Values, and Frames," *American Psychologist* 39, no. 4 (April 1984): 342-47.

38) J. K. Horowitz and K. E. McConnell, "A Review of WTA/WTP Studies," *Journal of Environmental Economics and Management* 44 (2002): 426-47.

39) Janusz Mrozek and Laura Taylor, "What Determines the Value of Life? A Meta-Analysis," *Journal of Policy Analysis and Management* 21, no. 2 (Spring 2002): 253–70.
40) Frank Ackerman and Lisa Heinzerling, *Priceless: On Knowing The Price of Everything and the Value of Nothing* (New York: New Press, 2005), 61–90.
41) John D. Leeth and John Ruser, "Compensating Wage Differentials for Fatal and Non-Fatal Risk by Gender and Race," *Journal of Risk and Uncertainty* 27, no. 3 (December 2003): 257–77.
42) Viscusi, *Pricing Lives*. 28–29; W. K. Viscusi and C. Masterman, "Anchoring Biases in International Estimates of the Value of a Statistical Life," *Journal of Risk and Uncertainty* 54, no. 2 (2017): 103–28.
43) Viscusi, *Pricing Lives*. 39–40; Viscusi and Masterman, "Anchoring Biases."
44) 米国土安全保障省、"About DHS," www.dhs.gov/about-dhs.（最終更新2019年7月5日）
45) この言い回しの解釈は参考資料によって異なるが、通常は、計算で誤ったあるいは信頼性の低い入力項目を用いると、当然のこととして、結果は誤ったあるいは信頼性の低いものになることを指す。
46) Amanda Ripley, "WTC Victims: What's A Life Worth?," *Time*, February 6 2002, http://content.time.com/time/nation/article/0,8599,198866-3,00.html.
47) 米連邦捜査局（FBI)、"Crime in the United States 2001," https://ucr.fbi.gov/crime-in-the-u.s/2001.（2019年9月30日アクセス）
48) James Oliphant, "Why Boston Bombing Victims Get Millions When Wounded Soldiers Only Get Thousands," *National Journal*, August 3, 2013, http://qz.com/111285/why-boston-bombing-victims-get-millions-when-wounded-soldiers-only-get-thousands.

第3章　司法に正義はあるか？——法律と裁判における命の価格づけ

1) Massimo Calabresi, "Why a Medical Examiner Called Eric Garner's Death a 'Homicide,'" *Time*, December 4, 2014, http://time.com/3618279/eric-garner-chokehold-crime-staten-island-daniel-pantaleo.
2) Rene Stutzman, "Trayvon Martin's Parents Settle Wrongful-Death Claim," *Orlando Sentinel*, April 5, 2013, http://articles.orlandosentinel.com/2013-04-05/news/os-trayvon-martin-settlement-20130405_1_trayvon-martin-benjamin-crump-george-zimmerman.
3) Deborah R. Hensler, "Money Talks: Searching for Justice through Compensation for Personal Injury and Death," *DePaul Law Review* 53, no. 2 (2013): 417–56, http://via.library.depaul.edu/law-review/vol53/iss2/9.
4) Andrew Jay McClurg, "Dead Sorrow: A Story about Loss and a New Theory of Wrongful Death Damages," *Boston University Law Review* 85

(2005): 1–51.

5) 精神的苦痛を顧みない、あるいは意図的に精神的苦痛を与えることの不法行為を認めているいくつかの州では、死に至る行為を目撃した人（通常は身近な家族）が、苦痛を負わされたとして、法的に回復を求める根拠が認められることがある。

6) Nolo Law for All, "Damages in a Wrongful Death Lawsuit," www.nolo.com/legal-encyclopedia/wrongful-death-claims-over view-30141-2.html.（2019年9月30日アクセス）

7) Hensler, "Money Talks," 417-56. 大半の政府機関を含む組織のなかには、懲罰的損害賠償の対象にならない組織があることに注意（米雇用機会均等委員会、"Enforcement Guidance: Compensatory and Punitive Damages Available under § 102 of the Civil Rights Act of 1991," July 14, 1992, www.eeoc.gov/policy/docs/damages.html）。9.11同時多発テロの犠牲者補償基金には、懲罰的損害賠償は含まれなかった。

8) Exxon Shipping Co. et al. v. Baker et al., 554 U.S. 471（2008）, www.law.cornell.edu/supct/html/07-219.ZS.html; BMW of North America, Inc., v. Gore, 517 U.S. 559（1996）, www.law.cornell.edu/supct/html/94-896.ZO.html.

9) Adam Davidson, "Working Stiffs," *Harper's Magazine* 303, no. 1815（August 2001）: 48–54, https://adamdavidson.com/harpers-magazine-working-stiffs.

10) Baker v. Bolton. 1 Campbell 493, 170 Eng. Rep. 1033, 1033（K.B. 1808）.

11) Peter Handford, "Lord Campbell and the Fatal Accidents Act," *Law Quarterly Review* 420（2013）: http://ssrn.com/abstract=2333018.

12) Stuart M. Speiser and Stuart S. Malawer, "American Tragedy: Damages for Mental Anguish of Bereaved Relatives in Wrongful Death Actions," *Tulane Law Review* 51, no. 1（1976）: 1–32.

13) Ibid.

14) Leonard Decof, "Damages in Actions for Wrongful Death of Children," *Notre Dame Law Review* 47, no. 2（1971）: 197–229.

15) Ibid.

16) Michael L. Brookshire and Frank L. Slesnick, "Self-Consumption in Wrongful Death Cases: Decedent or Family Income?," *Journal of Forensic Economics* 21, no. 1（December 2009）: 35–53.

17) David Paul Horowitz, "The Value of Life," *New York State Bar Association Journal* 85, no. 9（2013）: 14–16.

18) サーストン対ニューヨーク州、ニューヨーク州政府請求裁判所、請求番号117361（2013）, http://vertumnus.courts.state.ny.us/claims/wp-html/2013-031-019.htm

19) Meredith A. Wegener, "Purposeful Uniformity: Wrongful Death Damages for Unmarried, Childless Adults," *South Texas Law Review* 51, no. 339

(2009): 339–67.

20) Michael L. Brookshire and Frank L. Slesnick, “Self-Consumption in Wrongful Death Cases: Decedent or Family Income?,” *Journal of Forensic Economics* 21, no. 1 (December 2009): 35–53.

21) Davidson, “Working Stiffs,” 48–54.

22) C. J. Sullivan, “$3.25M Settlement in Sean Bell Shooting an Eerie Birthday Gift,” *New York Post*, July 28, 2010, http://nypost.com/2010/07/28/3-25m-settlement-in-sean-bell-shooting-an-eerie-birthday-gift.

23) 射殺に関わった5人の警官のうち3人は大陪審によって起訴が決定された。起訴された3人の警官は、陪審審理ではなく非陪審審理（裁判官による審理）にかけられた。裁判官のアーサー・J・クーパーマンはすべての訴因について3人の警官を無罪とした。

24) Frank Donnelly, “Misdemeanor Cases over Alleged Untaxed Cigarettes Preceded Fatal Police Incident with Eric Garner,” *Staten Island Live*, July 18, 2014, www.silive.com/northshore/index.ssf/2014/07/eric_garner_who_died_in_police.html.

25) Faith Karimi, Kim Berryman, and Dana Ford, “Who Was Freddie Gray, Whose Death Has Reignited Protests Against Police?,” *CNN*, May 2, 2015, www.cnn.com/2015/05/01/us/freddie-gray-who-is-he.

26) John Bacon, “Freddie Gray Settlement ‘Obscene,’Police Union Chief Says,” *USA TODAY*, September 9, 2015, www.usatoday.com/story/news/nation/2015/09/09/baltimore-panel-approves-freddie-gray-settlement/71928226.

27) B. Drummond Ayres, Jr., “Jury Decides Simpson Must Pay $25 Million in Punitive Award,” *New York Times*, February 11, 1997, www.nytimes.com/1997/02/11/us/jury-decides-simpson-must-pay-25-million-in-punitive-award.html.

28) The Innocence Project, “Compensating The Wrongly Convicted,” December 11, 2018, www.innocenceproject.org/compensating-wrongly-convicted; Editorial Board, “Paying for Years Lost Behind Bars,” *New York Times*, May 18, 2016, www.nytimes.com/2016/05/18/opinion/paying-for-years-lost-behind-bars.html.

29) The Innocence Project, “Compensation Statutes: A National Overview,” 2017, www.innocenceproject.org/wp-content/uploads/2017/09/Adeles_Compensation-Chart_Version-2017.pdf.

30) A. G. Sulzberger and Tim Stelloh, “Bell Case Underlines Limits of Wrongful-Death Payouts,” *New York Times*, July 28, 2010, www.nytimes.com/2010/07/29/nyregion/29bell.html.

31) Eliot McLaughin, “He Spent 39 Years in Prison for a Double Murder He

Didn't Commit. Now, He's Getting $21 Million," *CNN*, February 25, 2019, www.cnn.com/2019/02/24/us/craig-coley-simi-valley-21-million-wrongful-conviction/index.html.

32) Jonathan M. Katz, "2 Men Awarded $750,000 for Wrongful Convictions in 1983 Murder," *New York Times*, September 2, 2015, www.nytimes.com/2015/09/03/us/2-men-awarded-750000-for-wrongful-convictions-in-1983-murder.html.

33) Kenneth R. Feinberg, *What Is Life Worth?* (New York: PublicAffairs, 2005), 202.

34) United States Courts, "Criminal Cases," United States Courts, www.uscourts.gov/about-federal-courts/types-cases/criminal-cases.

35) World Bank, "Intentional Homicides (per 100,000 People)," http://data.worldbank.org/indicator/VC.IHR.PSRC.P5. (2019年9月30日アクセス)

36) 米連邦捜査局(FBI)、"Crime in the United States 2011: Expanded Homicide Data Table 8," www.fbi.gov/about-us/cjis/ucr/crime-in-the-u.s/2011/crime-in-the-u.s.-2011/tables/expanded-homicide-data-table-8. (2019年9月30日アクセス)

37) 疾病予防管理センター、"QuickStats: Suicide and Homicide Rates,* by Age Group--United States, 2009," July 20, 2012, www.cdc.gov/mmwr/preview/mmwrhtml/mm6128a8.htm (2019年9月30日アクセス); 米連邦捜査局、"Expanded Homicide Data Table 1: Murder Victims by Race and Sex, 2010," www.fbi.gov/about-us/cjis/ucr/crime-in-the-u.s/2010/crime-in-the-u.s.-2010/tables/10shrtbl01.xls. (2019年9月30日アクセス)

38) Jillian Boyce and Adam Cotter, "Homicide in Canada, 2012,"Canadian Centre for Justice Statistics, December 19, 2013, www.statcan.gc.ca/pub/85-002-x/2013001/article/11882-eng.htm; OECD, "Better Life Index," www.oecdbetterlifeindex.org/topics/safety. (2019年9月30日アクセス)

39) Nate Silver, "Black Americans Are Killed at 12 Times the Rate of People in Other Developed Countries," *FiveThirtyEight*, June 18, 2015, http://fivethirtyeight.com/datalab/black-americans-are-killed-at-12-times-the-rate-of-people-in-other-developed-countries.

40) 米連邦捜査局の"Expanded Homicide Data Table 1"に基づいて計算。

41) 米連邦捜査局、"Expanded Homicide Data Table 10: Murder Circumstances by Relationship, 2010," www.fbi.gov/about-us/cjis/ucr/crime-in-the-u.s/2010/crime-in-the-u.s.-2010/tables/10shrtbl10.xls. (2019年9月30日 アクセス)

42) B. Page, "Bible Says It's Okay to Beat Your Slave, As Long As They Don't Die? Exodus 21:20-21?," Revelation.co, June 9, 2013, www.revelation.co/2013/06/09/bible-says-its-okay-to-beat-your-slave-as-long-as-they-dont-

die-exodus-2120-21.

43) Murder, 18 U.S. Code § 1111, www.law.cornell.edu/uscode/text/18/1111.

44) Cornell Law School, "Manslaughter," Legal Information Institute, www.law.cornell.edu/wex/manslaughter.（2019年10月21日アクセス）

45) 外国の高官、賓客もしくは国際的に保護される者の謀殺または故殺、合衆国法典第18編第1116条、www.law.cornell.edu/uscode/text/18/1116.

46) John Blume, Theodore Eisenberg, and Martin T. Wells. "Explaining Death Row's Population and Racial Composition," *Journal of Empirical Legal Studies* 1, no. 1 (2004): 165–207; 死刑情報センター、"States with and without the Death Penalty," https://death penaltyinfo.org/state-and-federal-info/state-by-state.（2019年10月21日アクセス）

47) J. L. Lauritsen, R. J. Sampson, and J. H. Laub, "The Link between Offending and Victimization among Adolescents," *Criminology* 29, no. (1991): 265–92.

48) T. Bynum, G. Cordner, and J. Greene, "Victim and Offense Characteristics: Impact on Police Investigative Decision-Making," *Criminology* 20, no. 3 (1982): 301–18.

49) Shila R. Hawk and Dean A. Dabney, "Are All Cases Treated Equal? Using Goffman's Frame Analysis to Understand How Homicide Detectives Orient to Their Work," *British Journal of Criminology* 54 (2014): 1129–47.

50) Ibid.

51) Jason Rydberg and Jesenia M. Pizarro, "Victim Lifestyle as a Correlate of Homicide Clearance," *Homicide Studies* 18, no. 4 (2014): 342–62.

52) Jan Ransom and Ashley Southall, " 'Race-Biased Dragnet': DNA from 360 Black Men Was Collected to Solve Vetrano Murder, Defense Lawyers Say," *New York Times*, March 31, 2019, www.nytimes.com/2019/03/31/nyregion/karina-vetrano-trial.html.

53) このパラグラフに登場するカリーナ・ヴェトラーノに関する内容の大半は、ニューヨーク市警の警官から聞いた内密の話を総合して組み立てたものである。

54) Edward L. Glaeser and Bruce Sacerdote, "Sentencing in Homicide Cases and the Role of Vengeance," *Journal of Legal Studies* 32 (2003): 363–82.

55) 死刑情報センター、"Abolitionist and Retentionist Countries," www.deathpenaltyinfo.org/abolitionist-and-retentionist-countries.（最終更新2017年12月31日）

56) *Death Sentences and Executions 2017* (London: Amnesty International, 2018),ww.amnesty.org/download/Documents/ACT5079552018ENGLISH.PDF.

57) Peter A. Collins, Robert C. Boruchowitz, Matthew J. Hickman, and Mark A. Larranaga, *An Analysis of the Economic Costs of Seeking the Death Penalty*

in Washington (Seattle: Seattle University School of Law 2015), http://digitalcommons.law.seattleu.edu/faculty/616; Paul V. Townsend, *Performance Audit: Fiscal Costs of the Death Penalty, 2014* (Carson City, NV: State of Nevada, 2014), www.leg.state.nv.us/audit/Full/BE2014/Costs%20of%20Death%20Penalty,%20LA14-25,%20Full.pdf; Arthur L. Alarcon and Paula M. Mitchell, "Costs of Capital Punishment in California: Will Voters Choose Reform this November?," special issue, *Loyola Law Review* 46, no. 0 (2012).

58) 死刑情報センター、"Death Penalty for Offenses Other Than Murder," https://deathpenaltyinfo.org/facts-and-research/crimes-punishable-by-death/death-penalty-for-offenses-other-than-murder. (2019年10月21日アクセス)

59) Karen F. Parker, Mari A. DeWees, and Michael L. Radelet, "Race, the Death Penalty, and Wrongful Convictions," *Criminal Justice* 18, no. 49 (2003): 48–54; Hugo Adam Bedau, "Racism, Wrongful Convictions, and the Death Penalty," *Tennessee Law Review* 76, no. 615 (2009): 615–24; Samuel Sommers and Phoebe Ellsworth, "White Juror Bias: An Investigation of Prejudice Against Black Defendants in the American Courtroom," *Psychology, Public Policy and Law* 7, no. 1 (2001): 201–29, www.ase.tufts.edu/psychology/sommerslab/documents/raceRealSommersEllsworth2001.pdf.

60) John Blume, Theodore Eisenberg, and Martin T. Wells, "Explaining Death Row's Population and Racial Composition," *Journal of Empirical Legal Studies* 1, no. 1 (2004): 165–207, http://scholarship.law.cornell.edu/cgi/viewcontent.cgi?article=1240&context=facpub.

61) Scott Phillips, "Racial Disparities in the Capital of Capital Punishment," *Houston Law Review* 45 (208): 807–40.

62) 死刑情報センター、"Number of Executions by State and Region since 1976," www.deathpenaltyinfo.org/number-executions-state-and-region-1976. (2019年10月21日アクセス)

63) 死刑情報センター、"Executions by Country," www.deathpenaltyinfo.org/executions-county#overall. (2019年10月21日アクセス)

64) Phillips, "Racial Disparities."

65) Marian R. Williams and Jefferson E. Holcomb, "The Interactive Effects of Victim Race and Gender on Death Sentence Disparity Findings," *Homicide Studies* 8, no. 4 (2004): 350–76.

66) Lane Kirkland Gillespie, Thomas A. Loughran, Dwayne M. Smith, Sondra J. Fogel, and Beth Bjerregaard, "Exploring the Role of Victim Sex, Victim Conduct, and Victim-Defendant Relationship in Capital Punishment

Sentencing," *Homicide Studies* 18, no. 2 (2014): 175–95, http://dx.doi.org/10.1177/1088767913485747.

67) Samuel R. Gross, Maurice Possley, and Klara Stephens, *Race and Wrongful Convictions in the United States* (Irvine, CA: National Registry of Exonerations, March 7, 2017), www.law.umich.edu/special/exoneration/Documents/Race_and_Wrongful_Convictions.pdf.

68) カリフォルニア州刑法第187-199条。https://leginfo.legislature.ca.gov/faces/codes_dis-playText.xhtml?lawCode=PEN&division=&title=8.&part=1.&chapter=1.&article; Veronica Rose, "Killing a Police Officer," OLR Research Report, May 23, 2000, www.cga.ct.gov/2000/rpt/2000-R-0564.htm.

69) *Washington Post,* "Fatal Force," www.washing tonpost.com/graphics/2018/national/police-shootings-2018. (2019年9月30日アクセス)。職務中の警官による年間の殺害人数は、『ワシントン・ポスト』紙の報じている数字(2018年は992人が警官によって射殺)が、FBIによる数字(約400人)の2倍を超えている。米連邦捜査局の"Expanded Homicide Data Table 14: Justifiable Homicide by Weapon, Law Enforcement, 2008-2012," www.fbi.gov/about-us/cjis/ucr/crime-in-the-u.s/2012/crime-in-the-u.s.-2012/offenses-known-to-law-enforcement/expanded-homicide/expanded_homicide_data_table_14_justifiable_homicide_by_weapon_law_enforcement_2008-2012.xls. (2019年9月30日アクセス)

70) Human Rights Watch, "Local Criminal Prosecution," www.hrw.org/legacy/reports98/police/uspo31.htm. (2019年9月30日アクセス)

71) Mapping Police Violence, "Unarmed Victims," http://mappingpoliceviolence.org/unarmed. (2019年9月30日アクセス)

72) Human Rights Watch, "Local Criminal Prosecution," www.hrw.org/legacy/reports98/police/uspo31.htm. (2019年9月30日アクセス)

73) Calabresi, "Why a Medical Examiner Called Eric Garner's Death a 'Homicide.'"

74) 米国勢調査局、"Income, Poverty and Health Insurance Coverage in the United States: 2014," release number CB15-157, September 16, 2015, www.census.gov/newsroom/press-releases/2015/cb15-157.html; Rakesh Kochhar and Richard Fry, "Wealth Inequality Has Widened along Racial, Ethnic Lines since End of Great Recession," Pew Research Center, December 12, 2014, www.pewresearch.org/fact-tank/2014/12/12/racial-wealth-gaps-great-recession.

第4章　水のなかのわずかなヒ素――規制機関による命の価値評価

1) 本章での議論は連邦規制に的を絞っている。州や各地方の規制は費用便益分析の影響を受けないことが多い。連邦機関の完全なリストは連邦官報の

ウェブサイトに掲載されている可能性がある。www.federalregister.gov/agencies.

2) 書類作成負担軽減法、Public Law 96-511、第96議会（1980）。www.congress.gov/bill/96th-congress/house-bill/6410; 大統領令13563、76 Fed. Reg. 3821（January 18, 2011）www.gpo.gov/fdsys/pkg/FR-2011-01-21/pdf/2011-1385.pdf.

3) 大統領令12291、46 Fed. Reg. 13193（February 17, 1981）www.archives.gov/federal-register/codification/executive-order/12291.html; 大統領令12866、58 Fed. Reg. 190（September 30, 1993）www.reginfo.gov/public/jsp/Utilities/EO_12866.pdf; 大統領令13563.

4) 1939年洪水管理法、Public Law 76-396、第76議会（1939）。www.legisworks.org/congress/76/publaw-396.pdf.

5) 概要は、Anthony Boardman, David Greenberg, Aidan Vining, and David Weimer, *Cost-Benefit Analysis Concepts and Practice*, 4th ed., Pearson Series in Economics（Upper Saddle River, NJ: Prentice Hall, 2010）〔『費用・便益分析：公共プロジェクトの評価手法の理論と実践』出口亨・小滝日出彦・阿部俊彦訳、ピアソンエデュケーション、2004年〕を参照。

6) Winston Harrington, Richard Morgenstern, and Peter Nelson, "How Accurate Are Regulatory Cost Estimates?," *Resources for the Future*, March 5, 2010, https://grist.files.wordpress.com/2010/10/harringtonmorgensternnelson_regulatory_estimates.pdf; Winston Harrington, "Grading Estimates of the Benefits and Costs of Federal Regulation: A Review of Reviews"（discussion paper 06-39, Resources for the Future, Washington, DC, 2006）, https://ideas.repec.org/p/rff/dpaper/dp-06-39.html; Winston Harrington, Richard D. Morgenstern, and Peter Nelson, "On the Accuracy of Regulatory Cost Estimates," *Journal of Policy Analysis and Management* 19, no. 2（2000）: 297–322, https://onlinelibrary.wiley.com/doi/abs/10.1002/%28SICI%291520-6688%28200021%2919%3A2%3C297%3A%3AAID-PAM7%3E3.0.CO%3B2-X.

7) Noel Brinkerhoff, "Many of Largest U.S. Corporations Paid More for Lobbying Than for Federal Income Taxes," Allgov.com, January 27, 2012, www.allgov.com/Top_Stories/ViewNews/Many_of_Largest_US_Corporations_Paid_More_for_Lobbying_than_for_Federal_Income_Taxes_120127.

8) Alex Blumberg, "Forget Stocks or Bonds, Invest in a Lobbyist," National Public Radio, January 6, 2012, www.npr.org/sections/money/2012/01/06/144737864/forget-stocks-or-bonds-invest-in-a-lobbyist.

9) Cass Sunstein, *Valuing Life*（Chicago: University of Chicago Press, 2014）, 74.

10) Lisa Heinzerling, "The Rights of Statistical People," *Harvard Environmental*

Law Review 189, no. 24 (2000): 203–6, http://scholarship.law.georgetown.edu/cgi/viewcontent.cgi?article=1322&context=facpub.

11) "Economic Analysis of Federal Regulations under Executive Order 12866," (Report of Interagency Group Chaired by a Member of the Council of Economic Advisors, January 11, 1996), part III.B.5 (a), https://georgewbush-whitehouse.archives.gov/omb/inforeg/riaguide.html.

12) W. Kip Viscusi, *Pricing Lives* (Princeton: Princeton University Press, 2018), 35–36.

13) Frank Ackerman and Lisa Heinzerling, "If It Exists, It's Getting Bigger: Revising the Value of a Statistical Life," (Global Development and Environment Institute Working Paper No. 01-06, Tufts University, Medford, MA, October 2001), http://frankackerman.com/publications/costbenefit/Value_Statistical_Life.pdf.

14) Sunstein, *Valuing Life*, 52.

15) Katharine Q. Seelye and John Tierney, "E.P.A. Drops Age-Based Cost Studies," *New York Times*, May 8, 2003, www.nytimes.com/2003/05/08/us/epa-drops-age-based-cost-studies.html; Frank Ackerman and Lisa Heinzerling, *Priceless: On Knowing the Price of Everything and the Value of Nothing* (New York: New Press, 2005), 61–90; Bert Metz, Ogunlade Davidson, Rob Swart, and Jiahua Pan, *Climate Change 2001: Mitigation* (Cambridge: Cambridge University Press, 2001), section 7.4.4.2.

16) Clean Air Task Force, "The Toll from Coal: An Updated Assessment of Death and Disease from America's Dirtiest Energy Source," September 2010, www.catf.us/resources/publications/files/The_Toll_from_Coal.pdf; Abt Associates, "Technical Support Document for the Powerplant Impact Estimator Software Tool," July 2010, www.catf.us/resources/publications/files/Abt-Technical_Support_Document_for_the_Powerplant_Impact_Estimator_Software_Tool.pdf.

17) Cass R. Sunstein, *The Cost-Benefit Revolution* (Cambridge, MA: MIT Press, 2018), 74, 80, 142, 170.

18) これは、調査結果を年齢別に分類して、年齢層によって価値が変わるかを調べれば探れるかもしれないが、この方法だと、支払い能力を始め他のファクターが多数関係してくる可能性がある。

19) 割引と複利について詳しくは、Boardman et al.の*Cost-Benefit Analysis Concepts and Practices*を読むことをお薦めする。

20) Boardman et al., *Cost-Benefit Analysis Concepts and Practices*, 247.

21) どれくらいの割引率を適用するのが妥当かについては、様々な議論がある。これまで使用されたことのある各種割引率には、民間部門の投資の限界利益率や時間選好の社会的限界率、政府の実際の長期借入金利などがある。

22) 割引率と同率で命の価値が上がるように設定すると、ゼロ以外の割引率を適用しても、割引率は実質ゼロになる。

23) 未来の命に割引率を適用すべきことを示そうとしている研究もある(Maureen L. Cropper, Sema K. Aydede, and Paul R. Portney, "Rates of Time Preference for Saving Lives," *American Economic Review* 82, no. 2 [May 1992]: 469–72など参照)。これらの研究は、この手のすべての研究と同じサンプルのバイアス問題の影響を受けており、そこに見られる割引率は、どこまで遠い未来を見通しているかによって異なるという事実から逃れられない。

24) 懸念をまとめたものは"Economic Analysis of Federal Regulations under Executive Order 12866," part III.B.5 (a) の世代間会計の項で確認できる。

25) T. Tan-Torres Edejer, R. Baltussen, T. Adam, R. Hutubessy, A. Acharya, D. B. Evans, and C. J. L. Murray, eds., "WHO Guide to Cost-Effectiveness Analysis," (Geneva: World Health Organization, 2003), 70, www.who.int/choice/publications/p_2003_generalised_cea.pdf.

26) Stephanie Riegg Cellini and James Edwin Kee, "Cost-Effectiveness and Cost-Benefit Analysis," in *Handbook of Practical Program Evaluation*, 3rd ed., ed. Joseph S. Wholey, Harry P. Hatry, and Kathryn E. Newcomer (San Francisco: Jossey-Bass, 2010), 493–530.

27) Clean Air Task Force, "Toll from Coal."

28) Adam Liptak and Coral Davenport, "Supreme Court Blocks Obama's Limits on Power Plants," *New York Times*, June 29, 2015, www.nytimes.com/2015/06/30/us/supreme-court-blocks-obamas-limits-on-power-plants.html.

29) Michigan et al. v. Environmental Protection Agency et al., 135 S. Ct. 2699 (2015), www.supremecourt.gov/opinions/14pdf/14-46_bqmc.pdf.

30) 規制の虜のテーマについて詳しくは、Ernesto Dal Bo, "Regulatory Capture: A Review," *Oxford Review of Economic Policy* 22 no. 2 (2006): 203–25, http://faculty.haas.berkeley.edu/dalbo/Regulatory_Capture_Published.pdf.参照。

31) Laurie Garrett, "EPA Misled Public on 9/11 Pollution/White House Ordered False Assurances on Air Quality, Report Says," *Newsday*, August 23, 2003, www.sfgate.com/news/article/EPA-misled-public-on-9-11-pollution-White-House-2560252.php.

32) Jennifer Lee, "White House Sway Is Seen in E.P.A. Response to 9/11," *New York Times*, August 9, 2003, www.nytimes.com/2003/08/09/nyregion/white-house-sway-is-seen-in-epa-response-to-9-11.html

33) 連邦行政手続法、Public Law 79-404、第79議会 (1946) に基づき、市民が意見を言うことができる。

34) 大統領令13563。

35) Dwight D. Eisenhower, "Military-Industrial Complex Speech," 1961, https://avalon.law.yale.edu/20th_century/eisenhower001.asp.

第5章　誰の財布で利益を最大化するか？――企業による命の計算と労働市場

1) E. S. Grush and C. S. Saunby, "Fatalities Associated with Crash Induced Fuel Leakage and Fires," 1973, http://lawprofessors.typepad.com/tortsprof/files/FordMemo.pdf. この文書はフォード・ピント・メモとも呼ばれている。

2) Gary T. Schwartz, "The Myth of the Ford Pinto Case," *Rutgers Law Review* 43, no. 1013 (1991): 1013–68, www.pointoflaw.com/articles/The_Myth_of_the_Ford_Pinto_Case.pdf.

3) 筆者には個人的に、模擬裁判をサポートする統計学者を務めた経験がある。

4) William H. Shaw and Vincent Barry, *Moral Issues in Business*, 8th ed. (Belmont, CA: Wadsworth Publishing, 2001), 83–86.

5) Mark Dowie, "Pinto Madness," *Mother Jones*, September/October 1977, www.motherjones.com/politics/1977/09/pinto-madness.

6) グリムショウ対フォード・モーター・カンパニー、119 Cal.App.3d 757 (1981)。http://online.ceb.com/calcases/CA3/119CA3d757.htm. この歴史的事件で、過去30年の生活費調整から、塡補的損害賠償が250万ドルと決められたことをきっかけに、今日規制機関で使用される命の価格が近い値になったことは注目に値する。この計算は1978年に裁定され、1981年に結審した賠償額をベースに、社会保障局の生活費調整（www.ssa.gov/oact/cola/colaseries.html）を用いて2010年の統計的生命価値（VSL）が決定されている。

7) History, "This Day in History: July 13 1978; Henry Ford II Fires Lee Iacocca," January 27, 2010, www.history.com/this-day-in-history/henry-ford-ii-fires-lee-iacocca.

8) Greg Gardner, Alisa Priddle, and Brent Snavely, "GM Could Settle DOJ Criminal Investigation This Summer," *Detroit Free Press*, May 23, 2015, www.freep.com/story/money/2015/05/22/general-motors-justice-department-ignition-switch-deaths/27820247.

9) Bill Vlasic and Matt Apuzzo, "Toyota Is Fined $1.2 Billion for Concealing Safety Defects," *New York Times*, March 19, 2014, www.nytimes.com/2014/03/20/business/toyota-reaches-1-2-billion-settlement-in-criminal-inquiry.html.

10) "A Scandal in the Motor Industry: Dirty Secrets," *The Economist*, September 26, 2015, www.economist.com/news/leaders/21666226-volkswagens-falsification-pollution-tests-opens-door-very-different-car.

11) Ralph Nader, *Breaking Through Power* (San Francisco: City Lights Books,

2016), 61.

12) Subodh Varma, "Arbitrary? 92% of All Injuries Termed Minor," *The Times of India*, June 20, 2010, http://timesofindia.indiatimes.com/india/Arbitrary-92-of-all-injuries-termed-minor/articleshow/6069528.cms.

13) Sanjoy Hazarika, "Bhopal Payments by Union Carbide Set at $470 Million," *New York Times*, February 15, 1989, www.nytimes.com/1989/02/15/business/bhopal-payments-by-union-carbide-set-at-470-million.html.

14) 1989年におけるインドの1人あたりのGDPに対する米国のGDPの比は、通常計算で20.9、購買力平価換算で64.9であった。世界銀行、"GDP per Capita (Current US$)," http://data.worldbank.org/indicator/NY.GDP.PCAP.CD (2019年9月30日アクセス); 世界銀行、"GDP per Capita, PPP (Current International $)," http://data.world bank.org/indicator/NY.GDP.PCAP.PP.CD. (2019年9月30日アクセス)

15) "Compensation Review Fund for Bangladesh copy Factory only Victims Reaches US$30m Target," *Channel News Asia*, June 9, 2015, www.channelnewsasia.com/news/asiapacific/compensation-fund-for/1902092.html.

16) Arthur D. Little International, "Public Finance Balance of Smoking in the Czech Republic, Report to: Philip Morris CR," November 28, 2000, www.no-smoke.org/pdf/pmczechstudy.pdf.

17) A. Raynauld and J. Vidal, "Smoker's Burden on Society: Myth and Reality in Canada," *Canadian Public Policy* 18, no. 3 (1992): 300–317; G. Stoddart, R. LaBelle, M. Barer, and R. Evans, "Tobacco Taxes and Health Care Costs: Do Canadian Smokers Pay Their Way?," *Journal of Health Economics* 5, no. 1 (1986): 63–80; J. Prabhat and F. J. Chaloupka, *Curbing the Epidemic: Governments and the Economics of Tobacco Control*, (Washington, DC: World Bank, 1999).

18) "Smoking Can Help Czech Economy, Philip Morris-Little Report Says," *Wall Street Journal*, July 16, 2001, www.wsj.com/articles/SB995230746855683470.

19) "Philip Morris Issues Apology for Czech Study on Smoking," *New York Times*, July 27, 2001, www.nytimes.com/2001/07/27/business/philip-morris-issues-apology-for-czech-study-on-smoking.html.

20) Samuel H. Williamson and Louis P. Cain, "Slavery in 2011 Dollars," MeasuringWorth, 2019, www.measuringworth.com/slavery.php.

21) Slavery Convention, September 25, 1926, 60 L.N.T.S. 254, www.ohchr.org/Documents/ProfessionalInterest/slavery.pdf; Supplementary Convention on the Abolition of Slavery, the Slave Trade, and Institutions and Practices Similar to Slavery, September 7, 1956, 266 U.N.T.S. 3, www.ohchr.org/

Documents/ProfessionalInterest/slaverytrade.pdf; *The Global Slavery Index* 2014 (Australia: Hope for Children Organization, 2014) https://reporterbrasil.org.br/wp-content/uploads/2014/11/GlobalSlavery_2014_LR-FINAL.pdf.
22) *Global Slavery Index* 2014 ; Adam Withnall, "Isis Releases 'Abhorrent' Sex Slaves Pamphlet with 27 Tips for Militants on Taking, Punishing and Raping Female Captives," *Independent*, December 10, 2014, www.independent.co.uk/news/world/middle-east/isis-releases-abhorrent-sex-slaves-pamphlet-with-27-tips-for-militants-on-taking-punishing-and-raping-female-captives-9915913.html.
23) Doug Bolton, "Isis 'Price List' for Child Slaves Confirmed as Genuine by UN Official Zainab Bangura," *Independent*, August 4, 2015, www.independent.co.uk/news/world/middle-east/isis-price-list-for-child-slaves-confirmed-as-genuine-by-un-official-zainab-bangura-10437348.html.
24) Eric Foner, *Give Me Liberty* (New York: W.W. Norton, 2004).
25) 国連薬物犯罪事務所、"Factsheet on Human Trafficking," www.unodc.org/documents/human-trafficking/UNVTF_fs_HT_EN.pdf. (2019年9月30日 アクセス)
26) 米政府監査院、"Alien Smuggling: Management and Operational Improvements Needed to Address Growing Problem," (Washington, DC: U.S. Government Printing Office, 2000), www.gao.gov/assets/230/229061.pdf.
27) "Walk Tall: Why It Pays to Be a Lanky Teenager," *The Economist*, April 25, 2002, www.economist.com/node/1099333.
28) Carol Peckham, "Medscape Radiologist Compensation Report 2015," Medscape, April 21, 2015, www.medscape.com/features/slideshow/compensa-tion/2015/radiology. この計算のために私は40時間労働の週1週間と休暇の4週間を使った。
29) Milton Friedman, *Capitalism and Freedom* (Chicago: University of Chicago Press, 2002).〔『資本主義と自由』村井章子訳、日経BP、2008年〕
30) Thomas Friedman, *The World Is Flat* (New York: Farrar, Straus, and Giroux, 2005).〔『フラット化する世界：経済の大転換と人間の未来〔普及版〕』伏見威蕃訳、日本経済新聞出版、2017年〕
31) Elizabeth Olson, "Welcome to Your First Year as a Lawyer. Your Salary Is $160,000," *New York Times*, April 16, 2015, www.nytimes.com/2015/04/17/business/dealbook/welcome-to-your-first-year-as-a-lawyer-your-salary-is-160000-a-year.html; Association of American Medical Colleges, "Starting Salaries for Physicians," https://www.aamc.org/services/first/first_factsheets/399572/compensation.html. (2019年1月10日アクセス)
32) ニューヨーク市消防署、"Firefighter Benefits and Salaries," https://www1.

nyc.gov/site/fdny/jobs/career-paths/firefighter-salary-guide.page.（2019年9月30日アクセス）

33）Howard Steven Friedman, *Measure of a Nation*（New York: Prometheus Books, 2012）.

34）1時間7.25ドルとして、1週間の勤務時間が40時間、1年で50週働くとすると年間給与は1万4,500ドルになる。これに対して2017年の米国の1人あたりGDPはおよそ59,531ドルであった。世界銀行、1人あたりGDP（Current US$）; 経済協力開発機構、"Focus on Minimum Wages after the Crisis: Making Them Pay," May 2015, www.oecd.org/social/Focus-on-Minimum-Wages-after-the-crisis-2015.pdf参照。

35）米労働省労働統計局、"United States Department of Labor," www.bls.gov/emp/chart-unemployment-earnings-education.htm.（2019年9月30日アクセス）

36）"Is Your Degree Worth It? It Depends What You Study, Not Where," *The Economist*, March 12, 2015, www.economist.com/news/united-states/21646220-it-depends-what-you-study-not-where.

37）国連国際人事委員会、"Danger Pay," https://icsc.un.org/Home/DangerPay.（2019年9月30日アクセス）

38）Hanna Rosin, "The Gender Wage Gap Lie," *Slate Magazine*, August 30, 2013, www.slate.com/articles/double_x/doublex/2013/08/gender_pay_gap_the_familiar_line_that_women_make_77_cents_to_every_man_s.html.

39）Francine D. Blau and Lawrence M. Kahn, "The Gender Pay Gap: Have Women Gone as Far as They Can?," *Academy of Managed Perspectives* 21, no. 1（2007）: 7–23, http://web.stanford.edu/group/scspi/_media/pdf/key_issues/gender_research.pdf.

40）Joanne Lipman, "Let's Expose the Gender Pay Gap," *New York Times*, August 13, 2015, www.nytimes.com/2015/08/13/opinion/lets-expose-the-gender-pay-gap.html.

41）Deborah Ashton, "Does Race or Gender Matter More to Your Paycheck?," *Harvard Business Review*, November 4, 2016, https://hbr.org/2014/06/does-race-or-gender-matter-more-to-your-paycheck.

42）Susan Aud, Mary Ann Fox, Angelina Kewal Ramani, *Status and Trends in the Education of Racial and Ethnic Groups*（Washington, DC: U.S. Department of Education, July 2010）, http://nces.ed.gov/pubs2010/2010015.pdf.

43）「非公式な経済活動部門」とは通常、課税もされず、いかなる政府関係機関からも監視されない経済部門を指す。「非公式な経済活動部門」の定義に関する議論の1つが、Friedrich Schneider, "Size and Measurement of the Informal Economy in 110 Countries around the World,"（paper presented at a Workshop of Australian National Tax Centre, Canberra, Australia,

July 17, 2002), www.amnet.co.il/attachments/informal_economy110.pdfで読める。

44) Prison Policy Initiative, "Section III: The Prison Economy," www.prisonpolicy.org/blog/2017/04/10/wages; Peter Wagner, *The Prison Index: Taking the Pulse of the Crime Control Industry* (Northampton MA: Western Prison Project and the Prison Policy Initiative, 2003). (2019年9月30日アクセス)

45) Chuck Collins, *Economic Apartheid in America: A Primer on Economic Inequality and Security* (New York: New Press, 2000), 111.

46) Lawrence Mishel and Jessica Schieder, "CEO Compensation Surged in 2017 Report," *Economic Policy Institute*, August 16, 2018, www.epi.org/publication/ceo-compensation-surged-in-2017.

47) Gretchen Gavett, "CEOs Get Paid Too Much, According to Pretty Much Everyone in the World," *Harvard Business Review*, September 23, 2014, https://hbr.org/2014/09/ceos-get-paid-too-much-according-to-pretty-much-everyone-in-the-world.

第6章　祖父のように死にたい――生命保険で命の値札はどう決まるのか

1) *2014 Life Insurance and Annuity Industry Outlook: Transforming for Growth; Getting Back on Track, Deloitte Center for Financial Services*, 2014, www2.deloitte.com/content/dam/Deloitte/global/Documents/Financial-Services/dttl-fsi-us-Life-Insurance-Outlook-2014-01.pdf.

2) 世界銀行、"GDP (Current US$)," http://data.worldbank.org/indicator/NY.GDP.MKTP.CD. (2019年9月30日アクセス)

3) *ACLI 2017 Fact Book* (Washington, DC: American Council of Life Insurers, 2017), chapter 7, www.acli.com/-/media/ACLI/Files/Fact-Books-Public/FB17CH7.ashx?.

4) 米国の推定人口をもとに計算。米国勢調査局、データ表、www.census.gov/popclock/data_tables.php?component=growth. (2019年9月30日アクセス)

5) Jennifer Rudden, "Total Number of Life Insurance Policies in Force in the United States from 2008 to 2017 (In Millions)," Statistica, www.statista.com/statistics/207651/us-life-insurance-policies-in-force. (最終編集2019年7月17日)

6) 定期生命保険は定められた期間だけ保険を提供するものである。もしこの保険期間中に死亡すれば、保険会社は保険の受取人に保険金を支払う。この保険期間をすぎて生存していれば、保険会社は何も支払わない。これは終身生命保険証券と対照的で、終身生命保険は基本的に有効期限はない。終身生命保険の場合、顧客(保険契約者)は保険会社に、保険契約者が死亡したら保険会社が受取人に一定の金額を支払うという約束と引き換えに保険料を支

払う。生命保険のオプションの概略についてはKhan Academy, www.khanacademy.org/economics-finance-domain/core-finance/investment-vehicles-tutorial/life-insurance/v/term-life-insurance-and-death-probabilityが役に立つ。

7) *ACLI 2017 Fact Book*, chapter 7.

8) Ashley Durham, “2015 Insurance Barometer Study,” (LL Global, 2015), www.orgcorp.com/wp-content/uploads/2015-Insurance-Barometer.pdf.

9) First Symetra National Life Insurance Company of New York, “Uniformed Firefighters Association of Greater New York: Summary Plan Description,” Uniformed Firefighters Association, www.ufanyc.org/pdf/ufa_life_insurance_doc.pdf.（2017年10月1日改訂）

10) 米疾病対策予防センター、“Infant Mortality,” www.cdc.gov/reproductivehealth/MaternalInfant Health/InfantMortality.htm; Marian F. MacDorman, T. J. Mathews, Ashna D. Mohangoo, and Jennifer Zeitlin, “International Comparisons of Infant Mortality and Related Factors: United States and Europe, 2010,” *National Vital Statistics Reports* 63, no. 5（2014）, www.cdc.gov/nchs/data/nvsr/nvsr63/nvsr63_05.pdf.（最終レビュー2019年3月27日）

11) Elizabeth Arias, Melonie Heron, and Jiaquan Xu, “United States Life Tables, 2013,” *National Vital Statistics Reports* 66, no. 3（2017）, www.cdc.gov/nchs/data/nvsr/nvsr66/nvsr66_03.pdf.

12) 世界保健機関、“Life Expectancy by Country,” http://apps.who.int/gho/data/node.main.688?lang=en.（最終更新2018年4月6日）

13) Arias, Heron, and Xu, “United States Life Tables, 2013.”

14) “Life Insurance: Smoker vs. Non-Smoker,” ProFam.com, www.profam.com/smoker-vs-non-smoker.asp.（2019年9月30日アクセス）

15) Jiaquan Xu, Sherry L. Murphy, Kenneth D. Kochanek, Brigham Bastian, and Elizabeth Arias, “Deaths: Final Data for 2016,” *National Vital Statistics Reports* 67, no. 5（2018）, www.cdc.gov/nchs/data/nvsr/nvsr67/nvsr67_05.pdf.

16) 保険会社に対する規制の裏にあるロジックについては、Ronen Avraham, Kyle D. Logue, and Daniel Benjamin Schwarcz, “Explaining Variation in Insurance Anti-Discrimination Laws,” *Law & Economics Working Papers* 82（2013）, http://repository.law.umich.edu/law_econ_current/82.に簡単な説明が記載されている。

17) Will Kenton, “Definition of ‘Regulatory Capture,’” Investopedia, www.investopedia.com/terms/r/regulatory-capture.asp.（最終更新2019年3月28日）

18) Ronen Avraham, Kyle D. Logue, and Daniel Benjamin Schwarcz, “Understanding Insurance Anti-Discrimination Laws,” *Law & Economics*

Working Papers 52 (2013), http://repository.law.umich.edu/law_econ_current/52.

19) Jiaquan Xu, Sherry L. Murphy, Kenneth D. Kochanek, and Brigham A. Bastian, "Deaths: Final Data for 2013," *National Vital Statistics Reports* 64, no. 2 (2016), 表18, www.cdc.gov/nchs/data/nvsr/nvsr64/nvsr64_02.pdfのデータをもとに計算。

20) Avraham, Logue, and Schwarcz, "Understanding Insurance Anti-Discrimination Laws," 52.

21) Mary L. Heen, "Ending Jim Crow Life Insurance Rates," *Northwestern Journal of Law and Social Policy* 4, no. 2 (2009): 360–99, http://scholarlycommons.law.northwestern.edu/njlsp/vol4/iss2/3.

22) Businessdictionary.com, s.v. "cross subsidization," www.businessdictionary.com/definition/cross-subsidization.html. (2019年9月30日アクセス)

23) Ashley Durham, "2014 Insurance Barometer Study: Supplemental Data," LIMRA, table 19: 27.

24) Ibid.

25) Michael J. Sandel, *What Money Can't Buy: The Moral Limits of Markets* (New York: Farrar, Straus, and Giroux, 2013), 134.〔『それをお金で買いますか』鬼澤忍訳、早川書房、2017年〕

第7章　若返りたい――健康の価値と医療保険

1) *CNN*, "Law Background on the Schiavo Case," March 25, 2005, www.cnn.com/2005/LAW/03/25/schiavo.qa. (2018年1月10日アクセス)

2) Jonathan Weisman and Ceci Connolly, "Schiavo Case Puts Face on Rising Medical Costs; GOP Leaders Try to Cut Spending as They Fight to Save One of Program's Patients," *Washington Post*, March 23, 2005, www.washingtonpost.com/wp-dyn/articles/A58069-2005Mar22.html.

3) 世界保健機関（WHO）が提示しているものなど、健康についてはより広義の定義が存在し、WHOは健康を「健康とは、肉体的、精神的及び社会的に完全に良好な状態であり、単に疾病又は病弱の存在しないことではない」と定義している。世界保健機関（WHO）憲章序文、1946年7月22日にニューヨークで開かれた国際保健会議で署名。www.who.int/governance/eb/who_constitution_en.pdf.

4) 暮らしについての健康的な選択のヒントをまとめたものが、米疾病対策予防センター、"Tips for a Safe and Healthy Life," www.cdc.gov/family/tipsに掲載されている。

5) 米国大統領緊急エイズ救済計画、"United States Government Global Health Initiative Strategy Document," www.state.gov/pepfar. (2019年10月7日アクセス)

6) World Bank, *World Development Report 1993: Investing in Health* (New York: Oxford University Press, 1993), https://openknowledge.worldbank.org/handle/10986/5976.

7) Karin Stenberg, Henrik Axelson, Peter Sheehan, Ian Anderson, A. Metin Gulmezoglu, Marleen Temmerman, Elizabeth Mason, et al., "Advancing Social and Economic Development by Investing in Women's and Children's Health: A New Global Investment Framework," *The Lancet* 383, no. 9925 (2014): 1333–54.

8) 米国有害物質・疾病登録局、"Arsenic Toxicity: What Are the Physiologic Effects of Arsenic Exposure?," www.atsdr.cdc.gov/csem/csem.asp?csem=1&po=11.(最終更新2010年1月15日)

9) 米環境保護庁、"Sulfur Dioxide (SO2) Pollution," www.epa.gov/so2-pollution.(2019年10月7日アクセス)

10) QALY以外にも、障害調整生存年数(DALY)が公衆衛生を測る指標としてよく利用される。病気あるいは障害を有する状態のDALYは、早死にすることによって失われた年数(YLL)と、健康を害しているあるいは健康を害した結果、障害を有することによって失われた年数(YLD)の合計で計算される。DALYを、早死にすることによって失われた年数または疾病や障害を抱えることによって生活の質が低下した年数という単一の単位系に変換する。QALY同様、DALYも1(まったく健康な状態)から0(死)のものさしを使って、病気と早死にを合計して単一の値にする。

11) 世界保健機関、"Health Statistics and Information Systems: Disability Weights, Discounting and Age Weighting of DALYs," www.who.int/healthinfo/global_burden_disease/daly_disability_weight/en.(2019年10月7日アクセス)

12) Joshua A. Salomon, Juanita A. Haagsma, Adrian Davis, Charline Maertens de Noordhout, Suzanne Polinder, Arie H. Havelaar, Alessandro Cassini, et al., "Disability Weights for the Global Burden of Disease 2013 Study," *The Lancet Global Health* 3, no. 11 (2015): e712–23.

13) メディケア・メディケイドサービスセンター、"U.S. Personal Health Care Spending by Age and Gender: 2010 Highlights," www.cms.gov/Research-Statistics-Data-and-Systems/Statistics-Trends-and-Reports/NationalHealthExpendData/Downloads/2010AgeandGenderHighlights.pdf.(2019年10月7日アクセス)

14) V. Fuchs, "Provide, Provide: The Economics of Aging" (NBER working paper no. 6642, National Bureau of Economic Research, Cambridge, MA, 1998).

15) Christopher Hogan, June Lunney, Jon Gabel and Joanne Lynn, "Medicare Beneficiaries' Costs of Care in the Last Year of Life," *Health Affairs* 20, no.

4 (July 2001): 188–95.
16) 質調整生存年その他の基本医療経済の概念についての概要は、M. F. Drummond, M. J. Sculpher, G. W. Torrance, B. J. O'Brien, and G. L. Stoddart, *Methods for the Economic Evaluation of Health Care Programmes* (Oxford: Oxford University Press, 2005)を参照。
17) ある種の健康状態は、医療経済学者によって死より悪いと考えられ、マイナスのQALYがつけられている。
18) 英国国立医療技術評価機構、Glossary, s.v. "quality-adjusted life year," www.nice.org.uk/glossary?letter=q. (2019年10月7日アクセス)
19) EuroQol, "EQ-5D User Guide Version 2.0," 2009, https://euroqol.org/wp-content/uploads/2019/09/EQ-5D-5L-English-User-Guide_version-3.0-Sept-2019-secured.pdf. (2019年10月7日アクセス)
20) M. C. Weinstein, G. Torrance, and A. McGuire, "QALYs: The Basics," in "Moving the QALY Forward: Building a Pragmatic Road," special issue, *Value in Health* 12, no. S1 (2009): S5–9, http://onlinelibrary.wiley.com/doi/10.1111/j.1524-4733.2009.00515.x/epdf.
21) E. Nord, J. L. Pinto, J. Richardson, P. Menzel, and P. Ubel, "Incorporating Societal Concerns for Fairness in Numerical Valuations of Health Programmes," *Health Economics* 8, no. 1 (1999): 25–39; J. Coast, "Is Economic Evaluation in Touch with Society's Health Values?," 329 (2004): 1233–36, www.med.mcgill.ca/epidemiology/courses/EPIB654/Summer2010/Policy/Coast%20BMJ%202004.pdf.
22) M. L. Berger, K. Bingefors, E. C. Hedblom, C. L. Pashos, and G. W. Torrance, *Health Care Cost, Quality, and Outcomes: ISPOR Book of Terms* (Lawrenceville, NJ: ISPOR, 2003).
23) K. Arrow, R. Solow, P. R. Portney, E. E. Leamer, R. Radner, and H. Schuman, "Report of the NOAA Panel on Contingent Valuation," *Federal Register* 58, no. 10 (1993): 4601–14, www.economia.unimib.it/DATA/moduli/7_6067/materiale/noaa%20report.pdf.
24) 米疾病対策予防センター、"National Health Expendi-tures Fact Sheet," www.cms.gov/research-statistics-data-and-systems/statistics-trends-and-reports/nationalhealthexpenddata/nhe-fact-sheet.html. (最終改訂2019年4月26日)
25) OECD、"Health Spending," 2017, https://data.oecd.org/healthres/health-spending.htm. これには、保健医療支出は、国が豊かになるにつれて、国民経済中に占める割合が通常増えることが示されている点に注目しなければならない。William Baumol, *The Cost Disease* (New Haven CT: Yale University Press, 2013) 参照。
26) Fortune, "Fortune 500," http://fortune.com/fortune500.

27）Henry J. Kaiser Family Foundation, "Key Facts about the Uninsured Population," December 12, 2018, www.kff.org/uninsured/fact-sheet/key-facts-about-the-uninsured-population.

28）OECD、"Measuring Health Coverage," www.oecd.org/els/health-systems/measuring-health-coverage.htm.（2019年10月7日アクセス）

29）OECD、"Social Expenditure Update," November 2014, www.oecd.org/els/soc/OECD2014-Social-Expenditure-Update-Nov2014-8pages.pdf.

30）OECD、"Life Expectancy at Birth," https://data.oecd.org/healthstat/life-expectancy-at-birth.htm.（2019年10月7日アクセス）

31）Ibid.

32）世界銀行、"Maternal Mortality Ratio (Modeled Estimate, per 100,000 Live Births)," http://data.worldbank.org/indicator/SH.STA.MMRT?order=wbapi_data_value_2015+wbapi_data_value+wbapi_data_value-last&sort=asc.（2019年10月7日アクセス）

33）Christopher J. L. Murray, Sandeep C. Kulkarni, Catherine Michaud, Niels Tomijima, Maria T. Bulzacchelli, and Terrell J. Iandiorio, Majid Ezzati, "Eight Americas: Investigating Mortality Disparities across Races, Counties, and Race-Counties in the United States," *PLOS Medicine* 3, no. 9 (2006): e260, http://journals.plos.org/plosmedicine/article?id=10.1371/journal.pmed.0030260.

34）より詳しい議論は、Howard Steven Friedman, *Measure of a Nation* (New York: Prometheus Books, 2012) を参照。

35）T. J. Mathews and M. F. MacDorman, "Infant Mortality Statistics from the 2010 Period Linked Birth/Infant Death Data Set," *National Vital Statistics Reports* 62, no. 8 (2013), www.cdc.gov/mmwr/preview/mmwrhtml/mm6301a9.htm; 米疾病対策予防センター、"Pregnancy Mortality Surveillance System," www.cdc.gov/reproductivehealth/maternalinfanthealth/pmss.html.（最終レビュー2019年6月4日）

36）McKinsey Global Institute, "Accounting for the Cost of U.S. Healthcare: A New Look at Why Americans Spend More," December 2008, www.mckinsey.com/mgi/publications/us_healthcare/index.asp.

37）Laura D. Hermer and Howard Brody, "Defensive Medicine, Cost Containment, and Reform," *Journal of General Internal Medicine* 25, no. 5 (2010): 470–73. www.ncbi.nlm.nih.gov/pmc/articles/PMC2855004.

38）アフォーダブルケア法の概要は、米保健福祉省、"Health Care," www.hhs.gov/healthcare/about-the-aca/index.html.を参照（2019年10月7日アクセス）。

39）H. A. Glick, S. McElligott, M. V. Pauly, R. J. Willke, H. Bergquist, J. Doshi, L. A. Fleisher et al., "Comparative Effectiveness and Cost-Effectiveness Analyses Frequently Agree on Value," *Health Affairs* 34, no. 5 (2015 May):

805–11.

40) Persad Govind, "Priority Setting, Cost-Effectiveness, and the Affordable Care Act," American *Journal of Law and Medicine* 41, no. 1 (2015): 119–66, http://scholarship.law.georgetown.edu/cgi/viewcontent.cgi?article=2521&context=facpub.

41) Soneji Samir and Yang JaeWon, "New Analysis Reexamines the Value of Cancer Care in the United States Compared to Western Europe," *Health Affairs* (Project Hope) 34 no. 3 (2015): 390–97.

42) 英国国立医療技術評価機構、"The Guidelines Manual: Process and Methods; 7 Assessing Cost Effectiveness," November 2012, www.nice.org.uk/article/pmg6/chapter/7-assessing-cost-effectiveness.

43) Usa Chaikledkaew and Kankamon Kittrongsiri, "Guidelines for Health Technology Assessment in Thailand (Second Edition)--The Development Process," *Journal of the Medical Association of Thailand* 97, suppl. 5 (2014): S4–9.

44) 世界保健機関、"Tracking Universal Health Coverage: First Global Monitoring Report," 2015, http://apps.who.int/iris/bitstream/10665/174536/1/9789241564977_eng.pdf.

45) Avik Roy, "Conservative Think Tank: 10 Countries with Universal Health Care Have Freer Economies Than the U.S.," *Forbes*, January 27, 2015, www.forbes.com/sites/theapothecary/2015/01/27/conservative-think-tank-10-countries-with-universal-health-care-are-economically-freer-than-the-u-s.

46) Healthcare.gov, "Essential Health Benefits," www.healthcare.gov/glossary/essential-health-benefits. (2019年10月7日アクセス)

47) David U. Himmelstein, Deborah Thorne, Elizabeth Warren, and Steffie Woolhandler, "Medical Bankruptcy in the United States, 2007: Results of a National Study," *American Journal of Medicine* 122, no. 8 (2009): 741–46, www.pnhp.org/new_bankruptcy_study/Bankruptcy-2009.pdf.

48) Henry J. Kaiser Family Foundation, "Key Facts."

49) Zack Cooper, Stuart Craig, Martin Gaynor, and John Van Reenen, "The Price Ain't Right? Hospital Prices and Health Spending on the Privately Insured," (NBER working paper no. 21815, National Bureau of Economic Research, Cambridge, MA, December 2015), www.healthcarepricingproject.org/sites/default/files/pricing_variation_manuscript_0.pdf.

50) Yosuke Shimazono, "The State of the International Organ Trade: A Provisional Picture Based on Integration of Available Information," *Bulletin of the World Health Organization* 85, no. 12 (December 2007): 955–62, www.who.int/bulletin/volumes/85/12/06-039370/en.

第8章　子育てをする余裕はあるか？——出産の選択と子どもの命

1) Mark Lino, "Expenditures on Children by Families, 2013," 米農務省、栄養政策促進センター、Miscellaneous Publication No. 1528-2003, April 2004, https://fns-prod.azureedge.net/sites/default/files/expenditures_on_children_by_families/crc2003.pdf. 中流家庭とは、税引き前収入が61,530ドルから106,540ドルの家庭と定義されている。

2) 主な例外は、家族の営む農場で働く約50万人の米国の子どもたちで、その場合の児童労働に関しては最小限の制約しかない。米労働省、"Youth and Labor: Agricultural Employment," www.dol.gov/dol/topic/youthlabor/agriculturalemployment.htm;（2019年10月7日アクセス）労働安全衛生局、"Agricultural Operations," www.osha.gov/dsg/topics/agriculturaloperations.（2019年10月7日アクセス）

3) University of Iowa Labor Center, "Child Labor Public Education Project: Child Labor in U.S. History," https://laborcenter.uiowa.edu/special-projects/child-labor-public-education-project/about-child-labor/child-labor-us-history.（2019年10月7日アクセス）

4) 米国における重要な転機は公正労働基準法（1938）で、これは子どもが合法的に働ける時間数を規定した。この子どもの権利の変化は、子どもの権利条約（1989）で国際的に正式なものとなった。これは、未成年者の市民権、政治的権利、経済的権利、社会的権利、健康権、文化的権利を規定した人権条約である。子どもの権利条約、1577 U.N.T.S. 3（1989）, www.ohchr.org/en/professionalinterest/pages/crc.aspx. 2016年時点で、国連加盟国は、米国を除いてすべて、この条約に調印している。国連人権高等弁務官事務所、"Convention on the Rights of the Child," www.ohchr.org/en/professionalinterest/pages/crc.aspxを参照（2019年10月7日アクセス）。

5) 女性は妊娠・出産可能年齢の後半になると、不妊率が急激に高まるため、30代終わりから40代初めの女性では、不妊治療がより一般的になる。米生殖医学会、"Age and Fertility: A Guide for Patients," 2012, www.reproductivefacts.org/globalassets/rf/news-and-publications/bookletsfact-sheets/english-fact-sheets-and-info-booklets/Age_and_Fertility.pdf.

6) 体外受精にかかる費用は、受精サイクルにかかる費用が平均で1万2,000ドル。これに加えて、薬剤費が最大で5,000ドル、着床前の遺伝子診断が6,000ドルかかると推定される。Jennifer Gerson Uffalussy, "The Cost of IVF: 4 Things I Learned While Battling Infertility," *Forbes Personal Finance*, February 6, 2014, www.forbes.com/sites/learnvest/2014/02/06/the-cost-of-ivf-4-things-i-learned-while-battling-infertility.

7) 代理母はこの金額の半分も受け取れないことが多い。請求される費用の大半は、仲介機関の取り分と法的費用に消えていく。West Coast Surrogacy, "Surrogate Mother Costs," www.westcoast surrogacy.com/surrogate-

program-for-intended-parents/surrogate-mother-cost; WebMD, "Using a Surrogate Mother: What You Need to Know," (2019年10月7日アクセス) www.webmd.com/infertility-and-reproduction/guide/using-surrogate-mother?page=2. (2019年10月7日アクセス)

8) Michael Sandel, *Justice: What's the Right Thing to Do?* (New York: Farrar, Straus, and Giroux, 2008). 〔『これからの「正義」の話をしよう』鬼澤忍訳、早川書房、2011年〕

9) 米保健福祉省、Child Welfare Information Gateway, "Foster Care Statistics 2017," www.childwelfare.gov/pubPDFs/foster.pdf. (2019年10月7日 アクセス)

10) 米保健福祉省、米疾病対策予防センター、"Effectiveness of Family Planning Methods," www.cdc.gov/reproductivehealth/unintendedpregnancy/pdf/contraceptive_methods_508.pdf. (2019年10月7日アクセス)

11) William C. Shiel Jr., "Medical Definition of Spontaneous Abortion," Medicinenet, www.medicinenet.com/script/main/art.asp?articlekey=17774. (最終レビュー2018年12月11日)

12) Center for Reproductive Rights, "The World's Abortion Laws," http://worldabortionlaws.com. (最終更新2019年4月26日)

13) 女性の命が危険に晒されているか、妊娠がレイプの結果であった場合には中絶が認められている州が1つだけあった。

14) Rachel Benson Gold, "Lessons from before Roe: Will Past Be Prologue?," *Guttmacher Report on Public Policy* 6, no. 1 (March 2003): 8–11, https://www.guttmacher.org/gpr/2003/03/lessons-roe-will-past-be-prologue

15) Roe v. Wade, 410 U.S. 113 (1973), www.law.cornell.edu/supremecourt/text/410/113.

16) I. Seri and J. Evans, "Limits of Viability: Definition of the Gray Zone," in "Proceedings of the 4th Annual Conference 'Evidence vs Experience in Neonatal Practice,'" supplement, *Journal of Perinatology* 28 no. S1 (May 2008): S4–8.

17) H. C. Glass, A. T. Costarino, S. A. Stayer, C. M. Brett, F. Cladis, and P. J. Davis, "Outcomes for Extremely Premature Infants," *Anesthesia & Analgesia* 120, no. 6 (2015): 1337–51.

18) Canwest News Service, "Miracle Child," February 11, 2006.

19) Lydia Saad, "Trimesters Still Key to U.S. Abortion Views," Gallup Politics, June 13, 2018, https://news.gallup.com/poll/235469/trimesters-key-abortion-views.aspx.

20) Guttmacher Institute, "State Policies in Brief: Abortion Bans in Cases of Sex or Race Selection or Genetic Anomaly," www.guttmacher.org/state-policy/explore/abortion-bans-cases-sex-or-race-selection-or-genetic-anomaly.

(最終更新2019年10月1日)
21) FindLaw, "Aggravated Assault," http://criminal.findlaw.com/criminal-charges/aggravated-assault.html. (2019年10月7日アクセス)
22) 全米州議会議員連盟、"State Laws on Fetal Homicide and Penalty-Enhancement for Crimes Against Pregnant Women," May 1, 2018, www.ncsl.org/research/health/fetal-homicide-state-laws.aspx.
23) カリフォルニア州刑法第187–199条、https://leginfo.legislature.ca.gov/faces/codes_dis-playText.xhtml?lawCode=PEN&division=&title=8.&part=1.&chapter=1.&article.
24) R.I. Gen. Laws § 11–23–5, http://webserver.rilin.state.ri.us/Statutes/title11/11-23/11-23-5.htm.
25) Webster v. Reproductive Health Services, 492 US 490 (1989), www.law.cornell.edu/supremecourt/text/492/490.
26) Jaime L. Natoli, Deborah L. Ackerman, Suzanne McDermott, Janice G. Edwards, "Prenatal Diagnosis of Down Syndrome: A Systematic Review of Termination Rates (1995–2011)," *Prenatal Diagnosis* 32, no. 2 (2012): 142–53; 米疾病対策予防センター、"Reproductive Health Data and Statistics," www.cdc.gov/reproductivehealth/data_stats. (最終レビュー2019年9月24日)
27) David Plotz, "The 'Genius Babies,' and How They Grew," Slate, February 8, 2001, www.slate.com/articles/life/seed/2001/02/the_genius_babies_and_how_they_grew.html.
28) Addgene, "CRISPR Guide," www.addgene.org/CRISPR/guide. (2019年10月7日アクセス)
29) Julia Belluz, "Is Review the CRISPR Baby copy Controversy only the Start of a Terrifying New Chapter in Gene Editing?," *Vox*, December 3, 2018, www.vox.com/science-and-health/2018/11/30/18119589/crispr-technology-he-jiankui.
30) なかには息子よりも娘を好む文化のところもあるが、はるかに広範囲に蔓延している傾向として、女児の選択的中絶があるため、この議論ではそちらに的を絞った。
31) Woojin Chung and Monica Das Gupta, "Why Is Son Preference Declining in South Korea?" (World Bank Policy Research Working Paper No. 4373, World Bank Development Research Group, Human Development and Public Services Team, October 2007); Klaus Deininger, Aparajita Goyal, and Hari Nagarajan, "Inheritance Law Reform and Women's Access to Capital: Evidence from India's Hindu Succession Act" (World Bank Policy Research Working Paper No. 5338, June 1, 2010).
32) 世界銀行、"Fertility Rate, Total (Births per Woman)," http://data.world

bank.org/indicator/SP.DYN.TFRT.IN.（2019年10月7日アクセス）
33）男女産み分けがもたらす影響と過剰な女性の死亡率についての包括的な議論は、John Bongaarts and Christophe Z. Guilmoto, "How Many More Missing Women? Excess Female Mortality and Prenatal Sex Selection, 1970–2050," *Population and Development Review* 41, no. 2（June 2015）: 241–69, http://onlinelibrary.wiley.com/doi/10.1111/j.1728?4457.2015.00046.x/pdfを参照。
34）L. S. Vishwanath, "Female Infanticide, Property and the Colonial State," in *Sex-Selective Abortion in India: Gender, Society and New Reproductive Technologies*, ed. Tulsi Patel, 269–85（New Delhi, India: SAGE Publications India, 2007）; D. E. Mungello, *Drowning Girls in China: Female Infanticide in China since 1650*（Lanham, MD: Rowman & Littlefield, 2008）.
35）Shuzhuo Li, "Imbalanced Sex Ratio at Birth and Comprehensive Intervention in China"（report presented at the 4th Asia Pacific Conference on Reproductive and Sexual Health and Rights, October 29–31, 2007, Hyderabad, India）, www.unfpa.org/gender/docs/studies/china.pdf.
36）ベトナム社会主義共和国保健省および国連人口基金、"Report of the International Workshop on Skewed Sex Ratios at Birth: Addressing the Issue and the Way Forward"（conference report, International Workshop on Skewed Sex Ratios at Birth, United Nations Population Fund, Ha Noi, Vietnam, October 5-6, 2011）, www.unfpa.org/webdav/site/global/shared/documents/publications/2012/Report_SexRatios_2012.pdf.
37）東欧の国々では、女性に対する男性の比率の上昇が、国外へ移住した男性の代わりをつくり、軍務に就く男性をより多くつくらなければならないニーズと関連づけられることがときどきある。
38）世界銀行、"Sex Ratio at Birth（Male Births per Female Births）," https://data.worldbank.org/indicator/SP.POP.BRTH.MF.（2019年10月7日アクセス）
39）中国では、親が一人っ子政策に違反したことで罰金を科せられるのを避けるため、出産数を過少報告していることから、公式の出産男女比にいくぶん歪みが生じている可能性が示唆されることがある。この現象の規模およびインパクトは定かではない。
40）Christophe Guilmoto, "Characteristics of Sex-Ratio Imbalance in India and Future Scenarios"（report presented at the 4th Asia Pacific Conference on Reproductive and Sexual Health and Rights, October 29–31, 2007, Hyderabad, India）, www.unfpa.org/gender/docs/studies/india.pdf. パンジャブ州の1人あたりGDPはインドの国の平均よりわずかに高いことに注意。
41）Shuzhuo Li, "Imbalanced Sex Ratio at Birth and Comprehensive Intervention in China"（report presented at the 4th Asia Pacific Conference on Reproductive and Sexual Health and Rights, October 29–31, 2007, Hyderabad, India）, www.unfpa.org/gender/docs/studies/china.pdf.

42) Chung and Gupta, "Why Is Son Preference Declining in South Korea?"
43) ベトナム社会主義共和国保健省および国連人口基金、"Report of the International Workshop on Skewed Sex Ratios at Birth."
44) W. C. Tse, K. Y. Leung, and Beatrice K. M. Hung, "Trend of Sex Ratio at Birth in a Public Hospital in Hong Kong from 2001 to 2010," *Hong Kong Medical Journal* 19, no. 4 (2013): 305–10, www.hkmj.org/system/files/hkm1308p305.pdf; *Sex Ratio at Birth: Imbalances in Vietnam* (Hanoi: UNFPA Viet Nam, 2010), https://vietnam.unfpa.org/en/publications/sex-ratio-birth-imbalances-viet-nam.
45) James F. X. Egan, Winston A. Campbell, Audrey Chapman, Alireza A. Shamshirsaz, Padmalatha Gurram, and Peter A. Ben, "Distortions of Sex Ratios at Birth in the United States: Evidence for Prenatal Gender Selection," *Prenatal Diagnosis* 31 (2011): 560–65, www.nrlc.org/uploads/sexselectionabortion/UofCT-PrenatalDiagnosisStudy.pdf.
46) Lisa Wong Macabasco, "Many Asian American Women Accept Abortion as a Practical Way out of an Unwanted Situation," *Hyphen*, April 16, 2010, www.hyphenmagazine.com/magazine/issue-20-insideout/choice-made.
47) Christophe Z. Guilmoto, "The Sex Ratio Transition in Asia," *Population and Development Review* 35, no. 3 (September 2009): 519–49.
48) ベトナム社会主義共和国保健省および国連人口基金、"Report of the International Workshop on Skewed Sex Ratios at Birth."
49) Pre-Natal Diagnostic Techniques (Regulation and Prevention of Misuse) Act, 1994, Act No. 57 of 1994, http://chdslsa.gov.in/right_menu/act/pdf/PNDT.pdf.
50) 男女産み分けのための中絶を禁止してきた州は、アリゾナ、アーカンソー、カンザス、ミズーリ、ノースカロライナ、ノースダコタ、オクラホマ、ペンシルバニア、サウスダコタである。National Asian Pacific American Women's Forum, "Race and Sex Selective Abortion Bans: Wolves in Sheep's Clothing," July 2013, https://aapr.hkspublications.org/2014/06/03/wolves-in-sheeps-clothing-the-impact-of-sex-selective-abortion-bans-on-asian-american-and-pacific-islander-women.
51) John Bongaarts, "The Implementation of Preferences for Male Offspring," *Population and Development Review* 39, no. 2 (June 2013): 185–208.
52) Ibid.
53) Mara Hvistendahl, *Unnatural Selection: Choosing Boys over Girls, and the Consequences of a World Full of Men* (New York: PublicAffairs, 2012), 225.
54) Daniele Belanger and Hong-Zen Wang, "Transnationalism from Below: Evidence from Vietnam-Taiwan Cross-Border Marriages," *Asian and Pacific Migration Journal* 21, no. 3 (2012): 291–316.

55) United Nations, “We Can End Poverty: Millennium Development Goals and Beyond 2015,” www.un.org/millenniumgoals/gender.shtml. (2019年10月21日アクセス)
56) John Bongaarts, “The Causes of Educational Differences in Fertility in Sub-Saharan Africa,” *Education and Demography* 8 (2010), 31–50; Anrudh K. Jain, “The Effect of Female Education on Fertility: A Simple Explanation,” *Demography* 18, no. 4 (November 1981): 577–95. -0.72というピアソンの相関係数は、国全体の出産率（中央情報局（CIA）、“World Factbook,” www.cia.gov/library/publications/the-world-factbook/rankorder/2127rank.html, 2019年1月10日アクセス）と国全体の期待される教育年数（国際連合、“International Human Development Indicators,” http://hdr.undp.org/en/data, 2019年1月10日アクセス）で計算された。
57) United Nations Population Division, “World Population Prospects 2017,” https://population.un.org/wpp/Publications/Files/ WPP2017_DataBooklet.pdf. (2019年10月7日アクセス)

第9章　壊れた計算機——バイアスがもたらす問題

1) 保健指標評価研究所、“GBD Compare,” http://vizhub.healthdata.org/gbd-compare. (2019年10月10日アクセス)
2) Daniel Kahneman and Amos Tversky, “Prospect Theory: An Analysis of Decision under Risk,” *Econometrica* 47, no. 2 (March 1979): 263–91, www.its.caltech.edu/~camerer/Ec101/ProspectTheory.pdf.
3) National Research Council, *Improving Risk Communication* (Washington, DC: National Academy Press, 1989); D. A. Small, and G. Loewenstein, “Helping the Victim or Helping a Victim: Altruism and Identifiability,” *Journal of Risk and Uncertainty* 26, no. 1 (2003): 5–16.
4) Quote Investigator, “A Single Death is a Tragedy; a Million Deaths is a Statistic,” May 21, 2010, http://quoteinvestigator.com/2010/05/21/death-statistic.
5) Paul Slovic, “If I Look at the Mass I Will Never Act: Psychic Numbing and Genocide,” *Judgment and Decision Making* 2, no. 2 (2007): 79–95.
6) Olivia Lang, “The Dangers of Mining around the World,” *BBC News*, October 14, 2010, www.bbc.com/news/world-latin-america-11533349で引用されていた、年間約1万2,000人に上るという国際労働機関の鉱山死者数推計値をもとに計算。
7) *CNN*, “Syrian Civil War Fast Facts,” May 3, 2018, www.cnn.com/2013/08/27/world/meast/syria-civil-war-fast-facts/index.html.
8) Helena Smith, “Shocking Images of Drowned Syrian Boy Show Tragic Plight of Refugees,” *Guardian*, September 2, 2015, www.theguardian.com/

world/2015/sep/02/shocking-image-of-drowned-syrian-boy-shows-tragic-plight-of-refugees.

9) 『フォッグ・オブ・ウォー マクナマラ元米国防長官の告白』監督エロール・モリス、2003年5月21日公開、2019年10月10日にシナリオにアクセス、www.errolmorris.com/film/fow_transcript.htmlで言及。

10) 統計上の数字から個人の話へと移行した場合の力は、9.11同時多発テロ攻撃に対するメディアの反応でも見られた。犠牲者は家族も友人も夢もある個人たちだった。世界中が死者に敬意を表すことができるよう、亡くなられた方の略歴が『ニューヨーク・タイムズ』紙に「Portraits of Grief」と題して連載された。"9/11: The Reckoning," *New York Times*, www.nytimes.com/interactive/us/sept-11-reckoning/portraits-of-grief.html.（2019年10月10日アクセス）

11) Paul Bloom, *Against Empathy* (New York: HarperCollins, 2016)〔『反共感論：社会はいかに判断を誤るか』高橋洋訳、白揚社、2018年〕

12) より詳しくは、Richard Dawkins, *The Selfish Gene*, 30th anniversary ed. (Oxford: Oxford University Press, 2006)を参照。

13) 人々の意識がどんどん外に向かって広がっていて、おそらくは今生きている人間も、これから生まれてくる命も、ともに気遣えるところまで人々は道徳的に進歩してきたとの意見もある。将来的には、この輪が人間種を超えて、すべての動物、あるいはすべての生命体を含むすべての生きとし生けるものを含むところまで拡大する世界を思い描くことも可能だろう。Jeremy Rifkin, *The Empathic Civilization: The Race to Global Consciousness in a World in Crisis* (New York: Penguin, 2009); Paul R. Ehrlich and Robert E. Ornstein, *Humanity on a Tightrope* (New York: Rowman and Littlefield, 2010).

14) 米国内で見ると、第二次世界大戦中、何万人もの日系アメリカ人が捕虜収容所に収容された。

15) Tom Brokaw, *The Greatest Generation* (New York: Random House, 1998).

16) History.com, "Bombing of Dresden," November 9, 2009, www.history.com/topics/world-war-ii/battle-of-dresden.

17) Iris Chang, *The Rape of Nanking: The Forgotten Holocaust of World War II* (New York: Basic Books, 1997).〔『ザ・レイプ・オブ・南京』巫召鴻訳、同時代社、2007年〕中国の南京にある南京大屠殺遭難同胞紀念館には、誰が最も多く中国人の頭を切り落とせるかで日本軍将校が競ったことを伝える日本の報道記事が展示されている。

18) 米国立第二次世界大戦博物館、"Research Starters: Worldwide Deaths in World War II," www.nationalww2museum.org/learn/education/for-students/ww2-history/ww2-by-the-numbers/world-wide-deaths.html.（2019年10月10日アクセス）

19) Charles Hirshman, Samuel Preston, and Vu Mahn Loi, "Vietnamese Casualties during the American War: A New Estimate," *Population and Development Review* 21, no. 4 (December 1995): 783–812, https://faculty.washington.edu/charles/new%20PUBS/A77.pdf.; Philip Shenon, "20 Years after Victory, Vietnamese Communists Ponder How to Celebrate," *New York Times*, April 23, 1995, www.nytimes.com/1995/04/23/world/20-years-after-victory-vietnamese-communists-ponder-how-to-celebrate.htmlによると、1995年の公式発表ではベトナム人死者は3,100万人（ベトナム兵が1,100万人、民間人が200万人）であった。

20) Theodore H. Draper, "The True History of the Gulf War," *New York Review of Books*, January 30, 1992, www.nybooks.com/articles/1992/01/30/the-true-history-of-the-gulf-war.

21) Joseph Stiglitz and Linda Bilmes, *The Three Trillion Dollar War* (New York: W.W.Norton, 2008).

22) A. Hagopian, A. D. Flaxman, T. K. Takaro, A. I. Esa, S. A. Shatari, J. Rajaratnam, S. Becker, et al., "Mortality in Iraq Associated with the 2003-2011 War and Occupation: Findings from a National Cluster Sample Survey by the University Collaborative Iraq Mortality Study," *PLOS Medicine* 10, no. 10 (2013): e1001533, http://journals.plos.org/plosmedicine/article?id=10.1371/journal.pmed.1001533.

23) アメリカ自由人権協会、"Al-Aulaqi V. Panetta--Constitutional Challenge to Killing of Three U.S. Citizens," June 4, 2014, www.aclu.org/cases/al-aulaqi-v-panetta-constitutional-challenge-killing-three-us-citizens.

24) Jeremy Scahill, "The Assassination Complex," *The Intercept*, October 15, 2015, https://theintercept.com/drone-papers/the-assassination-complex.

25) Micah Zenko, *Reforming U.S. Drone Strike Policies* (New York: Council on Foreign Relations, January 2013), www.cfr.org/report/reforming-us-drone-strike-policies.

26) 政治家にとっては、軍事行動に許可を与えるのは、人としての感情の欠落した経験となることが多い。国の選出議員で軍隊にいたことのある人は少なく、軍事行動参加の経験のある米国議会議員はさらに少ない。もちろん、ずっとそうであったわけではない。1945年から1979年までの合衆国大統領はすべて、何らかの軍務経験があった。しかし1980年にレーガン大統領が選出されてからは、戦闘に参加した部隊を指揮した経験があるのはジョージ・H・W・ブッシュ大統領だけである。この変化は米国の軍隊が徴兵制から志願制に変わったことと、2つの世界大戦への米国の貢献に協力するために徴兵された世代が亡くなったという、より広い意味での変化を反映したものだ。

　直接の軍隊経験がないというこの事実は、議員の家族でも同様である。

2003年のイラク侵攻に向けた準備期間中に、自身の子どもが軍に入隊していた上院議員はたった1人だった。上下両院議員の子どもは総体的に軍には入らず、中流の上位家庭および上流家庭の子どもも軍に入ることはめったにない。その結果、外交政策に最も影響を及ぼす可能性のある人たちが、兵士の直面する現実から最も遠いところにいるという事態が生じる。

政治家の視点からは、これらの兵士の死はたいてい無名の死であり、政策立案者の知人という視点で、多少なりとも親交のある人の命より、これら兵士の命を軽く扱ってしまう。戦争に突入すれば、殺される可能性のある兵士の名前と顔がすべて、大統領がわかるという仮想の戦争を考えてみるといい。戦争突入の決断を下すと同時に、米議会および大統領は、これらの人々とその家族に、この戦争は死をもたらすかもしれないことを個人的に謝罪して回らなければならないとしたらどうだろうか？　それでも戦争は起こるだろうか？

27) Eric Schmitt and Charlie Savage, "Bowe Bergdahl, American Soldier, Freed by Taliban in Prisoner Trade," *New York Times*, May 31, 2014, www.nytimes.com/2014/06/01/us/bowe-bergdahl-american-soldier-is-freed-by-taliban.html.

28) Michael Ames, "What the Army Doesn't Want You to Know about Bowe Bergdahl," *Newsweek*, January 27, 2016, www.newsweek.com/2016/02/05/serial-bowe-bergdahl-mystery-pow-419962.html.

29) Ben Quinn, "Gilad Shalit Freed in Exchange for Palestinian Prisoners," *Guardian*, October 18, 2011, www.theguardian.com/world/2011/oct/18/gilad-shalit-palestine-prisoners-freed; Ethan Bronner, "Israel and Hamas Agree to Swap Prisoners for Soldier," *New York Times*, October 10, 2017, www.nytimes.com/2011/10/12/world/middleeast/possible-deal-near-to-free-captive-israeli-soldier.html.

30) 米疾病対策予防センター、"2014 Ebola Outbreak in West Africa Epidemic Curves," www.cdc.gov/vhf/ebola/outbreaks/ 2014-west-africa/cumulative-cases-graphs.html.（最終レビュー2019年4月3日）

31) 世界保健機関、"Ebola Situation Reports," http://apps.who.int/ebola/ebola-situation-reports.（2019年10月10日アクセス）

32) グーグルの検索傾向から、2014年7月の最終週より米国でエボラ出血熱の検索が急増していることがわかる。

33) 国際観光に関するデータから、エボラ出血熱の被害が最も大きかった国々（シエラレオネ、リベリア、ギニア）は観光客が年間で20万人を下回っていたことがわかる。世界銀行、"International Tourism, Number of Arrivals," http://data.worldbank.org/indicator/ST.INT.ARVL.（2019年10月10日 アクセス）

34) *RTÉ News*, "Paris Attacks Death Toll Rises to 130," November 20, 2015,

www.rte.ie/news/2015/1120/747897-paris.
35） 米商務省、国際貿易局、“Profile of U.S. Resident Travelers Visiting Overseas Destinations: 2014 Outbound,” http://travel.trade.gov/outreachpages/download_data_table/2014_Outbound_Profile.pdf.（2019年10月10日アクセス）
36） Liz O'Connor, Gus Lubin, and Dina Spector, “The Largest Ancestry Groups in the United States,” *Business Insider*, August 13, 2013, www.businessinsider.com/largest-ethnic-groups-in-america-2013-8.
37） このように共感や反応が薄くなるのは、ミャンマー政府の現在の国際コミュニティに対するアプローチが一部関係している可能性がある。
38） Maria Konnikova, “The Limits of Friendship,” *New Yorker*, October 7, 2014, www.newyorker.com/science/maria-konnikova/social-media-affect-math-dunbar-number-friendships.
39） Kaggleに掲載のタイタニック号災害に関する機械学習コンテストの優秀ソリューションでは、これらの変数を、生存者予測モデルの作成における最も重要な要素としていた。Kaggle, “Titanic: Machine Learning from Disaster,” www.kaggle.com/c/titanic.を参照（2019年10月10日アクセス）。
40） Titanic Facts, “Titanic Survivors,” www.titanic facts.net/titanic-survivors.html.（2019年10月10日アクセス）
41） Amos Tversky and Daniel Kahneman, “The Framing of Decisions and the Psychology of Choice,” *Science*, n.s., 211, no. 4481（January 1981）: 453–58, http://psych.hanover.edu/classes/cognition/papers/tversky81.pdf.
42） Kahneman and Tversky, “Prospect Theory.”
43） Paul Slovic, Melissa Finucane, Ellen Peters, and Donald G. MacGregor, “The Affect Heuristic,” in *Heuristics and Biases: The Psychology of Intuitive Judgement*, ed. Thomas Gilovich, Dale W. Griffin, and Daniel Kahneman, 397-420（Cambridge: Cambridge University Press, 2002）, 408.
44） William H. Desvousges, F. Reed Johnson, Richard W. Dunford, Sara P. Hudson, K. Nicole Wilson, and Kevin J. Boyle, “Measuring Natural Resource Damages with Contingent Valuation: Tests of Validity and Reliability,” in *Contingent Valuation: A Critical Assessment*, ed. Jerry A. Hausman（Amsterdam: North-Holland, 1993）, 91–114, www.emeraldinsight.com/doi/pdfplus/10.1108/S0573-8555（1993）0000220006.
45） W. Kip Viscusi, *Pricing Lives*（Princeton: Princeton University Press, 2018）, 56.
46） Kendra Cherry, “How the Availability Heuristic Affects Decision Making,” Verywell Mind, http://psychology.about.com/od/aindex/g/availability-heuristic.htm.（最終更新2019年9月5日）
47） Steven Pinker, *The Better Angels of Our Nature: Why Violence Has*

Declined (New York: Penguin Books, 2012).
48) Philippa Foot, *The Problem of Abortion and the Doctrine of the Double Effect in Virtues and Vices* (Oxford: Basil Blackwell, 1978).
49) April Bleske-Rechek, Lyndsay A. Nelson, Jonathan P. Baker, Mark W. Remiker, and Sarah J. Brandt, "Evolution and the Trolley Problem: People Save Five over One Unless the One Is Young, Genetically Related, or a Romantic Partner," *Journal of Social, Evolutionary, and Cultural Psychology* 4, no. 3 (September 2010): 115–27 www.bleske-rechek.com/April%20Website%20Files/BleskeRechek%20et%20al.%202010%20JSEC%20Trolley%20Problem.pdf.

第10章　次にどうするか？――命の価格のつけ方

1) Isaiah Berlin Virtual Library, "Quotations from Isaiah Berlin," http://berlin.wolf.ox.ac.uk/lists/quotations/quotations_from _ib.html; Nicholas Kristof, "Mizzou, Yale and Free Speech," *New York Times*, November 11, 2015, www.nytimes.com/2015/11/12/opinion/mizzou-yale-and-free-speech.html.（2019年10月10日アクセス）
2) Frank Ackerman and Lisa Heinzerling, *Priceless: On Knowing the Price of Everything and the Value of Nothing* (New York: New Press, 2005).
3) Mark Zuckerberg, "A Letter to Our Daughter," December 1, 2015, www.facebook.com/notes/mark-zuckerberg/a-letter-to-our-daughter/10153375081581634.
4) Bill and Melinda Gates Foundation, "Who We Are," www.gatesfoundation.org/Who-We-Are.（2019年1月8日アクセス）
5) Howard Friedman, *Measure of a Nation* (New York: Prometheus Press, 2012).
6) 国際連合総会「世界人権宣言」1948年12月10日、www.un.org/en/universal-declaration-human-rights.
7) 世界銀行、"Forty Years Later: The Extraordinary River Blindness Partnership Sets Its Sights on New Goals," July 3, 2014, www.worldbank.org/en/news/feature/2014/07/03/forty-years-later-the-extraordinary-river-blindness-partnership-sets-its-sights-on-new-goals.
8) Bjorn Thylefors, "Onchocerciasis: Impact of Interventions," *Community Eye Health* 14, no. 38 (2001): 17–19, www.ncbi.nlm.nih.gov/pmc/articles/PMC1705922.

【著者】

ハワード・スティーヴン・フリードマン（Howard Steven Friedman）

1972年生まれ。データサイエンティスト、医療経済学者、文筆家。ニューヨーク州ビンガムトン大学で応用物理学の学士号を取得後、ジョンズ・ホプキンズ大学で統計学の修士号と生体医工学のPh.D.を取得。データサイエンス、統計学、医療経済学、政治学の分野で約100本の学術論文や書籍の章を（共同）執筆。現在は国連人口基金（UNFPA）に勤める傍ら、コロンビア大学准教授でもある。

【訳者】

南沢篤花（みなみさわ・あいか）

大阪府立大学工学部卒。慶應義塾大学文学部卒。英日翻訳家。主な訳書に『セールスライティング・ハンドブック』（翔泳社刊）、『コーディネーター』（論創社刊）などがある。

命に〈価格〉をつけられるのか

2021年4月30日　初版第1刷発行

著　者――――ハワード・スティーヴン・フリードマン
訳　者――――南沢篤花
発行者――――依田俊之
発行所――――慶應義塾大学出版会株式会社
〒108-8346　東京都港区三田2-19-30
TEL〔編集部〕03-3451-0931
〔営業部〕03-3451-3584〈ご注文〉
〔　〃　〕03-3451-6926
FAX〔営業部〕03-3451-3122
振替　00190-8-155497
https://www.keio-up.co.jp/
装　丁――――Malpu Design（清水良洋）
ＤＴＰ――――アイランド・コレクション
印刷・製本――中央精版印刷株式会社
カバー印刷――株式会社太平印刷社

Printed in Japan ISBN 978-4-7664-2736-3